Band 15

Zwischen Kaiser und Hitler

Kindheit in Deutschland 1914–1933

Band 15

Zwischen Kaiser und Hitler

Kindheit in Deutschland 1914–1933

47 Geschichten und Berichte von Zeitzeugen

Herausgegeben von Jürgen Kleindienst

JKL Publikationen

Umschlagbild vorn, Hintergrund: Nachbarskinder in der Naunynstraße in Berlin-Kreuzberg 1932. Foto: Familienalbum Manfred Sonntag, Berlin.
Umschlagbild vorn, Vordergrund: Luise Exo mit ihren beiden Kindern Ingeborg und Horst 1929 in der Viktoriastraße in Bad Godesberg.
Foto: Familienalbum Ingeborg Müller-Exo, Recklinghausen.
Umschlagbild hinten: Die Kinder des Werkmeisters Scholz, Margot und Werner Scholz, und ihr Cousin Udo aus Brasilien auf dem Gelände der Zellulosefabrik Gröditz bei Riesa/Elbe, Sachsen.
Foto: Familienalbum Margot Linke, geb. Scholz, Kirchheim.

Die im Buch veröffentlichten Abbildungen und Dokumente stammen aus dem Privatbesitz der VerfasserInnen sowie aus folgenden Quellen: Archiv Henkel KGaA, Düsseldorf, S. 89; Telefunken / Stiftung Deutsches Rundfunkarchiv Frankfurt/M., S. 81; Telefunken / ebenso und Renate Lück, Sindelfingen, S. 234; Uckermärkisches Volkskundemuseum Templin, S. 54; Heimatmuseum der Stadt Wilsdruff, S. 219.

Die Deutsche Bibliothek – CIP-Einheitsaufnahme
Zwischen Kaiser und Hitler : Kindheit in Deutschland 1914 – 1933. –
/ hrsg. von Jürgen Kleindienst. – Berlin : JKL Publikationen GmbH, 2002
ISBN 3-933336-16-3

© 2002 by JKL Publikationen GmbH, Berlin
Reihe ZEITGUT, Band 15
Verlag: JKL Publikationen GmbH, Berlin
Klausenpaß 14, 12107 Berlin
Telefon 030 - 7 41 04 624, Telefax 030 - 7 41 04 626
eMail: info@zeitgut.com
www.zeitgut.com
Herausgeber: Jürgen Kleindienst
Gesamtredaktion und Zusammenstellung: Ingrid Hantke
Textauswahl: Stephan Gürtler, Ingrid Hantke
Bearbeitung und Lektorat: Barbara Grebe, Doris Schilly
Chronologie: Doris Schilly und Jürgen Kleindienst
Umschlaggestaltung: Pepita Richter, Berlin
Druck: Franz Spiegel Buch, Ulm
Printed in Germany
ISBN 3-933336-16-3

Inhalt

1914 bis 1933. Zwanzig Jahre im Überblick

Die Erinnerungen dieses Buches strahlen besonders in den Texten der Zeit bis 1919 eine Behäbigkeit aus, die eher in das Jahrhundert davor paßt. Doch mit dem Ende der Monarchie und des Weltkrieges 1918, bricht ein neues Tempo des Alltags über die Menschen herein. Noch verspüren es die Kinder nicht.

Für sie findet auch der Weltkrieg weit entfernt statt. Ihnen begegnen nur Kriegsversehrte und kriegsgefangene Franzosen oder Belgier, die in der Landwirtschaft helfen. Die Kinder tragen Matrosenkleidung, spielen mit kleinen Kanonen und nehmen an Schulfeiern für heldenhafte Männer teil, die für Kaiser und Vaterland gefallen sind.

Der Krieg ist nicht von Deutschland angezettelt, doch er wird als Angriffskrieg gegen die Nachbarn geführt. Bald bleibt die Front stecken, die Truppen graben sich ein. Im nun folgenden Stellungskrieg schlachten sich die Gegner vier Jahre lang ab, ohne eine Entscheidung herbeiführen zu können. Erst als die USA eingreifen, bricht die deutsche Westfront zusammen. Ende 1918 erlebt das Deutsche Reich innerhalb weniger Wochen seine zweite Revolution, geht eher beiläufig die Monarchie zu Ende und wird das Ende des Waffengangs vereinbart. Die erste deutsche Republik ist mit einem schwerem Erbe geboren.

Die Kinder kauen weiter die gehaßten Steckrüben und freuen sich über die amerikanischen Quäker-Speisungen. Es fehlt an Kaufkraft, an Krediten und an Rohstoffen. Deutschland druckt Geld, um die öffentlichen Ausgaben bezahlen zu können. Die Mark verliert an Wert. 1923 eskaliert die Entwicklung, die Inflation zerstört die Geldvermögen. Sparguthaben und Lebensversicherungen sind wertlos. Als Ende 1923 mit der Rentenmark endlich wieder stabiles Geld kursiert, sind viele Menschen verarmt und verbittert.

Für knapp sechs Jahre folgt ein Aufschwung. Die Technik begeistert, Radio und Kino faszinieren die Menschen, Auto und Motorrad machen mobil. Fußball, Motorsport und Boxen bringen Menschenmassen auf die Beine. Der Bubikopf wird modern. Junge Frauen lassen sich die Zöpfe abschneiden und die Röcke kürzen. Der Mythos der goldenen Zwanziger entsteht. Deutschland wird in den Völkerbund aufgenommen. Die radikalen Parteien verlieren an Zulauf.

Doch dann brechen am 24. Oktober 1929 an der New Yorker Börse die Aktienkurse ein: der „Schwarze Freitag". Über Nacht ist die Weltwirtschaftskrise da. Kredite werden aus Deutschland abgezogen, das wichtige Geschäft mit den USA kommt zum Erliegen. Vom 1929 bis 1932 schrumpfen die Ausfuhren Deutschlands um 58%, bis 1935 sogar um 64%.

Dafür wächst das Arbeitslosenheer. Sind es im Jahresdurchschnitt 1929 noch 1,9 Mio., steigt ihre Zahl 1930 auf 3 Mio. und Anfang 1932 sogar auf 6 Mio. Menschen. Angesichts leerer Staatskassen ist ihre Versorgungslage katastrophal.

Jetzt kommt die Stunde der radikalen Bauernfänger. Zunehmend werden die Auseinandersetzungen zwischen extremen Rechten und Linken gewalttätiger.

Das Ende der ersten deutschen Republik ist eingeläutet. Hitlers Heilversprechen fallen auf fruchtbaren Boden. Immer mehr Menschen glauben, er könne bessern, was die anderen Parteien offenbar verdorben haben. Der greise Reichspräsident Hindenburg weiß sich keinen anderen Rat. Am 30. Januar 1933 ernennt er Adolf Hitler zum Reichskanzler. Zwei Monate später ist die Republik abgeschafft, Deutschland wird zur Diktatur und steuert unaufhaltsam auf den nächsten Weltkrieg zu.

Jürgen Kleindienst
Februar 2002

Chronologie 1914–1933

Die Ursachen des Ersten Weltkriegs

Am Ende des 19. Jahrhunderts beschert der technische Fortschritt den Großmächten Europas eine bis dahin nicht gekannte Ausweitung der Industrieproduktion. Ein rascher wirtschaftlicher Aufschwung ist die Folge. Er führt, zusammen mit dem Stolz über koloniale Neuerwerbungen, zu neuem Nationalbewußtsein und Überlegenheitsgefühl. Auch das 1914 hochindustrialisierte Deutsche Reich sowie die neue wirtschaftliche Macht USA melden Großmachtansprüche an.

Zu Beginn des 20. Jahrhunderts stehen sich die Mächte organisiert in zwei Bündnissystemen gegenüber: Deutsches Reich, Österreich und Italien einerseits, Frankreich und Rußland andererseits. Großbritannien bleibt vorläufig bündnisfrei und verständigt sich schließlich mit Frankreich. Machtpolitische Gegensätze, Mißtrauen und die Bindung in verschiedenen Allianzen führen zu einem Wettrüsten.

Als im Juni 1914 der österreichische Thronfolger in Sarajewo von einem serbischen Nationalisten erschossen wird, tritt die problematische Seite der Bündnisse zutage. Wenn die Interessen des einen Partners verletzt scheinen und der überzogen reagiert, zwingt der Bündnisvertrag auch die anderen zur Reaktion. Einmal in Gang gesetzt, folgen überstürzte Ultimaten, Mobilmachungen und schließlich Kriegserklärungen in einer Kettenreaktion ohnegleichen aufeinander. Der Krieg ist ausgebrochen.

1914

28. Juni	Tödliches Attentat auf den österreichischen Thronfolger Erzherzog Franz Ferdinand und seine Frau in Sarajewo. Österreich-Ungarn beschuldigt die serbische Regierung, das Attentat gefördert zu haben.
1. Juli	Die Bremer Behring-Werke beginnen mit der industriellen Produktion des von Emil von Behring entdeckten Diphtherie-Schutzimpfstoffes.
6. Juli	Das Deutsche Reich erklärt Österreich seine unbedingte

	Bündnistreue, was Frankreich veranlaßt, seinerseits Bündnistreue gegenüber Rußland auszusprechen. England versucht zu vermitteln.
23. Juli	Österreich-Ungarn fordert Belgrad auf, innerhalb 48 Stunden alle österreichfeindliche Propaganda einzustellen, und verlangt Mitwirkung bei der Aufklärung des Thronfolger-Mordes.
25. Juli	Serbien geht auf das Ultimatum ein, meldet Souveränitäts-Bedenken an, verkündet die Teilmobilmachung. Österreich weist die Antwort zurück, ruft seine Diplomaten ab und ordnet Teilmobilmachung an. Rußland fühlt sich durch die Bedrohung seines Verbündeten Serbien selbst attackiert und verkündet, Serbien zu unterstützen.
28. Juli	Nach erfolglosen Vermittlungsversuchen Deutschlands und Englands erklärt Österreich Serbien den Krieg.
30. Juli	Der russische Zar ordnet Generalmobilmachung an.
31. Juli	Das Deutsche Reich verlangt von Rußland, innerhalb 12 Stunden die Mobilmachung einzustellen. Von Frankreich verlangt Deutschland eine Neutralitätserklärung für den Kriegsfall. Rußland antwortet nicht.
1. August	Deutschland macht mobil und erklärt Rußland den Krieg.
2. August	Deutscher Einmarsch in Luxemburg.
3. August	Frankreich beantwortet das deutsche Ultimatum ausweichend.
3. August	Kriegserklärung des Deutschen Reiches an Frankreich.
4. August	England reagiert auf Bedrohung seiner Verbündeten Frankreich und Rußland und auf den deutschen Einmarsch in Belgien mit Kriegserklärung an Deutschland.
6.–12. August	Kriegserklärung Österreich-Ungarns an Rußland. Kriegserklärungen Frankreichs und Großbritanniens an Österreich-Ungarn. Kriegserklärung Serbiens an das Deutsche Reich.
7. August	Vorbereitungen für die Olympischen Spiele in Berlin werden eingestellt.
26.–30. August	Schlacht bei Tannenberg in Ostpreußen. Die 2. russische Armee wird zerschlagen. Das begründet den Ruhm des Oberbefehlshabers Paul von Hindenburg und seines Generalstabschefs Erich Ludendorff.

6.–9. September	Schlacht an der Marne: Rückzug der 1. und 2. deutschen Armee. Stillstand der deutschen Westoffensive.
6.–15. Sept.	Schlacht an den Masurischen Seen, die russische Njemen-Armee räumt Ostpreußen.
9. Oktober	Deutsche Truppen marschieren in Antwerpen ein.
7. November	Deutsche Regierung und Sozialdemokraten einigen sich auf gemeinsame kriegsbejahende Haltung.
Oktober/Nov.	Alliierter Angriff kommt vor Ypern zum Erliegen.
8. Dezember	Englische Schlachtkreuzer versenken vor den Falklandinseln die deutschen Schlachtschiffe „Scharnhorst", „Gneisenau", „Nürnberg" und „Leipzig".

1915

1. Januar	„Der Golem", deutscher Stummfilm, läuft in Berlin an.
4.–22. Februar	In Masuren kann Deutschland die Russen zurückdrängen und Ostpreußen endgültig zurückerobern.
16. Februar	Franzosen starten Winterschlacht in der Champagne.
22. Februar	Deutsche U-Boot-Angriffe auf Handelsschiffe lösen amerikanische Proteste aus.
22. April	Erster deutscher Gasangriff bei Ypern in Belgien. 5 000 alliierte Soldaten sterben.
7. Mai	Der britische Passagierdampfer „Lusitania" wird von deutschem U-Boot versenkt. 1.198 Menschen ertrinken.
25. Mai	Kriegserklärung Italiens an Österreich-Ungarn.
26. Mai	Kriegserklärung Italiens an das Deutsche Reich.
Juli–September	Deutsch-österreichische Offensive bleibt nach Erfolgen in Tarnopol in der Ukraine stecken.
18. Dezember	Gründung der „Gesellschaft zur Verwertung musikalischer Aufführungsrechte" (GEMA) in Berlin.

1916

21. Februar–16. Dezember	Trotz großem Einsatz kann keine Kriegspartei in der Schlacht um Verdun einen Durchbruch erzielen. Etwa 350.000 deutsche und französische Soldaten sterben.
31. Mai/1. Juni	Beim Gefecht im Skagerrak liefern sich deutsche und britische Kriegsschiffe eine unentschiedene Schlacht.

24. Juni– 26. November	Die Schlacht an der Somme, Nordfrankreich, bringt kei- ne Entscheidung. Auf 40 km Front finden 200.000 Fran- zosen und je 500.000 Deutsche und Briten den Tod.
21. November	Franz Joseph I., Kaiser von Österreich und König von Ungarn, stirbt.

1917

1. Februar	Deutschland erklärt uneingeschränkten U-Boot-Krieg. Auch zivile Schiffe werden ohne Warnung angegriffen.
8. Februar	Nach einem Erlaß dürfen zur Herstellung von Brotteig Futtermittel verwendet werden. Im Winter 1916/17 werden erstmals Steckrüben statt Kartoffeln verkauft.
6. April	Kriegseintritt der USA.
6. April	Linker Flügel der SPD spaltet sich ab, gründet Unab- hängige Sozialdemokratische Partei (USPD) und kämpft gegen die Fortsetzung des Krieges.
28. September	Konrad Adenauer wird Oberbürgermeister von Köln.
16. Oktober	Die Tänzerin Mata Hari wird in Vincennes in Frank- reich wegen Spionage für Deutschland erschossen.
November	Briten setzen an der Front erstmals Panzer ein.
14. Dezember	Gründung der UFA (Universum Film AG) in Berlin.

Russische Revolution (1917)

März	Ausbruch der russischen Revolution in Petrograd.
10. März	Moskau wird wieder Hauptstadt des Russisch. Reiches.
15. März	Zar Nikolaus II. dankt ab.
April	Lenin kehrt nach Rußland zurück, fordert die soziali- stische Revolution und Errichtung der Sowjetrepublik.
6./7. Nov.	Oktoberrevolution in Petrograd. Bolschewiken unter Lenin und Trotzki übernehmen die Macht in Rußland.
8. November	„II. Allrussischer Rätekongreß" erläßt Dekret über die Beendigung des Krieges.

1918

1. Januar	Heinrich Manns Roman „Der Untertan" erscheint.
8. Januar	US-Präsident Wilson stellt „14-Punkte-Programm" für den Frieden in Europa vor.

6. Februar	Der Jugendstilmaler Gustav Klimt stirbt in Wien.
3. März	Im Frieden von Brest-Litowsk verzichtet Rußland auf Polen, Livland, Litauen, Kurland, Estland und erkennt Finnland und die Ukraine als selbständige Staaten an.
ab 21. März	Beginn einer deutschen Frühjahrsoffensive im Westen.
16. Juli	Ex-Zar Nikolaus II. und seine Familie werden in Jekaterinenburg ermordet.
ab 18. Juli	Französische Gegenoffensive unter Marschall Foch.
8. August	Deutsche Westfront bricht zusammen, Rückzug auf breiter Front.
3. Oktober	Prinz Max von Baden wird neuer Reichskanzler.
3./4. Oktober	Deutsches Reich macht Waffenstillstandsangebot.
29. Oktober	Beginn der Novemberrevolution im Deutschen Reich: Meutereien bei der deutschen Hochseeflotte in Wilhelmshaven und Kiel (3. November). Revolutionäre Aufstände gehen auf andere Städte über (z.b. Berlin 9. November). Arbeiter- und Soldatenräte bilden sich.
7. November	Revolution in München.
9. November	Kaiser Wilhelm II. dankt ab; Ausrufung der Republik durch Philipp Scheidemann (SPD) in Berlin. Friedrich Ebert (SPD) übernimmt Regierungsgeschäfte.
10. November	Wilhelm II. geht ins holländische Exil. Neue Regierung ist der „Rat der Volksbeauftragten".
11. November	Matthias Erzberger (Zentrum) unterzeichnet im Namen der Regierung den Waffenstillstand von Compiègne. Bedingungen u. a.: Räumung der besetzten Westgebiete und des linken Rheinufers, Besetzung durch Alliierte.
10. Dezember	Zwei deutsche Wissenschaftler, Max Planck (Physik) und Fritz Haber (Chemie), erhalten den Nobelpreis.

1919

1. Januar	Einführung der 48-Stunden-Woche und des 8-Stunden-Tages für Arbeiter.
1. Januar	Karl Liebknecht und Rosa Luxemburg gründen KPD.
5. Januar	Gründung der Deutschen Arbeiterpartei (DAP), Vorläuferin der NSDAP.
5. Januar	Spartakusaufstand in Berlin. Linksradikale Revolutio-

	näre beschließen den Sturz der Regierung Ebert/ Scheidemann. Die ruft Freikorpstruppen zur Hilfe, die den Aufstand blutig niederschlagen.
15. Januar	Rosa Luxemburg und Karl Liebknecht werden von Freikorpssoldaten ermordet.
18. Januar	Konferenz der Siegermächte in Versailles beginnt.
19. Januar	Wahlen zur Verfassungsgebenden Nationalversammlung in Deutschland. Erstmals dürfen Frauen wählen.
6. Februar	Nationalversammlung wird in Weimar eröffnet.
6. Februar	Zwischen Berlin und Weimar wird die erste deutsche Luftpostlinie eingerichtet.
11. Februar	Nationalversammlung in Weimar wählt Friedrich Ebert (SPD) zum Reichspräsidenten. Dieser beauftragt Philipp Scheidemann (SPD) mit der Bildung der Regierung.
21. März	Gründung des Bauhauses durch Gropius in Weimar.
7. Mai	Alliierte übergeben Deutschland Friedensbeschlüsse,
16. Juni	verlangen ultimativ Zustimmung zum Vertragswerk.
20. Juni	Regierung Scheidemann bezeichnet den Vertrag als Todesurteil für Deutschland und tritt zurück. Der neue Reichskanzler Gustav Bauer (SPD) wird vom Reichstag ermächtigt, den Vertrag zu unterzeichnen.
28. Juni	Unterzeichnung des Friedensvertrages im Spiegelsaal zu Versailles. Festgeschrieben werden u. a.: Gebietsabtretungen, Aufgabe aller Kolonien, Entmilitarisierung (Auslieferung des Kriegsmaterials, Beschränkung der Reichswehr auf 100.000 Mann, Entwaffnung und Überwachung durch alliierte Kommissionen) sowie Reparationen (Lieferung von großen Handelsschiffen, Industrieanlagen, Kohle, Benzin, Lokomotiven, Maschinen usw.. Zahlung von 269 Mrd. Goldmark in 42 Jahresraten). Linkes Rheinufer wird in drei Zonen eingeteilt, die erst nach Vertragserfüllung in fünf, zehn bzw. 15 Jahren geräumt werden sollen. Der neu gegründete Völkerbund übernimmt die Kontrolle der Vereinbarungen.
5. Juli	Gewerkschaften schließen sich zum Allgemeinen Deutschen Gewerkschaftsbund zusammen.
31. Juli	Weimarer Verfassung angenommen. Das Deutsche Reich wird Parlamentarische Demokratie.
1. August	Das Frauenwahlrecht wird in der Verfassung verankert.

1.–5. September Der erste Deutsche Evangelische Kirchentag beschließt Vorbereitungen für neue Kirchen-Verfassung. Durch Entmachtung der Fürsten ist deren Kirchenleitungsrecht, das Episkopat, entfallen.

18. September Berlins größtes Kino, der UFA-Palast am Zoo, wird eröffnet.

1920

15. Januar In Berlin wird das Reichsarbeitsamt gegründet.

27. Januar Film „Das Kabinett des Dr. Caligari" läuft an.

Februar Adolf Hitler stellt das 25-Punkte-Programm der Deutschen Arbeiterpartei (DAP) vor.

1. März DAP benennt sich um in NSDAP (Nationalsozialistische Deutsche Arbeiterpartei).

13.–17. März Kapp-Putsch. Rechte Politiker und Militärs versuchen, mit Hilfe von Reichswehroffizieren und Freikorps eine Gegenregierung zu bilden.

März–Mai Kommunistische Unruhen und Arbeiteraufstände in Mitteldeutschland und im Ruhrgebiet. In zahlreichen Städten gibt es „Vollzugsräte".

2. April Reichswehr erobert Ruhrgebiet zurück.

19. April Die Nationalversammlung beschließt eine für alle Kinder obligatorische vierklassige Grundschule.

6. Juni Wahl zum ersten Reichstag in der Weimarer Republik. Kommunistische Partei Deutschlands (KPD) 2,1%, Sozialdemokratische Partei Deutschlands (SPD) 21,7%, USPD 17,9%, Zentrum 13,6%, Deutschnationale Volkspartei (DNVP) 15,1%, Deutsche Volkspartei (DVP) 13,9%, Deutsche Demokratische Partei (DDP) 8,3%, Bayerische Volkspartei (BVP) 4,4% und Sonstige 3,0%.

23. Juni Adlige werden dem allgemeinen, öffentlichen und bürgerlichen Recht unterstellt.

Juli Bewaffnete Unruhen in Oberschlesien. Obwohl 60 % für Deutschland stimmen, wird das Gebiet am 21. Oktober 1921 vom Völkerbund geteilt. Wichtige Industriestädte wie Kattowitz gehen an Polen.

26. September Groß-Berlin entsteht. Durch Eingemeindung wächst die Stadt auf 3,86 Millionen Einwohner.

1. Oktober	Der Maler Max Liebermann wird Präsident der Preußischen Akademie der Künste.
15. November	Danzig wird Freie Stadt.
Literatur	Ernst Jüngers Buch „In Stahlgewittern" erscheint. Es berichtet vom Krieg an der Westfront. Von Ringelnatz erscheint „Kuttel Daddeldu", Seemannsmoritaten und groteske Kabarettverse.
Fußball	1. FC Nürnberg wird Deutscher Meister.

1921

24.–29. Januar	Die Alliierten verlangen vom Deutschen Reich Reparationszahlungen in Höhe von 226 Mrd. Goldmark, zahlbar in 42 Jahren. Siegermächte wollen ihren Forderungen durch Besetzung des Ruhrgebiets Nachdruck verleihen.
8. März	Alliierte Truppen marschieren in Düsseldorf, Duisburg, später Mühlheim und Oberhausen ein.
April	Die deutsche Reparationsschuld wird auf 132 Mrd. Goldmark herabgesetzt.
15. April	Die Operette „Der Vetter aus Dingsda" von Eduard Künneke wird uraufgeführt.
5. Mai	Londoner Ultimatum fordert sofortige Zahlung von einer Mrd. Goldmark, sonst drohe Einmarsch.
Juni	Reichskanzler Wirth akzeptiert nach fehlgeschlagenen Verhandlungen das Ultimatum.
29. Juli	Adolf Hitler wird 1. Vorsitzender der NSDAP.
26. August	Rechtsradikale töten den Zentrumspolitiker Matthias Erzberger.
24. September	Erstes Autorennen auf der neu erbauten AVUS.
1. Oktober	In Berlin nimmt das erste Müllkraftwerk den Betrieb auf.
4. November	In der NSDAP formieren sich die Schlägertrupps unter dem Kürzel SA (Sturmabteilung).
10. Dezember	Albert Einstein erhält den Nobelpreis für Physik.
Literatur	Graf von Lucknes Buch „Seeteufel" erscheint.
Fußball	1. FC Nürnberg wird Deutscher Meister.

1922

12. Januar	Der französische Ministerpräsident Briand tritt zurück, weil seine Bemühungen um Ausgleich mit Deutschland vom Parlament nicht getragen werden.
22. Januar	Ende der Hilfsaktion „Quäkerspeise" in Deutschland.
31. Januar	Uraufführung der ersten beiden Teile des Preußenfilms „Fridericus Rex" mit Otto Gebühr.
16. April	Vertrag von Rapallo. Rußland und Deutschland nehmen wieder diplomatische Beziehungen auf und verzichten gegenseitig auf Ersatz der Kriegsschäden. Deutschland bittet Alliierte vergeblich um Zahlungsaufschub bis Jahresende, wofür Frankreich sogenannte „produktive Pfänder" verlangt.
13. Mai	Erstmals wird in Deutschland der Muttertag gefeiert.
25. Mai	Zusammenschluß der evangelischen Landeskirchen zum Deutschen Evangelischen Kirchenbund (DEK).
29. Mai	Baubeginn des Rhein-Main-Donau-Kanals.
24. Juni	Der deutsche Außenminister Walther Rathenau wird von Mitgliedern der rechtsextremen Organisation Consul erschossen.
2. September	Reichspräsident Ebert erklärt das „Deutschlandlied" mit dem Text von Hoffmann von Fallersleben zur Nationalhymne.
17. September	In Berlin wird der erste Kinotonfilm mit integrierter Lichttonspur aufgeführt.
22. Oktober	Die Faschisten unter Mussolini erzwingen durch den Marsch auf Rom die Macht in Italien.
Film	Murnaus Gruselfilm „Nosferatu – Eine Symphonie des Grauens" wird uraufgeführt.
Literatur	Hermann Hesses Buch „Sidharta" erscheint.
Fußball	Hamburger SV wird Deutscher Meister.

1923

Jahr der Inflation

Infolge von Kriegsanleihen und Reparationen, des ständigen Neudrucks von Geld ohne entsprechenden Warenwert und des riesigen Geldbedarfs der öffentlichen Hand seit Kriegsende kommt es im Laufe des Jahres 1923 zur totalen Entwertung der Reichsmark. Geldvermögen und Ersparnisse in Reichsmark werden vernichtet. Auch Arbeiter und Rentner geraten in Not. Die täglich ausgezahlten Löhne können schon Stunden später entwertet sein. Am 26. Juli zahlt man für einen Dollar 760.000 Mark, am 3. Oktober 440 Millionen, Mitte November dann 4,2 Billionen Mark. Armut und „Schiebertum" sind die Folge. Haß und Verbitterung führen zur Radikalisierung, die sowohl der KPD als auch den Rechten Anhänger zutreibt. Im November 1923 wird die Inflation endlich durch Einführung der Rentenmark beendet.

11. Januar	Französische und belgische Truppen marschieren ins Ruhrgebiet ein. Frankreich wirft Deutschland vor, vereinbarte Holz- und Kohlelieferungen zurückzuhalten. Reichskanzler Cuno ruft zum passiven Widerstand auf. Die Arbeit in den Zechen ruht. Die Produktionsausfälle kosten große Geldsummen, was durch Druck neuer Banknoten aufgefangen werden soll. Der passive Widerstand wird mitverantwortlich für die Inflation.
27. Januar	1. NSDAP-Reichsparteitag in München.
15. August	Bauhaus präsentiert sich der Öffentlichkeit in Weimar.
13. August	Gustav Stresemann (DVP) wird Reichskanzler. Er bildet eine große Koalition aus Zentrum, Demokraten und Sozialdemokraten.
23. September	Stresemann fordert wegen Geldmangel des Reiches, den passiven Widerstandes im Ruhrgebiet aufzugeben. Unruhen im ganzen Reichsgebiet. Regierung Kahr in Bayern proklamiert. Separatistische Bewegungen im Rheinland scheitern am Widerstand der Bevölkerung. Reichswehr marschiert in Sachsen und Thüringen ein. Rücktritt der kommunistischen Landesminister. Kommunistische Unruhen in Hamburg. Verhängung des Ausnahmezustands.
23. Oktober	Kommunistischer Aufstand in Hamburg unter Führung von Ernst Thälmann.
29. Oktober	In Deutschland beginnt der öffentliche Hörfunk mit einer Sendung aus dem Vox-Haus in Berlin.
9. November	Hitler-Putsch in München mit dem Marsch auf die Feldherrnhalle mißlingt. Die NSDAP wird verboten.
16. November	Die Ausgabe der Rentenmark beendet die Inflation.

23. November	Rücktritt des Kabinett Stresemann, nachdem die SPD die Regierung verlassen hat. Wilhelm Marx (Zentrum) wird Reichskanzler, Stresemann bleibt Außenminister.
Fußball	Hamburger SV wird Deutscher Meister.

1924

25. Januar	I. Olympische Winterspiele in Chamonix in Frankreich.
22. Februar	Gründung des SPD-nahen Reichsbanner „Schwarz-Rot-Gold" als Kampfbund gegen rechts.
1. April	Milde Urteile im Prozeß zum Hitlerputsch von 1923. Hitler wird zu fünf Jahren Festungshaft in Landsberg verurteilt, wo er sein Buch „Mein Kampf" schreibt. Nach acht Monaten wird er vorzeitig entlassen.
4. Mai	Im Zweiten Reichstag sitzen 32 Abgeordnete der NSDAP.
4. Mai	Beginn der VIII. Olympischen Sommerspiele in Paris. Deutschland ist ausgeschlossen.
18. Juli	Gründung des Roten Frontkämpferbundes (RFB). Damit stehen sich drei paramilitärische Organisationen gegenüber: RFB (kommunistisch), Stahlhelm (rechtsextrem) und Reichsbanner (sozialdemokratisch)
16. August	Dawes-Plan regelt Reparationszahlungen neu: Deutschland soll 5,4 Mrd. Mark bis 1928, danach jährlich 2,5 Mrd. zahlen. Die Alliierten begleichen damit die Kriegsschulden in den USA, die wiederum dem Deutschen Reich Kredite gewähren.
27. Oktober	Ruhrgebiet kehrt unter deutsche Verwaltung zurück.
4. Dezember	Erste Deutsche Funkausstellung.
7. Dezember	Reichstags-Neuwahlen. NSDAP erhält 14 Sitze.
Fußball	1. FC Nürnberg wird Deutscher Meister.

1925

15. Januar	Der parteilose Hans Luther stellt eine Regierungskoalition aus DDP, DVP, BVP, Zentrum und DNVP zusammen.

28. Februar	Reichspräsident Friedrich Ebert stirbt.
1. April	Das Bauhaus zieht von Weimar nach Dessau. Die Thüringische Landesregierung hatte die Mittel gestrichen.
15. April	Der Massenmörder Fritz Haarmann wird hingerichtet.
26. April	Hindenburg wird zum Reichspräsidenten gewählt.
15. Mai	Reichspost und neun private Rundfunkanstalten gründen die Reichsrundfunkgesellschaft.
12. Juni	Max Schmeling wird Weltmeister im Schwergewicht.
14. Juni	In Mannheim wird die Kunstausstellung „Neue Sachlichkeit" eröffnet.
14. Juli	Franzosen räumen das Ruhrgebiet.
15./16. Oktober	Konferenz von Locarno: Deutschland und Frankreich schließen ein Sicherheitsabkommen mit Garantie der Grenzen von 1919. Die völkisch-nationale DNVP verläßt wegen der Vereinbarungen die Regierung.
2. Dezember	Sechs Chemie-Großunternehmen, darunter BASF, Bayer und Hoechst, schließen sich zur IG Farben AG zusammen. (Nach dem Zweiten Weltkrieg wird die IG Farben von den Alliierten wieder entflochten.)
14. Dezember	Alban Bergs Oper „Woyzeck" wird uraufgeführt.
22. Dezember	Uraufführung des Theaterstückes „Der fröhliche Weinberg" von Carl Zuckmayer.
Fußball	1. FC Nürnberg wird Deutscher Meister.

1926

3. Januar	Der Modetanz Charleston löst in Berlin den Blues ab.
4. Januar	Zeitschrift „Simplicissimus" wird wegen „Unsittlichkeit" beschlagnahmt.
6. Januar	Die Deutsche Lufthansa entsteht aus dem Zusammenschluß mehrerer Luftverkehrsgesellschaften.
10. Januar	Fritz Langs Film „Metropolis" hat Premiere.
1. Februar	Alliierte Besatzung räumt Kölner Zone.
1. April	Sieben Montanunternehmen, darunter Stinnes, Thyssen, Phoenix, Rheinische Stahlwerke, verbinden sich zu den Vereinigten Stahlwerken AG (VESTAG).
24. April	Deutsch-Russischer Freundschafts- und Neutralitätsvertrag.
12. Mai	Das Kabinett Luther scheitert an Flaggenverordnung

	des Reichspräsidenten.
28. Juni	Durch Fusion entsteht die Daimler-Benz AG.
5. Juli	Seilbahn zum Zugspitz-Gipfel wird eröffnet.
7. Juli	Die NSDAP gründet den „Bund Deutscher Arbeiter- jugend" mit „Deutschem Jungvolk", „Jungmädelbund", „Hitlerjugend" und „Bund Deutscher Mädel".
15. August	Die ersten Telefonämter mit Selbstwählverbindung werden in Berlin in Betrieb genommen.
10. September	Deutschland wird in den Völkerbund aufgenommen.
3. Dezember	Der Reichstag beschließt das Gesetz zur „Bewahrung der Jugend vor Schund- und Schmutzschriften". Am Verdacht, es handle sich um einen Zensurversuch, zer- bricht die Koalitionsregierung.
Fußball	SpVgg Fürth wird Deutscher Meister. Rudolf Caracciola gewinnt auf der AVUS in Berlin den Großen Preis von Deutschland.
Literatur	Der Roman „Das Totenschiff" von B. Traven erscheint.

1927

1. Januar	Hermann Hesses „Der Steppenwolf" erscheint.
10. Januar	Fritz Langs Film „Metropolis" wird uraufgeführt.
29. Januar	Neue Regierungsbildung unter Wilhelm Marx aus Zen- trum, DVP, DNVP und BVP.
28. Februar	Erster Rosenmontagszug in Köln seit 1914.
6. März	Adolf Hitler tritt nach Festungshaft und Redeverbot erstmals öffentlich auf.
1. Juni	Hindenburgdamm in Betrieb genommen, er verbindet Sylt mit dem Festland.
7. Juli	Einführung der Arbeitslosenversicherung.
1. August	Mutterschutzgesetz tritt in Kraft.
26. Oktober	Gründung der Firma Quelle-Versand.
17. Dezember	Der Staatsgerichtshof erklärt Wahlbeschränkungen für Splitterparteien für unzulässig. Kläger war u. a. die NSDAP.
Nobelpreis	Der deutsche Biochemiker Heinrich Otto Wieland er- hält den Nobelpreis für Chemie.
Literatur	„Sternstunden der Menschheit" von Stefan Zweig er- scheint.

1928

20. Mai	4. Reichstagswahlen: Stärkste Parteien SPD 29,8%, DNVP 14,2%, Zentrum 12,1%, KPD 10,6%. NSDAP 2,6%. Reichskanzler Hermann Müller (SPD) bildet eine Große Koalition aus SPD, DDP, Zentrum, BVP und DVP.
Mai–August	IX. Olympische Sommerspiele in Amsterdam. Deutschland nimmt teil und erringt zehn Goldmedaillen.
4. Juni	Der „Eiserne Gustav" aus Berlin erreicht mit seiner Pferdedroschke Paris.
27. August	Deutschland und weitere Nationen (bis 1929 insgesamt 54 Staaten) unterzeichnen den Vertrag zur Ächtung eines Angriffskrieges.
31. August	„Die Dreigroschenoper" von Kurt Weill und Bertolt Brecht wird in Berlin uraufgeführt.
5. September	Alexander Fleming, britischer Bakteriologe, entdeckt das Antibiotikum Penicillin.
7. Oktober	Reichsbahn schafft die 4. Klasse (mit Stehplätzen) ab.
Literatur	„Emil und die Detektive" von Erich Kästner erscheint.
Fußball	Hamburger SV wird Deutscher Meister.

1929

31. Januar	Erich Maria Remarques Antikriegs-Roman „Im Westen nichts Neues" erscheint.
17. März	Die Familie Opel verkauft die Adam Opel AG an General Motors, USA.
1. Mai	Kommunistische Unruhen in Berlin mit Todesopfern.
7. Juni	Young-Plan reduziert die deutschen Reparationsschulden abermals: Bis 1988 sind jährlich durchschnittlich 2 Mrd. Goldmark zu zahlen. Deutschland erhält finanzielle und wirtschaftliche Souveränität zurück. (Haager Schlußakte am 20.1.1930).
12. Juli	Auf dem Bodensee startet das weltgrößte Flugboot Dornier Do-X zu ersten Probeflügen.
9. August	Tod des Milieuzeichners Heinrich Zille in Berlin.
3. Oktober	Tod des Reichsaußenministers Gustav Stresemann.
24. Oktober	„Schwarzer Freitag" an der New Yorker Börse und Weltwirtschaftskrise. Die nun ausbleibenden US-Kredite

und der Exportstop nach USA treffen das von Massenarbeitslosigkeit gebeutelte Deutschland schwer.

10. Dezember   Thomas Mann erhält den Nobelpreis für Literatur.

Literatur   Vicki Baums Roman „Menschen im Hotel" und Alfred
Döblins Roman „Berlin Alexanderplatz" erscheinen.

Fußball   SpVgg Fürth wird Deutscher Meister.

1930

20. Januar   In Den Haag wird die deutsche Reparationsschuld auf
112 Milliarden Mark festgelegt.

März   Regierung Müller scheitert am Problem der Arbeitslo-
senversicherung. Ihr Sturz markiert das Ende der par-
lamentarischen Republik.
Heinrich Brüning (Zentrum) bildet neue Regierung und
versucht mit Notverordnungen, die Arbeitslosigkeit zu
bekämpfen und die Staatsfinanzen zu sanieren.

28. März   Notverordnung Hindenburgs zur Bekämpfung politi-
scher Ausschreitungen.

13. April   Verbot von SA und SS zum Erhalt der Staatsautorität.

30. Juni   Das Rheinland ist vorzeitig geräumt.

14. September   Bei den Reichstagswahlen wählen 6,4 Millionen Deutsche (18,3%) die NSDAP, die mit 107 Sitzen (vorher 12)
zweitstärkste Fraktion nach der SPD (24,5%) ist. Die
KPD erhält 13,1% der Stimmen.

15. September   Der Film „Die Drei von der Tankstelle" läuft an.

13. Oktober   Jungfernflug des deutschen Allzweckflugzeuges Ju 52.

13. Dezember   In Berlin wird Ralph Benatzkys Operette „Im weißen
Rößl" uraufgeführt.

Film   Der Film „Der blaue Engel" mit Marlene Dietrich und
Emil Jannings wird uraufgeführt.

Fußball   Hertha BSC wird Deutscher Meister.

1931

15. März   Fast fünf Millionen Menschen sind in Deutschland arbeitslos. Nur die Hälfte von ihnen ist durch die Arbeits-
losenversicherung abgesichert. 19 Prozent erhalten

	Mittel aus der Krisenunterstützung, der Rest ist auf die Wohlfahrt angewiesen.
13. Juli	Zusammenbruch des drittgrößten Geldinstituts des Deutschen Reiches, der Darmstädter und Nationalbank (Danat-Bank) nach Abzug ausländischer Kredite.
14. Juli	Der Konkurs der Danat-Bank führt zu einem Ansturm auf alle Kreditinstitute. Hindenburg läßt per Notverordnung zwei Tage die Bankschalter schließen und den Zahlungsverkehr einschränken. Das Börsengeschäft wird erst am 11. April 1932 wieder aufgenommen.
11. August	In London werden die Reparationszahlungen des Deutschen Reiches für ein Jahr ausgesetzt.
11. Oktober	„Nationale Opposition" aus Deutschnationalen, Frontkämpferbund „Stahlhelm" und NSDAP demonstriert Einigkeit und bildet die „Harzburger Front". Täglich kommt es zu Saalschlachten.
31. Oktober	Mit dem Operettenfilm „Der Kongreß tanzt" avancieren Willy Fritsch und Lilian Harvey zum Traumpaar des deutschen Films.
16. Dezember	Zur „Abwendung der faschistischen Gefahr" schließen sich SPD, Gewerkschaften und Reichsbanner Schwarz-Rot-Gold zur „Eisernen Front" zusammen.
Theater	Premiere von Zuckmayers „Hauptmann von Köpenick".
Film	Fritz Langs Film „M – Eine Stadt sucht einen Mörder" läuft in den Kinos.
Fußball	Hertha BSC wird Deutscher Meister.

1932

15. Februar	6,1 Millionen Menschen sind in Deutschland arbeitslos, weitere 3 Millionen müssen Kurzarbeit hinnehmen.
4. März	Der deutsche Passagierdampfer „Bremen" erringt das „Blaue Band" für die schnellste Atlantiküberquerung (4 Tage und 17 Stunden).
20. März	Das Luftschiff LZ 127 „Graf Zeppelin" nimmt den regelmäßigen Luftfahrtdienst nach Südamerika auf.
10. April	Hindenburg wird als Reichspräsident wiedergewählt.
13. April	Um Putschversuchen von rechts entgegenzuwirken, verbietet die Regierung Brüning die NS-Kampfverbän-

	de SA und SS („Schutzstaffel").
30. Mai	Infolge von Intrigen aus Kreisen um Hindenburg tritt Brüning zurück. Brüning hatte u. a. geplant, überschuldeten Großgrundbesitz an Arbeitslose zu verteilen (Brüning emigriert 1934 nach den USA und wird dort Professor an der Harvard Universität.)
1. Juni	Der neue Reichskanzler Franz von Papen bildet auf Wunsch Hindenburgs ein „Kabinett der Barone", das überwiegend aus deutschnationalen Adligen besteht.
4. Juni	Der Reichstag wird aufgelöst.
4. Juni	Die Automobilfirmen DKW, Horch, Audi und Wanderer schließen sich zur Auto-Union zusammen. Ihr Markenzeichen sind vier Ringe.
16. Juni	Neue Regierung unter von Papen hebt Verbot von SS und SA auf.
19. Juni–9. Juli	Konferenz von Lausanne. Die deutschen Reparationsschulden werden gegen eine Schlußzahlung von 3 Mrd. Goldmark gestrichen.
17. Juli	Bei Auseinandersetzungen zwischen Anhängern von NSDAP und KPD in Hamburg kommen 18 Menschen ums Leben, 68 werden verletzt.
20. Juli	Staatsstreich in Preußen. Unter Verletzung der Verfassung setzt Reichskanzler von Papen die preußische Regierung unter Ministerpräsident Braun (SPD) ab.
30. Juli	X. Olympische Sommerspiele in Los Angeles.
31. Juli	Reichstagsneuwahlen. NSDAP erhält 230 Sitze (37,3%) und ist stärkste Partei, kann aber noch keine regierungsfähige Mehrheit bilden. Hitler lehnt angebotene Vizekanzlerschaft ab.
6. August	Zwischen Köln und Bonn wird das erste Autobahnteilstück für den Verkehr freigegeben.
6. November	Letzte freie Reichstagswahlen ergeben einen Stimmenrückgang für die NSDAP auf 196 Sitze. SPD 121, KPD 100, Zentrum 70, DNVP 54, BVP 19, DVP 11, Sonstige 11. Hitler fordert nochmals die Kanzlerschaft.
17. November	Reichskanzler von Papen tritt zurück, da seine Politik eines „Neuen Staates" nicht unterstützt wird.
3. Dezember	Sein Nachfolger von Schleicher versucht erfolglos, mit Hilfe von Gregor Strasser die NSDAP zu spalten.
21. Dezember	Brennmaterial und Lebensmittel werden als „Winter-

	hilfe" an Bedürftige ausgegeben.
Literatur	Hans Falladas Roman „Kleiner Mann, was nun?" schildert die Not zur Zeit der großen Wirtschaftskrise.
Fußball	FC Bayern München wird Deutscher Meister.

1933

4. Januar	Von Papen und Hitler verhandeln in Köln im Haus des Bankiers Schröder über eine gemeinsame Regierung.
30. Januar	Reichspräsident Paul von Hindenburg ernennt den Führer der NSDAP, Adolf Hitler, zum neuen Reichskanzler. Das erste Kabinett besteht aus elf Ministern, davon gehören nur zwei der NSDAP an: Wilhelm Frick als Innenminister, Hermann Göring als Minister ohne Geschäftsbereich. Die anderen Minister sind konservativ, aber größtenteils parteilos.
27./28. Februar	Reichstagsbrand in Berlin. Als vermeintlicher Täter wird der Holländer Marinus van der Lubbe am 10.1.1934 hingerichtet. Als offizielle Version wird eine Verschwörung der KPD verbreitet, sie dient als Begründung für eine Verhaftungswelle, der zahlreiche Parteifunktionäre und Publizisten zum Opfer fallen.
28. Februar	Notverordnung zum Schutz von Volk und Staat setzt wichtige Grundrechte außer Kraft („Reichstagsbrandverordnung").
5. März	Reichstagswahlen. NSDAP erhält 288 Mandate (44 %).
13. März	„Reichsministerium für Volksaufklärung und Propaganda" unter Joseph Goebbels gebildet.
20./21. März	Erste Konzentrationslager werden für die von der SA und SS Verhafteten in Wuppertal, Bremen, Oranienburg (Berlin) und Dachau eingerichtet. Bis April steigt die Zahl der Inhaftierten auf rund 25.000 an.
23. März	Der Reichstag beschließt mit 441 gegen 94 Stimmen der SPD das sogenannte Ermächtigungsgesetz. 26 SPD-Abgeordnete sind zu diesem Zeitpunkt bereits verhaftet. Die Reichsregierung kann jetzt ohne Zustimmung von Parlament und Reichspräsident Gesetze erlassen und Verträge mit anderen Staaten schließen.
31. März	Erstes Gesetz zur Gleichschaltung der Länder mit dem

Reich löst die Länderparlamente auf, nur der Preußische Landtag bleibt noch bestehen.

1. April   Boykottaktion der NSDAP und der SA gegen jüdische Ärzte, Rechtsanwälte und Geschäftsinhaber. Kennzeichnung von jüdischen Personen und Läden. Motto: „Deutsche wehrt Euch! Kauft nicht bei Juden!"

7. April   Zweites Gesetz zur Gleichschaltung der Länder mit dem Reich. Es werden Reichsstatthalter eingesetzt, die Länderminister ernennen und entlassen sowie die Landesparlamente auflösen können.
Berufsverbot für jüdische Beamte.

3. Mai   Ernennung von Reichskommissaren für die Industrie und für die übrige Wirtschaft.

2. Mai   Gesetz zur Auflösung der freien Gewerkschaften.

10. Mai   Zum Abschluß der Aktion „Wider den undeutschen Geist" werden mit Hilfe der „Deutschen Studentenschaft" auf dem Berliner Opernplatz und in anderen deutschen Universitätsstädten Bücherverbrennungen inszeniert. Verbrannt werden Werke jüdischer, pazifistischer, sozialistischer und regimekritischer Schriftsteller, Journalisten und Wissenschaftler.

17. Juni   Hitler beruft Baldur von Schirach zum Reichsjugendführer.

22. Juni   Gesetz zur Auflösung der SPD. Die letzten bürgerlichen Parteien lösen sich selbst auf.

27. Juni   Das Reichsautobahnen-Unternehmen wird gegründet.

13. Juli   Reichsinnenminister Frick ordnet für den dienstlichen Bereich die Einführung des „Deutschen Grußes" mit dem Erheben des rechten Armes an.

14. Juli   Gesetz gegen die Neugründung von Parteien, die NSDAP wird einzige legale Partei in Deutschland.
Gesetz zur Verhütung erbkranken Nachwuchses ermöglicht die Zwangssterilisation von Menschen, die an Krankheiten wie Epilepsie oder Schizophrenie leiden.

15. Juli   Viermächtepakt zwischen Italien, Großbritannien, Frankreich und Deutschland. Deutschland erreicht Anerkennung als europäische Großmacht.

20. Juli   Konkordat zwischen Deutschland und dem Vatikan; sichert der katholischen Kirche in Deutschland Eigentum und Ausübung des Bekenntnisses, untersagt ka-

	tholischen Geistlichen Mitgliedschaft in Parteien.
18. August	Vorstellung des Volksempfängers, eines preiswerten Radios für die „Volksmassen", auf der 10. Großen Deutschen Funkausstellung in Berlin. Bis Ende 1933 werden bereits 860.000 Apparate verkauft.
12. September	Der Propagandafilm „Hitlerjunge Quex" wird uraufgeführt. Er erzählt die Geschichte eines Arbeiterkindes, das sich der Hitlerjugend anschließt und einem kommunistischen Mordanschlag zum Opfer fällt.
13. September	Vereinigung der Landwirte im „Reichsnährstand". Der Reichsernährungsminister kann Preise und Absatzmengen von Lebensmitteln festlegen.
29. September	Reichserbhofgesetz erklärt land- und forstwirtschaftliche Betriebe zwischen 7,5 und 125 Hektar zu unveräußerlichen Erbhöfen.
23. September	Baubeginn der ersten Reichsautobahn zwischen Frankfurt am Main und Darmstadt.
4. Oktober	Schriftleitergesetz zur Gleichschaltung der Presse; erforderlich ist die Mitgliedschaft im Reichsverband der Deutschen Presse mit folgenden Auflagen: deutsche Reichsangehörigkeit, „arische" Abstammung, nicht verheiratet mit Personen „nichtarischer Abstammung".
14. Oktober	Deutschland tritt aus dem Völkerbund aus und zieht sich von den Genfer Abrüstungsverhandlungen zurück.
24. Oktober	Alle Werktätigen sind in der Einheitsgewerkschaft „Deutsche Arbeitsfront"(DAF) zusammengefaßt.
27. November	Die der NSDAP angeschlossene Einheitsgewerkschaft Deutsche Arbeitsfront (DAF) gründet das Kultur- und Freizeitwerk „Kraft durch Freude" (KdF). Bereits 1934 verreisen mehr als 2 Millionen Menschen mit KdF.
1. Dezember	„Gesetz zur Sicherung der Einheit von Partei und Staat" macht NSDAP zur Staatspartei.
Literatur	Das Buch „Die Feuerzangenbowle" von Heinrich Spoerl erscheint; 1944 mit Heinz Rühmann verfilmt.
Sport	Fortuna Düsseldorf wird Deutscher Fußballmeister, der Berliner SC Deutscher Eishockeymeister.

Orte

[Hamburg-Wilhelmsburg;
7. Mai – Heiligabend 1923]

Ernst Haß

Mein Weihnachtswunsch: Ein Vater

In Hamburg-Wilhelmsburg, am Obergeorgswerderdeich Nr. 9,
bin ich aufgewachsen. Das Haus, das wir bewohnten, war
eine Kate mit Strohdach. Man nannte diese Fachwerkhäu-
ser auch Häuslings- oder Kötnerhaus. Wir waren zu Hause
zwei Brüder, mein Bruder August, Audi genannt, 1914 und
ich 1913 geboren. Alle Kinder bei uns am Deich hatten einen
Vater, nur wir nicht. Ich litt sehr darunter und fragte: „Mutti, warum haben wir keinen Vater?"
    Mutter sah mich mit großen Augen an, aber eine Antwort
bekam ich nicht. Manchmal weinte sie, wenn ich wieder davon anfing. Als ich gut sechs Jahre alt war, erzählte unsere
Mutter endlich, warum wir keinen Vater hatten. Unser Vater war bei der Kriegsmarine. Sein Schiff ging 1917 unter,
und dabei ist er ertrunken. „So, Jungens, nun wißt ihr, warum ihr keinen Vater habt", endete sie. Dabei kamen ihr die
Tränen, und sie lief ins Schlafzimmer, um allein zu sein.
    Es hat lange gedauert, bis ich dies alles begriff. Ich ging
zu Mutter ins Schlafzimmer, umarmte sie und weinte mit
ihr um unseren Vater. Dann lief ich aus dem Haus, setzte
mich am Deich nieder und weinte weiter. Ich verfluchte diesen Krieg, der uns den Vater genommen hatte.
    Am 7. Mai 1923 wurde ich zehn Jahre alt. An diesem Tag
sagte ich zu Mutter: „Ich wünsche mir zu Weihnachten einen Vater!"

Mein Bruder wollte lieber eine Eisenbahn haben. Ich konnte ihn aber umstimmen: Er wollte nun zu Weihnachten auch einen Vater haben. Wir umarmten unsere Mutti und versprachen immer wieder, daß wir ihr keinen Kummer mehr bereiten wollten. Normalerweise stellten wir jeden Augenblick etwas an, und nicht immer ging es gut aus. Unsere Mutter konnte uns kaum mehr in Schach halten, eine feste Hand mußte her.

Als Audi und ich eines Tages von der Schule nach Hause kamen und den Deich hinunterliefen, hörten wir unsere Mutter singen. Das Stubenfenster war offen. Mein Bruder und ich lauschten am Fenster. Wir hatten unsere Mutter noch nie in dieser Art singen gehört. Ich dachte: „Was ist los, was hat das zu bedeuten?"

Schließlich gingen wir hinein, fielen Mutter um den Hals und schmusten mit ihr. „Mutti, du kannst aber schön singen, das haben wir gar nicht gewußt!"

Unsere Mutter schmunzelte und meinte nur: „Es hat auch seinen guten Grund!" Aber verraten hat sie uns nichts. Wir brauchten nicht lange zu bitten, dann sang sie uns abends mit ihrer wunderschönen Sopranstimme in den Schlaf. Mein Lieblingslied war „Stolzenfels am Rhein", weil darin ein gefallener Soldat vorkam. Ich mochte auch das Lied vom Fremdenlegionär, der in maurischer Wüste gefangen war.

Unsere Mutter veränderte sich in dieser Zeit. Sie lief neuerdings immer dem Postboten entgegen. Wenn er mit einem Brief für sie kam, war sie glücklich und hat ihn sofort gelesen. Hinterher sang sie den ganzen Nachmittag wie eine Nachtigall.

Der Monat Dezember rückte näher, es ging auf Weihnachten zu. Mutter fragte uns Jungen: „Was wünscht ihr Euch zum Weihnachtsfest?"

Mein Bruder sagte nun doch wieder, daß er sich eine Eisenbahn wünsche. Als ich an der Reihe war, antwortete ich: „Mutter, was ich mir wünsche, weißt du schon."

„Ja, Jungens", sagte Mutter, „dann wollen wir mal sehen!"
Endlich war Heiligabend. Morgens durften wir Jungen den
Weihnachtsbaum putzen und schmücken. Mit Buntpapier
und Kartoffelmehl, aus dem wir Kleister anrührten, hatten
wir Ketten angefertigt und in den Tannenbaum hineinge-
hängt. Er sah schön aus! Mutter lobte uns und freute sich.
Wir waren stolz auf unser Werk. Dann mußte sie noch einmal schnell weg, um in Niedergeorgswerder etwas einzukau-
fen. Lange dauerte es, bis sie völlig außer Atem wieder nach
Hause kam. Es wurde schon dunkel. Immer wieder sahen
mein Bruder und ich den Deich hinauf – aber der Weihnachtsmann kam und kam nicht, es war nicht mehr auszuhalten!
Mutter meinte, daß der Weihnachtsmann nun bestimmt bald
käme. Er hätte soviel zu tun hat, daß er gar nicht all die
vielen braven Kinder besuchen könne. Bei uns wollte er aber
auf jeden Fall vorbeikommen, wir seien ja artig gewesen, was
wir ja auch hoch und heilig versprochen hatten. Wir hatten
am Heiligtag wirklich nichts ausgefressen.
In dem Augenblick, als Mutter plötzlich aufstand und die
vier Lichter am Baum anzündete, wummerte es an der Haustür. Mein Bruder bekam nun doch Angst und versteckte sich
blitzschnell hinter dem Sofa. Mutter sah mich mit ihren großen Augen an und sagte: „Erni, mein Junge, dann laß mal
dein Weihnachten herein!"
Sie hätten sehen sollen, wie schnell ich zur Tür flitzte und
sie aufriß! Draußen stand aber nicht der Knecht Ruprecht,
sondern ein großer Mann, der einen Seesack auf dem Rük-
ken trug. Mutter stand hinter mir und forderte mich auf:
„Laß ihn man herein!" und gab dem Mann einen Kuß.
Unglaublich – mein Weihnachtswunsch war in Erfüllung
gegangen: Dieser große Mann wurde unser neuer Vater!
Wir waren glücklich, denn nun hatten auch wir endlich
wieder einen Papa, so wie alle Kinder bei uns am Deich. War
das ein Weihnachten! – das schönste Weihnachtsfest, das ich
je zu Hause erleben durfte.

[Jülich/Rur, Kreis Düren und Bedburg,
Nordrhein-Westfalen;
1914 – 1923]

Hanna Claus

Steckrübenwinter und Franzosenzeit

Am 1. August 1914 war ich zu Besuch bei meiner Freundin
Alise Schiffer. Obwohl erst fünf Jahre alt, kann ich mich noch
genau entsinnen, daß plötzlich Alises Mutter hereinkam und
aufgeregt verkündete: „Es gibt Krieg!"
Unter dem Begriff Krieg konnten wir uns gar nichts vorstellen. Trotzdem nahmen wir es mit Hallo auf, freuten uns
und sprangen herum. Rückblickend glaube ich, daß diese
Freude bei uns Kindern etwas mit der Militärmusikkapelle
zu tun hatte, die oft durch unsere Heimatstadt Jülich zog
und Märsche spielte. Wir liefen dann auf die Straße und hüpften begeistert nebenher. Jülich war Garnisonstadt, hatte eine
Unteroffiziersschule und Vorschule. Die Kriegsbegeisterung
war damals allerdings auch bei den Erwachsenen sehr groß.
Junge Männer meldeten sich in Scharen. Mein Onkel Jean
und seine Freunde waren Kriegsfreiwillige. Doch als sie
schließlich ausrückten und ein letztes Mal an unserem Haus
vorbeizogen, gab es bei Oma und Mutter viele Tränen.
Zu Ostern 1916 kam ich in die Schule und zwar gleich auf
das Lyzeum der Franziskanerinnen. Damals besuchten nur
wenige Kinder die höhere Schule. Es kostete nämlich Schulgeld. Als mich meine Mutter bei der Direktorin, Schwester
Alkantara, anmeldete, sagte diese: „Helene, Sie sind die erste meiner Schülerinnen, die mir ein Töchterchen bringt."
Schwester Antonita unterrichtete die 10. und die 9. Klasse.

*Kaiser Wilhelm II.
(27.1.1859 – 4.6.1941,
1888 – 1918 im Amt).
Nach einem Gemälde von
R. Grabendorff.
An Kaisers Geburtstag war
schulfrei. Mit schwarz-
weiß-roten Schleifen im
Haar schauten meine
Schwester Ria und ich der
Parade zu, denn Jülich
war Garnisonstadt.*

Die Schuljahre wurden rückwärts gezählt. Mitten im Krieg war alles knapp. Ich trug wie die meisten Kinder „Klumpen", Holzpantinen, die im Flur vor der Klasse abgestellt wurden. Aus Stoffresten nähte mir Mutter Pantöffelchen.

Im Steckrübenwinter 1916/17 bekam unsere Familie nach Stammhalter Paul – im Mai 1915 geboren – erneut Zuwachs. Als meine jüngste Schwester Heidi am 3. Januar 1917 geboren wurde, wog sie nur drei Pfund und erkrankte gleich an doppelter Lungenentzündung. Gott sei Dank überlebte sie.

Noch ein anderes Ereignis gab es im Januar zu feiern: Am 27. war Kaisers Geburtstag. Wir lernten:

> *„Heil Dir im Siegerkranz,
> Herrscher des Vaterlands,
> Heil Kaiser, Dir!"*

Auf der großen Wiese vor dem Schloß wurde aus diesem Anlaß eine Parade abgehalten. Meine Schwester Ria und ich schauten mit schwarz-weiß-roten Schleifen im Haar zu. Bald konnte ich auch das Deutschlandlied singen.

1918 wurde auch Ria in der Klosterschule eingeschult, sie kam ebenfalls zu Schwester Antonita. Als sich unsere Mutter bald darauf nach ihren Zöglingen erkundigte, mußte sie erfahren, daß Ria ehrgeizig wäre, ich aber nicht. Ich war nicht frech, aber sehr impulsiv und konnte nicht lange ruhig sitzen. Damals war ich sehr dünn. Trotz meines ständigen Hungers bekam ich die Steckrüben kaum herunter. So magerte ich immer mehr ab. Da machte man meinen Eltern ein tolles Angebot: Meine Mutter wurde zur Schule bestellt, und man teilte ihr mit, daß ich auserwählt sei, in den großen Ferien sechs Wochen auf einem Gutshof zu verbringen. Die Besitzer wollten wohl etwas Gutes für Stadtkinder tun.

Mit dem Zug ging es auf die Reise nach Bedburg. Damals gab es bei der Bahn noch die 3. und 4. Klasse. Wir fuhren 2. Klasse, das war für mich ein Hochgenuß.

Das Leben auf dem Gutshof war herrlich! Jeden Morgen aß ich zwei Eier zum Frühstück. Das Essen war reichhaltig. Zum Gutshof gehörte ein wunderbarer Garten mit viel Obst. Das ließ ich mir schmecken. Ich war entzückt, wenn das Huhn mit den Küken loszog. So etwas sah ich zum ersten Mal.

Nach fünf Wochen kam trotzdem das große Heimweh. Beim Mittagessen rollten plötzlich die Tränen, ich schluchzte und schluckte. Ich sollte noch eine weitere Woche bleiben. Aber die Familie Hambloch zögerte nicht: Eines der Mädchen mußte mich noch am selben Tag nach Hause bringen. Welche Enttäuschung zu Hause bei der Familie, als ich unerwartet angereist kam! Immerhin hatte ich zugenommen.

Rosen für die heimkehrenden Soldaten

Im November 1918 durchstreiften Scharen zurückkehrender Soldaten unsere Stadt. Von der Front waren sie meist zu

Fuß, vereinzelt auch mit Pferdewagen, nach Aachen, Köln und weiter nach Jülich gekommen, wo sie von der Bevölkerung empfangen wurden. Unsere Familie schmierte Brote – ganze Körbe voll. Frische Blumen gab es nicht, stattdessen stellten wir künstliche Rosen her, und wir Kinder durften sie an die Soldaten verteilen. Als sie meinen Bruder auf ihren Wagen gehoben und ihn ein Stückchen mitgenommen hatten, scherte aus der Masse der Soldaten plötzlich eine Gruppe aus – Onkel Jean und seine Kameraden, die zur 238. Infanterie-Abteilung gehört hatten!

Sie kehrten alle bei uns ein. Das war eine Freude! Onkel Jean war Langemarck*)-Kämpfer. Die waren als besonders tüchtige Männer bekannt.

Unsere Schule wurde teilweise zum Lazarett umfunktioniert. Auch im Turnsaal brachte man Verwundete unter. Drei Klassen – die dritte, vierte und achte – wurden aus diesem Grund ausquartiert und in die Winterschule verlegt. Dort fand normalerweise Unterricht für junge Landwirte statt. Da die beiden Schulen weit voneinander entfernt waren, hatten die Schwestern weit zu laufen. Uns Rackern war das sehr recht. Auf diese Weise gab es für uns lange Pausen. Eine Schülerin nahm dann den Platz der Lehrerin ein und paßte auf, daß Ruhe herrschte. Einmal saß auch ich auf diesem Ehrenplatz.

Die Schule lag sehr schön an der Promenade unweit des Schwanenteiches, davor floß der Ellbach. Damals spielten wir ganz andere Spiele als die Kinder heute. „Eckenlauern" war sehr beliebt, „Räuber und Schaditz", Figuren rauswer-

---

*) ehemals selbstständiger Ort in der belgischen Provinz Westflandern, 8 km nördlich von Ypern, seit 1977 Teil der Gemeinde Langemarck-Poelkapelle, 8000 Einwohner. Im Ersten Weltkrieg schwer umkämpft; 1914 verlustreicher Sturmangriff deutscher Freiwilligenregimenter (vor allem aus Studenten und Schülern); deutscher Soldatenfriedhof mit 45000 Gräbern.

Der Schwanenteich in Jülich, Rheinland. Im Winter 1916 wäre ich beina-
he darin ertrunken, als ich einem Jungen auf das Eis folgte und bis zum
Hals einbrach. Damals hatte ich einen Schutzengel.

fen und Kreisspiele: „Es geht die schwarze Köchin um, eins,
zwei, drei", „Machet auf das Tor, es kommt ein gold'ner Wagen" und andere. „Diabolo*)" liebte ich sehr und konnte ihn
auch hoch werfen.

Ein Unglück kommt selten allein
1919 war ein Schreckensjahr für mich und die ganze Familie. Gleich am 2. Januar geschah das Unglück: Die kleine
Wäsche wurde regelmäßig auf dem Herd in einem großen
Topf gekocht. Dieser Kessel war mit einem Schwengel ausgestattet, der es mir angetan hatte. Ich meinte, immer mal
wieder daran drehen zu müssen, was mir streng verboten
war. Für meinen Ungehorsam wurde ich schrecklich bestraft:
Oma war gerade im Nebenzimmer, als ich anfing zu drehen.

---

*) Diabolo ist ein Geschicklichkeitsspiel, bei dem ein sanduhrförmiger
Körper durch eine an zwei Stäben befestigte Schnur in Drehung ver-
setzt, in die Höhe geschleudert und auf der Schnur aufgefangen wird.

Der Kessel mit der heißen Lauge kippte schließlich. Oma eilte hinzu und hielt ihn fest, doch sie konnte nicht verhindern, daß ich hinfiel und sich die heiße Lauge auf meine Beine ergoß. Eine Katastrophe!

Ich hatte furchtbare Schmerzen, gut ein Drittel meines Körpers war verbrüht. Wäre es die Hälfte gewesen, hätte ich wohl keine Überlebenschance gehabt. Meine Schuhe ließen sich nur mit Hilfe einer Schere von meinen geschwollenen Füßen lösen. Der Arzt wurde gerufen. Ich sollte ins Krankenhaus. Statt dessen übernahm Tante Mariechen meine Pflege, und so konnte ich zu Hause bleiben. Ein Zimmer wurde ausgeräumt und als Krankenzimmer hergerichtet. Dort verbrachte ich mehrere Monate. Jeden Tag mußte ich neu verbunden werden. Die Verbände konnten nur gelöst werden, wenn ich in der eigens dazu bereitgestellten Wanne saß. Wegen der schweren Verletzungen konnte ich lange nicht laufen und mußte es wie ein Kleinkind neu erlernen. In meiner Not habe ich alle Gebete gesprochen, die ich kannte. Während dieser schwierigen Zeit des Genesens hing über meinem Bett ein großes Bild vom Papst Leo XIII.

Die kleine Patriotin

Viele Monate konnte ich nicht zur Schule gehen. Ich war nun in der 7. Klasse, nach heutiger Zählung im 4. Schuljahr. Jetzt lernten wir als erste Fremdsprache Französisch. Damit meine Lücken nicht zu groß würden, brachten mir meine Mitschülerinnen die Lehrbücher und Hausaufgaben ans Krankenbett. Ich wollte aber überhaupt kein Französisch lernen! Dabei gab sich mein Vater so viel Mühe mit mir. Er selbst sprach perfekt Französisch.

Inzwischen waren die Franzosen in unsere Stadt eingerückt. Jülich liegt ja linksrheinisch. Ich konnte sie nicht leiden, ich betrachtete sie als meine Feinde und fand sie sehr streng. Unsere Männer mußten die französische Flagge grüßen, und abends durften wir Deutschen nicht auf die Straße.

Schon bald ließen die Offiziere ihre Familien nachkommen. Das Haus unseres Nachbarn, des Arztes Dr. Heinrich, wurde teilweise beschlagnahmt. Eine französische Familie mit zwei Kindern zog ein. Die hübschen Kinder mit ihren kurzen Kleidern beeindruckten uns sehr. Wir fanden sie schick. Es dauerte gar nicht lange, da trugen Ria und ich unsere langen Kleider hochgebunden und baten die Mama, sie zu kürzen. Im Frühjahr schlugen wir unsere seidenen Halbstrümpfe zu kurzen Söckchen um. Bald gab es für die Kinder der französischen Soldaten eine eigene Schule. Die Pausen verbrachten die Schüler rund um den Musik-Tempel, der nun als Spielplatz für uns verboten war.

Bald konnten die Einwohner von Jülich die Melodie der Marseillaise mitsingen, wenn die französische Musikkapelle aufspielte und durch die Stadt zog. Das empfand ich als Beleidigung, denn wir hatten während des Krieges ganz andere Lieder gelernt. Nun waren diese verboten, und wir mußten in der Schule „Ich hab' mich ergeben mit Herz und mit Hand" singen.

Mein Vater ist im Elsaß geboren, als es noch unter deutscher Herrschaft stand. Durch den Versailler Vertrag*) wurden wir plötzlich zu Franzosen erklärt!

Später, als ich heiraten wollte, mußte ich die deutsche Staatsangehörigkeit beantragen. Als ich dieses Dokument erhielt, sagte man mir: „Nach deutschem Recht sind Sie Deutsche, aber nach französischem Recht Französin."

Das war mir gar nicht recht.

---

*) Der Versailler Vertrag wurde am 28. Juni 1919 im Versailler Schloß zwischen dem Deutschen Reich und 26 alliierten und assoziierten Mächten unterzeichnet und trat am 10. Januar 1920 in Kraft. Teil XIV bestimmte den Rückzug der deutschen Truppen aus den ehemals russischen Gebieten und die alliierte Besetzung des Saargebietes sowie des linken Rheinufers und der rechtsrheinischen Brückenköpfe bei Köln, Koblenz und Mainz für 15 Jahre.

*Durch den Versailler Vertrag
wurden wir plötzlich zu
Franzosen erklärt!
Als ich Anfang der 30er Jahre
heiraten wollte, mußte ich die
deutsche Staatsangehörigkeit
beantragen. Die Aufnahme von
mir stammt aus dieser Zeit.*

„Kränzchen" mit Blauveilchen und Vergißmeinnicht

Aufgrund meiner langen Fehlzeiten in der Schule schaffte ich die Versetzung in die nächste Stufe nicht. Unter den neuen Mitschülerinnen meiner neuen Klasse wurden Elsbeth Maul und Mathilde Stolz meine besten Freundinnen. Wir gründeten ein „Freundschafts-Kränzchen". Romantisch wie wir waren, legten wir uns folgende Namen zu: Elsbeth war Blauveilchen, Mathilde Vergißmeinnicht und ich Rosenelfe.

Jede Woche trafen wir uns abwechselnd bei unseren Familien zu Kaffee und Kuchen. Anschließend gingen wir spazieren. Wir drei Kränzchenschwestern waren überall gerngesehene Gäste. Die Eltern von Mathilde hatten sechs Kinder. Albert war das Älteste. Eines Tages wollte er mit mir spazierengehen. Er war aber überhaupt nicht mein Typ, und er hatte fusselige Haare, Mathilde dagegen wunderschöne, blonde. Die Familie Stolz hatte seinerzeit eine Verwandte, ein Waisenkind, sie stammte aus Brünn, aufgenommen. Sie machte den ganzen Haushalt. Vater Stolz war Sparkassen-Direktor. Es war eine sehr offene, gastfreundliche Familie.

Auch Elsbeths Familie besaß ein schönes Haus in der Neußer Straße. Dort war ich ebenfalls gern zu Gast. Mutter war mit Frau Maul befreundet. Später wurde fleißig miteinander telefoniert. Wir besaßen schon vor 1927 ein Telefon. Der Apparat hing an der Wand, obenauf der Hörer. Alle Gespräche gingen über's Amt, mußten also angemeldet werden. Ria's Patentante war ein „Fräulein vom Amt".

Als ich 14 Jahre alt war, hatte ich mir eine besondere Vorstellung vom „Kinderkriegen" gebildet. Heute noch gefällt mir, was ich mir damals ausdachte. Ich glaubte, die Eltern brauchten beim lieben Gott nur den Wunsch vorzutragen, dann hätten sie über Nacht ein Baby, das er zwischen ihnen ablegen würde. Aber Elsbeth zerstörte diese Illusionen und erzählte es uns der Wirklichkeit nahe. Das war für mich zunächst ein Schock!

Ich sah meine Eltern daraufhin etwas mißtrauisch an. Mutter genierte sich zu sehr, als daß sie es mir hätte erklären können. Ich ging deshalb zu Pastor Brand, zu dem ich großes Vertrauen hatte. Der Geistliche klärte mich auf behutsame Art auf.

[Gut Hammelspring bei Templin, Uckermark;
1912 – 1919]

Ursula Löbner

Gut Hammelspring – mein Elternhaus

Das Gut Hammelspring im uckermärkischen Kreis Templin
war unser Zuhause. Nachdem Vater und Mutter im Oktober
1906 geheiratet hatten, wurden in den folgenden vier Jahren Jula, ich und darauf Irmgard geboren. Unsere jüngste
Schwester Brigitte erblickte als Nachzügler 1920 das Licht
der Welt.

Das Gut war – einschließlich Pachtland – 800 Morgen
(200 Hektar) groß: Felder, Wiesen und Wald. Die südliche Uk-
kermark ist Endmoränengebiet, die Landschaft geprägt von
Seen und Kiefernwäldern. Eigene Jagd und Fischerei auf einem Kanal, der zwei Seen verbindet, und ein Segelboot waren für meinen Vater Erholung und Freude. Der Kanal bildete die Grenze zwischen dem Gut und der staatlichen Forst,
der Schorfheide.

Unser Gutshof war recht geräumig und sehr zweckmäßig
aufgeteilt. Zur Straße hin standen das Wohnhaus, das Wirtschaftsgebäude und der Giebel des Schafstalles. Sechs Stufen einer steinernen Treppe führten vom Hof in den Hausflur. Gleich rechts war die Toilette – natürlich noch ohne
Wasserspülung. Mit einer Kanne Wasser wurde nachgespült.
Die nächste Tür führte in die Küche. Von dort aus gelangte
man in die Speise- und in die Vorratskammer.

Wir Kinder hatten in der Küche nichts zu suchen. Unsere
Eltern wollten wohl nicht, daß wir durch die Dienstmädchen

Dorfklatsch erfuhren. Die Dienstmädchen ihrerseits hatten es auch nicht gerne, wenn wir in der Küche herumstanden.

Der Haushalt und das Personal

Bei den Hauptmahlzeiten im großen Eßzimmer saßen immer der Inspektor und das „Wirtschaftsfräulein" mit am Tisch. Sie hatten den sogenannten Familienanschluß. Der Inspektor, ein gelernter Landwirt, war auf unserem Gut als Aufseher tätig. Die ausgebildete Wirtschafterin, bei uns zuständig für das Kochen, Backen, Einwecken und die Geflügelzucht, hieß auch bei den Dorfbewohnern nur „Fräulein". Ihren Namen kannten wohl nur meine Eltern. Bei Tisch durften wir Kinder nur etwas äußern, wenn wir gefragt wurden. Das Gespräch fand meistens zwischen meinem Vater und dem Inspektor statt; fast immer ging es um die Landwirtschaft. Ich erinnere mich noch genau, wie ich einmal wegen einer altklug erscheinenden Bemerkung zum Tod eines Tbc-kranken Mädchens zurechtgewiesen wurde und mich vor dem Inspektor sehr schämte.

Im Haushalt waren außerdem das Stuben- und das Küchenmädchen beschäftigt. Sie bekamen die gleiche Kost wie die Familie, aßen aber in der Küche. Ihre Schnitten wurden ihnen vom „Fräulein" bestrichen und belegt.

Das Stubenmädchen mußte alle Zimmer im Wohnhaus sauberhalten, die Betten machen, das Waschgeschirr säubern und mit frischem Wasser füllen. Wasserleitungen bzw. fließendes Wasser hatten wir noch nicht. In der Küche gab es eine einfache Handpumpe mit Ausguß. In den Schlafzimmern befand sich jeweils eine Waschkommode mit einer Marmorplatte darauf. Auf ihr standen zwei große, hübsch geformte Keramik-Waschschüsseln, zwei Wasserkrüge, ebenfalls aus Keramik, Karaffen für Zahnputzwasser und Wassergläser. Zweimal in der Woche wurden die Wasserkaraffen mit Würfeln aus rohen Kartoffeln gefüllt, damit geschüttelt und mit Wasser nachgespült, damit das Glas klar blieb.

Unser Gutshaus in Hammelspring, Uckermark, von der Straßen- bzw. Vorgartenseite. Sechs Stufen einer steinernen Treppe führten vom Vorgarten zu einer Terrasse und zum Entree.

Ab Herbst mußte das Stubenmädchen morgens das Herrenzimmer, das Eßzimmer und das Büro heizen. Die Schlafzimmer wurden nur bei sehr großer Kälte nachmittags beheizt. In allen Räumen standen hohe Kachelöfen. Sie reichten beinahe bis an die Decke. Weil der Wald durchforstet werden mußte, heizte man hauptsächlich mit Holz. Sobald es durchgebrannt war und alles glühte, mußten die Ofentüren fest zugeschraubt werden. Die gut erhitzten Kacheln hielten die Temperatur im Zimmer bis zum nächsten Morgen. Auch das Decken und Abdecken des Eßtisches und das Abtrocknen des Geschirrs war Aufgabe des Stubenmädchens. Wenn beim Essen irgend etwas auf dem Tisch fehlte, wurde es durch ein Klingelzeichen herbeigerufen.

Das Küchenmädchen stand schon um 5 Uhr auf und heizte den Küchenherd an, damit um 5.30 Uhr das Kaffeewasser kochte. Um 5.40 Uhr brachte es dem Inspektor und dem Gärtner den Kaffee auf ihre Zimmer im Wirtschaftsgebäude. Das

Tablett mit Schnitten, Kaffeemilch und Zucker machte das „Fräulein" zurecht. Um 6 Uhr tranken beide Mädchen in der Küche Kaffee. Dann holte sich das Küchenmädchen die Schuhe, die vor den Schlafzimmern ordentlich aufgestellt waren, zum Putzen. Später säuberte es die Zimmer des Inspektors und des Gärtners. Einmal in der Woche mußte es den Hühner- und den Gänsestall ausmisten.

Für das Mittagessen wurden beinahe täglich Kartoffeln geschält. Um 12 Uhr brachte das Küchenmädchen dem Gärtner das Essen aufs Zimmer. Nach dem Abwasch wischte es den gefliesten Fußboden in der Küche und im Hausflur. Am Nachmittag, wenn die Küche aufgeräumt war, richtete sich die Arbeit der beiden Mädchen nach der Jahreszeit. Vom späten Frühjahr bis zum Herbst wurde im Garten Gemüse und Obst geerntet, das anschließend eingeweckt oder in Konservendosen eingemacht wurde. Bei den Vorbereitungen dazu, also beim Spargelschälen, Möhrenputzen, Auspalen der Erbsen, Abbeeren der Johannisbeeren, beim Entsteinen der Kirschen und ähnlichen Arbeiten halfen alle im Haus mit.

Nach Weihnachten wurden in einem Raum im Wohnhaus Gänsefedern „geschlissen", die Federn von den Kielen getrennt. Dabei sangen die Mädchen die beliebtesten Schlager jener Zeit, wie „Puppchen, du bist mein Augenstern", „Schlaf, Püppchen Liese", „Auf der grünen Wiese" oder „Max, du hast das Schieben raus, Schieben raus ..." Die Daunen oder Flaumfedern waren schon beim Rupfen der Gänse ausgesondert worden. Sie wurden besonders sorgfältig aufbewahrt, denn sie sollten später für die Oberbetten der Töchter des Hauses verwendet werden, wenn diese heirateten.

Gegen 15 Uhr trank man Kaffee, die Familie im Eßzimmer, die Mädchen in der Küche. Das Abendbrot gab es pünktlich wie alle anderen Mahlzeiten, und zwar um 19 Uhr. Die Mädchen aßen abends gern warm. So bereiteten sie sich oft selbst etwas zu. Nach dem Abwaschen, Abtrocknen und Einräumen des Geschirrs war der Tagesablauf für sie beendet.

Die Vorräte in einem Gutshaushalt mußten unter Verschluß gehalten werden. Allen gegenüber hatte man die Verantwortung, sie so einzuteilen, daß sie ein Jahr lang reichten. Das „Fräulein" verfügte über die Schlüssel zur Speise- und zur Vorratskammer. In der Speisekammer standen die Vorräte, die man täglich benötigte. Kühl- und Eisschränke gab es noch nicht. Verderbliche Sachen wurden in den Keller gebracht, wo es sehr kühl war. Dort lagerten in einem anderen Raum Kartoffeln, Möhren, verschiedene Kohlsorten, rote Bete, Sellerie und Porree. In der Vorratskammer befanden sich auf einem stabilen Regal die vielen Blechdosen und Weckgläser mit Obst und Gemüse. Steintöpfe mit Pflaumenmus, Bienenhonig, Schweineschmalz, Preiselbeeren, sauren Gurken und Sauerkraut standen auf dem Fußboden. An der Decke war eine Aufhängevorrichtung für Dauerwurst, Schinken und Speckseiten angebracht. Außer dem Kochen und Einwecken hatte das „Fräulein" die Aufzucht des Geflügels und die Legetätigkeit der Hühner zu überwachen. Das Füttern des Geflügels erledigte das Küchenmädchen. Beim Schweineschlachten mußten alle, die im Haushalt tätig waren, unter der Aufsicht des Hausschlächters helfen.

Die täglich anfallende Kuhmilch brachte der „Schweizer"*) durchgeseiht in den Kühlraum im Wirtschaftsgebäude. Die Milch, die nach Berlin an „Bolle"**) geliefert wurde, mußte erst über den Kühler laufen, durch dessen Röhren eiskaltes Wasser strömte. Die Milchkannen wurden nochmals sauber ausgewaschen, dann gefüllt und zum Versand mit Frachtbrief fertiggemacht. Der „Schweizer" fuhr sie mit dem Pony abends um 18 Uhr zum Zug in Richtung Berlin. Auf dem Bahnhof in Löwenberg mußten die Kannen noch einmal umgeladen werden. Ein Teil der Milch, die nicht nach Berlin

---

*) alte Bezeichnung für Melker, Betreuer der Kühe.

**) Großmolkerei in Berlin mit zahlreichen Verkaufsfilialen, existierte über 100 Jahre, bis 1996.

ging, wurde zentrifugiert. Mit Hilfe der Milchschleuder trennte man dabei Rahm und Magermilch voneinander. Dann konnte gebuttert werden: aus dem Rahm gewann man im Butterfaß die Butter für den eigenen Haushalt, wobei als Rückstand Buttermilch anfiel. Abends holten sich die auf dem Gut beschäftigten „Leute" ihre Deputatmilch.

Wenn bei uns zu Hause einmal ein Arzt benötigt wurde, holte ihn der Kutscher ab. Nachdem der Kranke behandelt war, blieb der Doktor noch zum Kaffee oder zum Abendbrot. Mit dem Zug fuhr er dann wieder heim. Werktags kostete ein Arztbesuch im Hause fünf Mark, sonntags acht Mark. Die Pflege der Kranken im Dorf übernahm eine Diakonisse, die drei Dörfer zu betreuen hatte. Die Organisation dafür lag beim Vaterländischen Frauenverein. Mein Vater brachte uns Kindern bei, daß wir jede Krankenschwester zu grüßen hätten, denn ihre Arbeit und Opferbereitschaft gelte den Schwachen und alten Menschen. Das ist so in mir verankert, daß ich heute noch jede Krankenschwester grüße.

Kriegsausbruch und Schulbeginn

Sechs Wochen war ich von allen und allem in einem Fremdenzimmer abgesperrt. Es war kurz vor meiner Einschulung, ich war knapp sechs Jahre alt und hatte Scharlach. Als ich bei schönem Wetter das erste Mal aus dem Zimmer in den Vorgarten durfte, fuhr ich meine Puppen im Puppenwagen spazieren. Anscheinend hatten alle noch vor einer Ansteckung Angst; ich merkte, daß sie mir aus dem Weg gingen. Während der Krankheit hatte ich das Alleinsein nicht so stark empfunden. Plötzlich läuteten alle drei Glocken vom Kirchturm unserer wunderschönen Dorfkirche. Das war nur Samstag abend und Sonntag früh zum Gottesdienst üblich. Etwas Besonderes mußte passiert sein.

Der Krieg war ausgebrochen. Mein Vater war nach Berlin gefahren, um die Proklamation des Kaisers direkt mitzuerleben. Irgendwie berührte mich der Aufruf. Nachmittags

*Ein Weihnachtsgruß im Kriegsjahr 1916 an unseren Papa, der als Eisen-
bahnpionier in Rumänien war. Von rechts: unsere Mutter und wir drei
älteren Schwestern Jula, Irmgard und ich.*

kamen grölende junge Leute in guten Anzügen und mit Stroh-
hüten, um die sie lange Bänder gewunden hatten, von der
Musterung im Gasthof. Sicher war ihnen Alkohol spendiert
worden, um sie zu erheitern.

Nach überstandener Krankheit empfahl der Arzt, daß ich
zunächst die Dorfschule besuchen sollte. Der weite Schulweg nach Templin wäre bei Wind und Wetter zu anstrengend. Das Schulhaus in Hammelspring war klein. Die eine
Hälfte des Hauses bewohnte der Lehrer mit seiner Familie,
die andere bestand aus einem großen Schulraum. Die ältesten Schüler hatten von 6 bis 10 Uhr Unterricht, die nächsten von 8 bis 12 Uhr und die kleinsten von 10 bis 12 Uhr.
Eine lange Schulbank reichte immer für einen Jahrgang aus.
Täglich mußten wir ein Diktat schreiben, anschließend wurden die Schüler nach ihren Fehlern neu gesetzt.

Der Lehrer, Herr Jäger, war damals etwa 40 Jahre alt. Er
sah sehr gut aus und trug auch wochentags immer Schlips

und Kragen. Auf dem Lande war das selten. Er achtete auch
darauf, daß die Schüler sauber zum Unterricht kamen.
Manchmal mußten sie aus ihren Bänken heraustreten und
ihre Hände und Holzpantoffeln zeigen. Das Leder, das den
Vorderfuß bedeckte, sollte blank geputzt sein. War etwas nicht
in Ordnung, wurde der Schüler verpflichtet, es am nächsten
Tag erneut vorzuführen. Herr Jäger war streng, aber gerecht.
Er behandelte alle Kinder gleich. Wenn ein Junge nicht folgen wollte oder faul war, bekam er auch mal einen Hieb mit
dem Rohrstock. Die unfolgsamen Mädchen mußten Strafar-
beiten anfertigen. Der Lehrer war im Dorf sehr beliebt. Er
war Organist und leitete den Gesangverein.

Ich bin gern in die Dorfschule gegangen, aber ich gewöhn-
te mich auch in Templin in der Vorschule fürs Lyzeum schnell
ein. In dieser Vorschule, die aus der 10., 9. und 8. Klasse
bestand, wurden Jungen und Mädchen gemeinsam unterrichtet. Unsere Dorfschule war sicher sehr gut, denn ich kam
nicht erst in die 10., sondern wurde sogleich in die 9. Klasse
aufgenommen. Schon in der Vorschule mußten meine Eltern
Schulgeld bezahlen. Für die Templiner betrug es monatlich
10 Mark, für Auswärtige 12 Mark. Die Bürgerschule, wie man
die Volksschule nannte, war schulgeldfrei. Ab der 7. Klasse
gingen wir Mädchen aufs Lyzeum*), die Jungen kamen in
die Sexta aufs Gymnasium. Als erste Fremdsprache lernten
wir von Beginn an Französisch, in der 4. Klasse kam Englisch hinzu.

Zur Schule mit dem Ponywagen

Der Bahnhof in Hammelspring war nahe am Gutshaus gelegen, der Weg quer durch den Garten führte dorthin. Mit dem
Zug fuhr man bis Templin nur zehn Minuten, und die Fahrt
kostete pro Kind ganze 10 Pfennige. Die Bahn zu benutzen

---

*) höhere Mädchenschule, die (mit Vorklassen) zehn Jahre umfaßte, die
Klassenstufen wurden rückwärts gezählt.

wäre also viel preisgünstiger gewesen, als für die Schulfahrten ein Pony zu halten, aber die Züge verkehrten leider nicht zur passenden Zeit. Also fuhren Julchen, Irmgard und ich mit dem offenen Ponywagen zur Schule – im Sommer normalerweise allein, ohne Kutscher.

Pünktlich um 6 Uhr wurden wir Schwestern vom Hausmädchen geweckt. Es stellte uns zum Zähneputzen warmes Wasser auf den Waschtisch, manchmal, wenn es sehr kalt war, auch zum Waschen. Im Eßzimmer war für uns gedeckt. Oft gossen wir uns, wenn niemand sonst anwesend war, etwas Kaffee in die Tassen, damit es so aussah, als hätten wir gefrühstückt. Viel Zeit dazu blieb uns häufig nicht. Um Punkt 7 Uhr mußten wir uns auf den Schulweg machen. Der Ponywagen stand schon fahrbereit auf dem Hof. Ein alter Mann betreute das Pony, spannte es an und mittags wieder aus. Um diese Zeit arbeiteten alle anderen Bediensteten des Gutes schon auf den Feldern. Mit dem Ponywagen brauchten wir für die acht Kilometer nach Templin vierzig Minuten, wobei wir auch Steigungen zu überwinden hatten und das Pony dort nur Schritt gehen konnte. Sobald wir das Dorf verlassen hatten, holten wir unsere Frühstücksbrote hervor, die eigentlich für die Pausen gedacht waren. Nun, an der frischen Luft, hatten wir Hunger. Jede von uns hatte ihre gekennzeichnete kleine Ledertasche, die man sich mit einem längeren, schmalen Riemen um den Hals hängen konnte.

Wir wurden nach dem Grundsatz „Pünktlichkeit ist Höflichkeit!" erzogen. Für viele Bewohner der etwa einen Kilometer langen Bahnhofstraße in Templin, die zu unserem Schulweg gehörte, waren wir wie eine Uhr. Wenn sie Familie Abels Ponywagen hörten, war es Zeit, zur Schule oder ins Büro aufzubrechen. Einem Fahrzeug begegneten wir auf dem Schulweg selten. Autos gab es hier zunächst kaum.

Am Templiner Marktplatz angekommen, fuhren wir in den Hof eines Hotels mit „Ausspannung" und riefen laut: „Friedrich!" Alle Kutscher in der Gegend wurden „Friedrich" genannt. Ihre richtigen Namen kannten nur wenige. Auf unseren Ruf erschien „Friedrich", ein Bediensteter des Hotels, und spannte unser Pony aus. Unsere Decken und sonstigen Sachen nahm er zur Aufbewahrung mit in die Kutscherstube. Da viele Leute mit dem Kutschwagen in die Stadt kamen, gab es bei dem Hotel viel „auszuspannen". Alle „Friedrichs" gingen während der Wartezeit in die Kutscherstube. Mit Kartenspielen oder Dahindösen verbrachten sie die Zeit. Wir liefen von dort etwa zehn Minuten zur Schule. Im Winter kutschierte uns unser „Friedrich" im Landauer oder im Kremser direkt bis zum Schulhaus und holte uns mittags wieder ab. Daß er August Bohm hieß, erfuhr ich erst später.

Matrosenkleider – die große Mode
Wir drei Schwestern waren immer gleich gekleidet. Unsere Großmutter und eine Tante hatten Freude daran, für uns

Mit dem Ponywagen fuhren wir drei Schwestern vom Gut Hammelspring zum Lyzeum nach Templin. Am Marktplatz, in dessen Mitte das hier abgebildete Rathaus steht, machten wir im Hof eines Hotels mit „Ausspannung" halt und liefen von dort zur Schule.

Mädchen Kleider zu nähen und sie zu besticken. Sie waren wirklich besonders schön und fielen auf. Wenn eine von uns in einem Geschäft in Templin einkaufte, wurde sie angesprochen: „Du bist doch eine Kleine vom Ponywagen!"

Wer auf die Idee kam, uns weiße Matrosenkleider für sonntags und blau-weiß gestreifte für die Schule zu schenken, weiß ich nicht. Matrosenanzüge bzw. -kleider waren damals, als man sich für das kaiserliche Flottenbauprogramm begeisterte, groß in Mode und das zeitgemäße Kleidungsstück für Kinder und Jugendliche. Unsere Matrosenkleider hatten lange Ärmel und waren für uns auf dem Land ganz ungeeignet. Zu den weißen Kleidern trugen wir weiße, zu den blau-weißen blaue Strohhüte. Auf das um den Hut gelegte Band war jeweils der Name eines Seehelden gestickt. Wie uniformiert kam ich mir vor! Ich glaube, unsere Eltern sahen ein, daß diese Kleidung nicht zu uns paßte. Im nächsten Jahr mußten wir sie nicht mehr tragen.

Die Dorfkinder, die zu uns zum Spielen kamen, waren immer gern gesehen. Meine Eltern wunderten sich, wie perfekt platt ich mit ihnen sprach. In der Familie schaltete ich sofort auf Hochdeutsch um. Meine Schwestern und ich machten auch gern bei einer Meute mit, die etwas Besonderes plante, kleine Streiche, beispielsweise Obst von einem Baum zu klauen oder dergleichen. Weil wir Kinder vom Gutshof uns dafür nicht zu fein waren, wurden wir auch nicht vom gemeinsamen Spiel der Dorfkinder ausgeschlossen. Es ging uns nicht um die drei oder vier Pflaumen; das Gewagte, das Über-die-Zäune-Klettern, war das Verführerische.

Das Dorf und die „Leute"

Hammelspring ist ein Straßendorf auf der Strecke von Berlin nach Stettin, es hatte zu jener Zeit etwa 600 Einwohner. Die Wohnhäuser standen etwas entfernt von dem Verkehrsweg. Ein Dorfanger und gepflegte Vorgärten lagen dazwischen. Es gab sechs Bauernhöfe und mehrere Büdner. Die

Bauern benötigten zwei große Pferde zum Bestellen und Abernten ihrer Felder. Die Büdner hatten zumeist zwei kleine Panjepferdchen. In Sachsen-Anhalt spannten Landwirte, die wie sie nur ein kleines Anwesen und wenige Felder besaßen, eine oder zwei Kühe vor ihre Ackergeräte und Wagen. In der Uckermark oder überhaupt im Norden hatten die Leute ihren Stolz: Sie wollten keine „Kuhbauern" sein. Lieber schränkten sie sich für die Haltung der Pferdchen finanziell ein. Die Bauern hielten sich keine Magd und keinen Knecht. Alle Arbeiten wurden von Familienmitgliedern erledigt. Vier Höfe waren seit Generationen in denselben Familien. Zwei davon lagen seit ewigen Zeiten in Erbfeindschaft. Da durften auch die Kinder nicht miteinander spielen.

Wir hatten auch nur zu unseren eigenen Leuten Kontakt. Aber mein Vater war den anderen gefällig, wenn sie mal etwas Schriftliches für ein Amt aufgesetzt haben wollten oder ein Gespann benötigten, um zum Beispiel Holz abzufahren. Im Dorf gab es zwei Schmieden. Mein Vater verteilte das Pferdebeschlagen und andere Schmiedearbeiten auf beide. Der Beruf des Schmieds war sehr angesehen.

Wer kein Land besaß, arbeitete als Maurer, Land- und Waldarbeiter oder Ziegeleiarbeiter. In und um Zehdenick, etwa 10 bis 12 Kilometer von Hammelspring entfernt, gab es zahlreiche Ziegeleien. Täglich fuhren die Männer diese Strecke zu ihrem Arbeitsplatz und wieder zurück, also 20 bis 24 Kilometer – mit dem Fahrrad!

Die jungen Mädchen fingen an, als Dienstmädchen „in Stellung" zu gehen, vor allem nach Berlin. Wenn sie nach Monaten mal auf Urlaub kamen, hatten sie sich angewöhnt, statt plattdeutsch hochdeutsch zu sprechen. Im Nu verbreitete sich das im Dorf. Sie wurden als eingebildet eingestuft: „De jebiert sich aber!"

Es gab damals in unserem Dorf wirklich Leute, die Hammelspring noch nie verlassen hatten – es sei denn, um in Templin den Arzt aufzusuchen. Die Fahrt nach Berlin – 74 Kilometer – war für sie eine „Weltreise". Zogen sie sich sonntäglich an, so bestand das lediglich darin, eine gute, neue Schürze umzubinden. Schuhe trug man nur zur Kirche. Holzpantoffeln oder auf dem Feld Stiefel waren das normale Schuhwerk. Im Sommer liefen alle „plattbarfst" – barfuß.

Mitten im Dorf stand unser „Leutehaus" für drei Familien. Jede Wohnung hatte ihren eigenen Eingang, und zu jeder gehörte auf der Rückseite ein Hof, Stall und Garten. Dahinter lag – zur Nutzung durch die Bewohner – ein Kartoffelacker, der vom Gut gepflügt und angehäufelt wurde.

Die „Leute" hielten sich pro Familie zwei Schweine und mehrere Kaninchen. Ein Schwein wurde für den Eigenbedarf geschlachtet. Für den Erlös des anderen kauften sie sich häufig Kleidung. Ihr Verdienst in barem Geld war gering. Dafür bekamen sie als Deputat Mehl und pro Ehepaar einen Liter Milch täglich. Für jeweils ein großes Kind, das auf dem Hof half, gab es einen halben Liter dazu.

In dem Haus wohnten der Hofmeister und ein Pferdeknecht mit ihren Familien. Die dritte Wohnung wurde viele Jahre für die Schnitter freigehalten, polnische Saison- und Wanderarbeiter, die alljährlich vom Frühling bis zum Spätherbst, bis die Kartoffel- und Rübenfelder abgeerntet waren, auf dem Gut Arbeit fanden. Das waren immer etwa zehn Männer und Frauen. Ein „Vorschnitter" hatte sie zu betreuen und für Ordnung zu sorgen. Oft kam auf Wunsch derselbe Vorschnitter mehrere Jahre hintereinander. Das war sehr günstig, weil er dann die Verhältnisse und die Leute auf dem Hof bereits kannte. Er stellte sich seine Mannschaft in Polen selbst zusammen. Eine Schnitterin blieb während der Arbeitszeit vormittags stets zu Hause. Sie bekochte alle und hielt die Wohnung in Ordnung.

Wenn das Korn reif war, ging mein Vater, einem alten Brauch folgend, mit unserer Mutter und uns drei Kindern morgens um 9 Uhr auf das Feld, das angemäht werden sollte. Das machte der Vorschnitter mit einer Sense. Dann kam eine Schnitterin auf uns zu mit schönen farbigen Bändern, die sie zu Schleifen gebunden und mit Kornähren hübsch besteckt hatte. Jedem von uns heftete sie eine Schleife an die linke Schulter. Die Bänder hingen lang herunter. Die Schnitter nannten dieses Ritual „Anbinden". Vater mußte uns sodann mit einem Geldschein „freikaufen". Fein geschmückt zogen wir Kinder heim. In unserem Zimmer hängten wir die Schleifen an einem kleinen Haken auf.

Die Erntekrone, die mit der letzten Getreidefuhre auf den Hof kam, überreichte die Vorschnitterin stets mit einem Gedicht und guten Wünschen für die Herrschaft. Der Dank dafür war ein Faß Bier. Die Krone wurde ein Jahr lang im Büro aufgehängt.

Ein wenig entfernt von der Dorfstraße stand ein zweites „Leutehaus", in dem zwei Familien wohnten. Die Männer arbeiteten als Pferdeknechte. Jeder war für drei Pferde zuständig, mit denen sie pflügten, eggten, Getreide und Kartoffeln einfuhren. Sie hatten die Pferde zu füttern, zu putzen und den Stall auszumisten.

Der Hofmeister

Der Hofmeister war von Beruf Stellmacher. Ein großer Raum im Wirtschaftsgebäude stand ausschließlich ihm für seine Arbeit zur Verfügung. Er war sehr geschickt, hielt die Gerätschaften und alle Ackerwagen in Ordnung. Von überall, wo es etwas zu reparieren oder neu herzustellen gab, wurde er gerufen. Der Hofmeister lebte 30 Jahre auf Gut Hammelspring und war sehr mit uns verbunden. Wenn wir Kinder zum Beispiel in den Deckel einer Zigarrenkiste Löcher eingebohrt haben wollten, um darin Maikäfer zu sammeln, war er immer bereit, unsere Wünsche zu erfüllen.

Um 4 Uhr früh begann sein Tag. Er teilte den Pferdeknechten täglich die Menge Hafer zu, die ihre Pferde bekommen sollten. Danach trat er mit einer besonders großen, vom Getreide blankpolierten Schaufel mit Körnerfutter für die Tauben auf den Hof. Es war eine Freude zu beobachten, wie die Tauben ohne Scheu auf dem freien Platz vor dem Wirtschaftsgebäude emsig die Körner aufpickten. Nach und nach flogen sie auf die Dächer der umliegenden Gebäude oder zogen sich in den Taubenschlag zurück.

Nachdem die Pferdeknechte ihre Pferde gefüttert hatten, gingen sie und der Hofmeister nochmal nach Hause. Um 5.45 Uhr zum „Leute-Anstellen" mußten wieder alle am Pferdestall sein. Die Arbeitseinteilung war mit dem Inspektor schon am Abend vorher besprochen worden. Um 6 Uhr zogen die Gespanne vom Hof.

Zu den Aufgaben des Hofmeisters gehörte es auch, die Arbeit der Frauen zu beaufsichtigen. Er war sehr gewissenhaft und zuverlässig. Die Anschaffung von modernen Maschinen konnte er freilich schwer verkraften. Als die ersten „Binder"*), eine Erfindung der damaligen Zeit, gekauft wurden, hatte er wohl eine Woche schlechte Laune. „Die Dinger werden doch ewig kaputt sein, und die Garben sind auch nicht richtig gebunden", nörgelte er.

Man kam aber bald ohne diese Maschinen nicht mehr aus. Sie arbeiteten viel schneller als die Frauen. Zudem wurden die Arbeitskräfte während des Krieges knapp. Die Garben mußten nach dem maschinellen Binden nur noch zum Trocknen zu Mandeln oder Puppen zusammengestellt werden. Nach dem Dreschen des Getreides mit der Dreschmaschine wurde das Stroh teils in der Scheune, teils im Freien in hohen Mieten gelagert. Wir Kinder bemerkten beim Herunterrutschen, daß die mit Schnur maschinell gebundenen Garben viel härter und fester waren. Jetzt dauerte es lange, bis sich eine richtige Rutschbahn bildete; sie war nun auch viel steiler. Aber mutig ließen wir uns nach unten gleiten. Wir

---

*) von Pferden gezogene Mähmaschine mit einer Transporteinrichtung, die die abgemähten Getreidehalme einem Knüpfapparat zuführt und die gebundenen Garben auswirft.

trugen damals weiße Wäschestoffhosen. Abends war der Hosenboden vom Stroh schwarz. Ich wundere mich heute noch, daß uns das Vergnügen nicht verboten wurde.

Im September/Oktober war es abends im Dunkeln unterm Sternenhimmel auf einem Strohstapel besonders schön. Wir hielten Ausschau nach Sternschnuppen. Es hieß, wenn man eine Sternschnuppe sähe, dürfe man sich etwas wünschen.

Es ist Krieg!

Nach und nach bekamen immer mehr Männer ihren Gestellungsbefehl. Von unseren Arbeitern mußten einige einrükken. Dazu zählten auch der Gärtner und der Inspektor.

Bald wurde Vieh aus den Stallungen geholt, Kartoffeln und Getreide wurden beschlagnahmt. Wir durften nicht mehr buttern. Es wurde uns vorgeschrieben, wieviel Milch, Mehl, Kartoffeln und Getreide wir verbrauchen durften. Häufig kamen Kontrolleure, um unsere Vorräte zu prüfen. Ab und zu erfuhr man, daß jemand „schwarz" geschlachtet hatte. Das war nur in kleinen Familienbetrieben möglich, bei uns auf dem Gut war die Gefahr, verraten zu werden, viel zu groß.

Für die eingezogenen Arbeiter bekamen wir französische Kriegsgefangene zum Helfen. Sie wurden in zwei Räumen des Wirtschaftsgebäudes untergebracht. Für sie mußte gekocht werden; ein Aufseher bewachte sie. Nach Feierabend saßen wir Kinder oft bei den Kriegsgefangenen, die nicht arbeitsunwillig und recht zufrieden waren. Einer stellte uns dreien je einen Ring aus leichtem Metall her. Ein schwarzes Eisernes Kreuz hatte er auf einer breiteren Stelle eingearbeitet. Irgendwie konnten wir uns mit ihnen verständigen.

Mädchen und Frauen wurden in Fabriken zum Herstellen von Kriegsmaterial eingesetzt. Als Dienstmädchen bekamen wir nur Mädels aus einer Erziehungsanstalt, die sich gut geführt hatten. Vorschrift war, daß alle Räume, in denen sie arbeiteten, mit Eisenstäben vergitterte Fenster hatten, damit sie nicht ausreißen konnten. Man durfte sie auch nicht zum Einkaufen schicken. Eigentlich hatten wir Glück mit ihnen. Nur eine nahm beim Gärtner, dessen Zimmer sie saubermachte, Geld aus dem Schrank. Sie wurde sofort vom Heim abgeholt und durch eine Neue ersetzt. Eigenartig berührte mich, daß die Mädels keine richtigen Matratzen in ihren Betten hatten. Sie erhielten je einen neuen Strohsack, den sie sich – als erste Arbeit – in der Scheune mit Stroh stopfen mußten. Sicher waren sie daran gewöhnt.

1916 wurde mein Vater zur Ausbildung in eine Kaserne nach Berlin einberufen. Sehr bald kam er zu einem Eisenbahnpionierregiment nach Rumänien. Meine Mutter und der Hofmeister hielten den Betrieb, so gut sie es vermochten, in Gang. Durch den Briefwechsel zwischen meinen Eltern bekam meine Mutter Hinweise, was auf dem Gut getan werden mußte.

Im Jahr 1917 wurden die Glocken im Hammelspringer Kirchturm zerschlagen, heruntergeholt und abtransportiert, um für Kriegsgerät eingeschmolzen zu werden. Wir waren erschüttert! Wie gern hatten Julchen und ich sie geläutet,

Papa, erster von links, mit Kameraden als Eisenbahnpionier in Rumänien.

wenn es uns der fünf Jahre ältere Pfarrerssohn erlaubte. Werktags wurde nur mit der kleinen Glocke um 6 Uhr der Feierabend eingeläutet, aber an den Wochenenden läuteten wir alle drei. Da hatte jeder eine Glocke für sich. Für uns war das ein erhebendes Gefühl. Um die Bewegung der Glocke abzubremsen, ließen wir uns zum Schluß am Glockenstrang mit hochziehen.

Nach der Schule lief ich in den Vorraum der Kirche. Auf dem Fußboden fand ich vier kleine Bronzesplitter. Ich tat sie in einen kleinen, von Granaten umrandeten Anhänger, den ich an einer Kette trug. Fortan waren sie mein Talisman.

Kriegsende und Neubeginn

Als wir eines Vormittags in Templin vom Schulgebäude aus über die Straße zur Turnhalle liefen, läuteten die Kirchenglocken. Die Turnlehrerin erklärte uns ziemlich spöttisch, daß der Kaiser abgedankt habe.

Im Lande herrschte nun ein großes Durcheinander. Lastwagen mit Soldatenräten fuhren durch die Straßen. Den von der Front heimkehrenden Soldaten wurden die Schulterstükke abgerissen. Jeder versuchte, so schnell wie möglich Zivilkleidung aufzutreiben.

Aber das Leben ging weiter. In unserem Dorf merkte man nichts von Revolution und kommunistischen Ideen. Wir waren sehr froh, daß unser Vater nach Kriegsende bald nach Hause kam. Ganz langsam ging der Neuaufbau der Landwirtschaft vor sich. Auf einem Teil der Felder wurden jetzt grüne Bohnen und Zwiebeln angebaut. Von den hungernden Berlinern wurde beides sehr begehrt. Die drei Stunden Bahnfahrt nahmen sie gern in Kauf, wenn sie wußten, daß sie etwas Eßbares ergattern konnten.

[Pieschen, Stadtteil von Dresden, Sachsen;
1923/24]

Erich Franze

Das Zepter

Die Klasse IVa saß da wie gelähmt. Jungen, die sich während der Pausen neckten, stritten und balgten, hockten verschüchtert herum. Sogar unser Klassenspaßmacher brütete stumm vor sich hin. Was war geschehen?

Vor wenigen Minuten hatten wir erfahren, daß unsere Klasse zu Beginn des neuen Schuljahres einen anderen Lehrer bekommen würde. War das wirklich so schlimm?

Gewiß nicht, aber es war damit ein Name verbunden, der bei allen Schülern Furcht und Schrecken verbreitete: Herr Gerisch! Oberlehrer Gerisch!

Wie konnte unser guter Herr Härtwig, der vier Jahre unser Lehrer war, uns so etwas zumuten? Uns, seinen Goldsöhnen und Prachtkerlen, wie er uns nannte, natürlich nur, wenn er mal besonders gut gelaunt war. Und nun, nach den Osterferien diesen Gerisch! „Was haben wir verbrochen?", fragten wir uns. Wir konnten es nicht fassen.

Am nächsten Tag, während der großen Pause, gingen wir in die Klasse, die Oberlehrer Gerisch vor Ostern abgab. Dort herrschte Hochstimmung. „Wir lassen uns von dem vertrockneten Pauker überhaupt nichts mehr gefallen!" So prahlten ein paar besonders vorlaute Burschen.

Das Gerücht ging schon lange im Schulhaus um, Gerisch, der Schulschreck, sei einmal von einer empörten Klasse in den Papierkorb gesetzt worden. Wir wollten herausbekommen, welche Klasse das vollbracht hatte. Die jetzigen Schüler von Gerisch rühmten sich dieser Tat nicht. Und die Klasse, welcher diese Tat zugeschrieben wurde, stand kurz vor der Entlassung. Als wir diese Jungen, die sich schon fast wie Erwachsene benahmen, fragten, gaben sie uns zur Antwort: „O ja, Gerisch hat mal im Papierkorb gesessen, aber nicht bei uns. Das wäre für uns eine Kleinigkeit gewesen, aber dann hatten wir Mitleid mit dem Zwerg."

So blieb das Gerücht von der Papierkorbbekanntschaft des Lehrers ungeklärt im Schulhaus hängen.

Am ersten Schultag nach den Osterferien, pünktlich mit dem Läuten der Schulglocke, stand er vor uns, der neue Klassenleiter Oberlehrer Gerisch: ein dürres Männlein, mit einem Gesicht wie zerknittertes Pergament, hinter einer altmodischen Nickelbrille ein stechendes Augenpaar: giftig, feindselig. Kohlschwarzes Haar hing ihm in wirren Strähnen über der Stirn.

Lauernd und verbissen ging er die Bankreihen auf und ab. Endlich durften wir uns setzen. Da fragte er vom Katheder herab: „Was ist das?" Er zeigte uns eine derbe Weidenrute.

„Na, was ist das?", wiederholte er drohend seine Frage.

Einer hob schüchtern die Hand.

„Na?"

„Das ist ein Stock, Herr Oberlehrer."

Gerisch tat diese Antwort mit einer unwirschen Handbewegung ab. „Na, wo bleibt die richtige Antwort?"

Keiner von uns wußte, was er antworten sollte. Der kleine Jähnig, den er aufrief, stotterte ängstlich. „D-d-d-as is Ihr Rohrstock."

„Rohrstock?" wiederholte höhnisch der Oberlehrer, „da, riech mal dran, aber richtig!"

Jähnig stand da und beschnupperte tatsächlich den Weidenstock, den ihn Gerisch unter die Nase hielt.

„Na, riechste was?" Genießerisch weidete sich Gerisch an der Angst des Schülers. Doch dann befahl er: „Sag du es, Bittner!"

Bittner sprang auf und leierte herunter: „Das ist Ihr Zepter, Herr Oberlehrer!"

Bittner war ein Sitzenbleiber aus der Klasse, die Gerisch abgegeben hatte und daher auf diese Frage dressiert. Mit dem „Zepter" unseres neuen Klassenlehrers hatte es seine Bewandtnis. Es war noch nicht lange her – 1923 –, als eine fortschrittliche sächsische Regierung die Prügelstrafe in den Schulen verbot. Die Rohrstöcke wurden eingezogen. Für Gerisch war es unvorstellbar, ohne Rohrstock zu unterrichten. Mit der Herausgabe seines Rohrstocks sah er sich seiner Macht entblößt, fühlte er sich entwaffnet, entthront als Herrscher über 35 Schüler. Er hatte sich aber bald Ersatz beschafft: die Weidenrute aus dem Schulgarten. Dieses „Zepter" pfiff nun über unsere Fingerspitzen und strammgezogenen Hosenböden. Griffbereit lag es immer auf dem Pult.

Aus den meisten der etwa 35 Jungen wurden verängstigte und geduckte Wesen. Die Schule wurde zur Strafe. Fröhlichkeit und Lachen erstarben schon bei dem Gedanken, am nächsten Tag wieder unter Gerischs Fuchtel zu sitzen. Dazu das öde Gepauke, der stupide Drill.

„Deutsche Sprachlehre" stand auf dem Stundenplan. Gerisch stellte die Frage nach dem Hauptwort, dem Eigenschafts- und dem Tätigkeitswort. Er schlug mit dem „Zepter" den Takt zu dem Sprechchor „Wer oder was, wie, was tut?" Zwanzigmal wiederholte das die gesamte Klasse, dann nochmals jeder Schüler einzeln. Den Zusammenhang begriff kaum einer. Automatisch wurde das heruntergeleiert, und jeder war froh, wenn er ohne Hiebe davonkam.

Die Empfindungen stumpften ab, und der fortwährende Zustand der Angst wich nach und nach einer immer stärker werdenden Auflehnung. Ganz vereinzelt begann das, zum

*Meine Klasse im 4. Schuljahr 1923/24 der 26. Volksschule in Dresden–
Pieschen, hier allerdings nicht mit Oberlehrer Gerisch.*

Beispiel beim Gesangsunterricht. Kirchenchoräle sollten wir
singen. Einige weigerten sich. „Mein Vater hat gesagt, die
Schule ist keine Kirche", verteidigte sich einer der Jungen.

Darauf bekam Gerisch einen Tobsuchtsanfall. Im Zeichen-
unterricht sollten Fahnen gemalt werden. Die sächsische mit
den Farben weiß-grün, das war uns klar. Aber die Reichs-
flagge in schwarz-weiß-rot? Das kam für uns nicht in Frage.
Wir malten sie, wie es sich gehörte, in den Farben schwarz-
rot-gold! Das war befehlswidrig!

Gerisch fauchte schon wieder wie ein gereizter Kater. Aber
je mehr er schlug und drohte, je mehr er quälte und schika-
nierte, desto störrischer wurde die Klasse. Insgeheim war
unter den Schülern verabredet worden, das „Zepter" verschwinden zu lassen. Aber wie?

Die Prügelstrafe war gesetzlich verboten. Aber niemand
unternahm etwas gegen den Prügellehrer Gerisch, und er
hatte nicht wenige „Kollegen". Die legten die Abschaffung
der Prügelstrafe auf ihre Weise aus. Das gelte nur für Schul-
buben, aber nicht für Lausbuben. Basta!

Das Attentat auf Gerischs „Zepter" reifte heran. Die Frage war, wann sich dazu eine Gelegenheit bot.

Eines Tages, in der Naturkundestunde, war es soweit. „Nenne mir ein Nagetier, Papke!"

Unschlüssig und verlegen trat Papke von einem Bein auf das andere, aber ein Nagetier konnte er nicht nennen. Aus einer der hinteren Bänke kam Hilfe. Jemand raunte ihm zu: „Elefant". Sichtlich erleichtert sprudelte Papke hervor: „Der Elefant ist ein Nagetier!"

Mühsam unterdrücktes Gewieher ging durch die Klasse, und einige, die sich das Lachen absolut nicht verbeißen konnten, glucksten so laut, daß Gerisch es hörte. Der stand da, die Arme in die Seite gestemmt, die Brille auf die Stirn geschoben; seine Kinnbacken malmten wie Mühlsteine.

„Wer hat vorgesagt und wer hat gelacht?" zischte er wütend.

Drei, vier Hände hoben sich zaghaft. Wortlos wies er mit der ausgestreckten Hand nach dem Katheder. Die Vier schlichen dahin, und wie ein Habicht folgte ihnen Gerisch. Das „Zepter" wippend, leitete er die übliche Prozedur ein. Die vier Jungen hielten ihm pflichtschuldig die Handteller hin. Das „Zepter" pfiff, zunächst probeweise, durch die Luft. Unwillkürlich zuckten die vier Hände zurück.

„Angst habt ihr, ihr Brüder", höhnte Gerisch.

Da stand „Erle" auf.

Gerisch stutzte mißtrauisch.

„Ich habe auch gelacht, Herr Oberlehrer!"

Erstaunt und verblüfft zugleich über dieses freimütige Bekenntnis ließ Gerisch das „Zepter" fallen. Eilfertig hob „Erle" den Stock auf. Mechanisch griff Gerischs Hand danach, aber sie griff ins Leere. „Erle" machte eine Kehrtwendung, und dann flog das „Zepter" durchs offene Fenster im hohen Bogen davon. In der dichten Baumkrone unterhalb des Fensters verfing es sich.

Was dann geschah, läßt sich kaum beschreiben. Des Oberlehrers Gesicht verzerrte sich zu einer wilden Grimasse. Wie angewurzelt stand er da. Dann ergriffen seine spindeldürren Arme die Kante des Pultes und stemmten es in die Höhe. Ein Stapel Schreibhefte klatschte herab, das Tintenglas fiel herunter, die Tinte ergoß sich über die auf dem Boden verstreuten Hefte. Seine Hände, die krampfhaft das Pult hochkippten, ließen los, dröhnend fiel es auf das Podium zurück. Kraftlos, erschöpft ließ sich Gerisch auf seinen Stuhl fallen. Sein Kopf mit dem wirren Haar sank herab, seine Schultern zuckten. Schluchzte er?

Banges Schweigen lag über der Klasse. Einige Beherzte begannen mit dem Auflesen der Schreibhefte und dem Aufwischen der vergossenen Tinte.

Da ging die Tür auf. Der Lehrer aus dem darunterliegenden Klassenzimmer schaute erschrocken auf das Chaos und auf Gerisch, der teilnahmlos auf seinem Stuhl kauerte. Stumm sahen sich beide Lehrer an. Eine müde, hilflose Gebärde war alles, dessen Gerisch noch fähig war.

Der Unterricht in den folgenden Tagen lief ab, als sei nichts Besonderes geschehen. Nur das „Zepter" fehlte. Unser Oberlehrer zeigte sich stumpfsinnig und gleichgültig. Gelangweilt blätterte er in dem Realienbuch, einem Lehrmaterial für die Naturkunde. Schließlich fragte er: „Was gibt es für Reisarten?"

Bergreis und Sumpfreis hätten wir antworten müssen. Aber wir saßen da, stumm wie die Fische. Einer meldete sich endlich und stammelte etwas von „Bruchreis", weiter langte es nicht.

Mit einem verächtlichen Grinsen lehnte sich Gerisch in seinem Stuhl zurück. „Bruchreis, Bruchreis", murmelte er. Der Schüler mit der „Bruchreis"-Antwort stand noch in der Bank, denn Gerisch hatte ihm noch nicht erlaubt, sich zu setzen. Mit einer abfälligen Handbewegung rief er dem Schüler zu: „Setz dich, du Pfund Bruchreis!"

Die Ellenbogen auf das Pult gestützt, brabbelte er vor sich

hin: „Was denn, ihr seid doch anderer Leute Kinder. Was geht ihr mich überhaupt an?" Und plötzlich stieß er laut und zornig hervor: „Bleibt dumm! Pfundsdumm!"

Dann kramte er in den Taschen seiner abgeschabten Jakke nach seiner Tabakspfeife, stopfte sie in aller Ruhe und verließ mitten in der Unterrichtsstunde zynisch lächelnd das Klassenzimmer.

Nur noch wenige Tage war dieser mit Kathederweisheit angefüllte und auf Rohrstockdrill abgerichtete Mensch als Lehrer tätig. Dieses cholerische Nervenbündel hatte seine Pflicht getan. Vierzig Jahre lang hatte dieser Rohrstockpauker den Untertanengeist in heranwachsende Menschen hineingedroschen, vierzig Jahre lang lehrte er Kinder, vor der Obrigkeit zu zittern. Nun war es Zeit für ihn, in den Ruhestand zu treten.

Die Klasse hatte allen Grund, sich auf das neue Schuljahr zu freuen. Dem neuen Lehrer, der die Klasse übernehmen sollte, ging ein guter Ruf voraus, er galt als human, fortschrittlich und vielseitig gebildet. Heute, am Ende des Schuljahres, würden wir zum allerletzten Male Unterricht bei Gerisch haben.

So sehr wir uns freuten, einen anderen, einen besseren Lehrer zu bekommen, so innig wir uns das lange Schuljahr über gewünscht hatten, Gerisch loszuwerden, jetzt, da es endlich soweit war, empfanden wir keine Genugtuung. In der Pause wurde sogar davon gesprochen, unserem scheidenden Oberlehrer ein paar Blumen zu überreichen.

„Habt ihr Geld?" fragte einer, dem der Vorschlag anscheinend nicht behagte.

Geld hatten wir nicht, aber die Blumenhändlerin gegenüber dem Schulgebäude, der wir oft geholfen hatten, Stiegen und Kisten wegzutragen, würde unsere Bitte, so hofften wir, nach einem Sträußchen für unseren alten Lehrer bestimmt nicht abschlagen. Und es klappte. Nach der Pause

hatten wir einen bunten Strauß frischer Frühlingsblumen.
Wer von uns sollte ihn überreichen?

Da waren wir uns bald einig, obwohl etliche Klassenka-
meraden immer noch drucksten und maulten: „Warum wollt
ihr denn den Schindpauker noch mit Blumen und schönen
Reden verabschieden?"

Aber ganz so ablehnend klang das nicht mehr. Mehr noch:
Auf einmal wurden kleine Episoden des vergangenen Schuljahres herausgekramt.

Oberlehrer Gerisch hatte die Angewohnheit, während der
großen Pausen im Klassenzimmer zu bleiben und dort auch
zu frühstücken. Im Lehrerzimmer hielt er sich selten auf.
Während der Pausen war er überhaupt sehr friedfertig. Einmal saß er an seinem Pult, schälte bedächtig einen Apfel und
schaute dabei in die Runde. Wir Jungen frühstückten auch,
allerdings nur diejenigen, die ein Frühstücksbrot mitbekommen hatten. Einige saßen hungrig da. Einen solchen Hung-
rigen winkte Gerisch heran: „Hast nischt zu fressen, was?
Da, nimm!" Damit schob er ihm sein Frühstückspäckchen
zu. Er rief ihm noch nach: „Aber friß nicht alles. Denk auch
an andere!"

Ein anderes Mal, es war kurz vor Weihnachten, rief er meinem Banknachbarn zu: „Heute nachmittag kommst du mal
zu mir in die Wohnung!"

Dem Jungen fuhr ein Schreck in die Glieder. Hatte er etwas „ausgefressen"?

Ich erbot mich, ihn auf seinem Weg zu begleiten, zumal
ich wußte, daß in meines Vaters Schusterstübchen ein Paar
fertigbesohlte Schuhe für Gerisch standen, die ich sowieso
hinbringen mußte. Bei Gerischs Wohnung angelangt, empfing uns dessen Frau, freundlich und betulich. Unseren Oberlehrer trafen wir in der Küche beim Gemüseputzen. Er wurde aber sofort von seiner Frau mit der Aufforderung in Bewegung gesetzt, Packpapier und Schnürfaden herbeizuschaf-

fen. Inzwischen brachte sie aus dem Speisekämmerchen einen herrlichen Weihnachtsstollen. Gleich darauf tadelte sie ihren Mann, daß das Verpackungsmaterial noch nicht bereitläge. Emsig suchte der in seiner Ecke herum, beflissen brachte er schließlich ein paar Bogen Papier. Und da bekam er schon wieder einen Rüffel, weil er kein Pergamentpapier mit hingelegt hatte. „Dir muß man aber auch alles haarklein vorkauen!" murrte die Frau.

Wandertag zur Burgruine Wehlen in der Sächsischen Schweiz. Die Aufnahme an den Sandsteinfelsen im Uttewalder Grund zeigt meine Klasse mit dem Schulleiter, dem Nachfolger Gerischs als Klassenlehrer.

Unser Oberlehrer nahm das wie selbstverständlich und widerspruchslos hin.

Während seine Frau den Stollen verpackte und er, um auch etwas zu helfen, den Bindfaden hielt, schob sich ein Jüngling von etwa 17 Jahren, der Sohn, in die Tür und raunzte seinen Vater an: „Wie oft soll ich dir deine Quadratlatschen nachräumen? Jetzt stehen die Klamotten schon wieder vor meinem Schrank!"

Unwillig brummend verschwand er wieder. Frau Gerisch sagte dazu nichts; sie hob nur strafend den Zeigefinger gegen ihren Mann.

Mein Schulkamerad und ich grienten uns verstohlen an. Vielleicht dachte er wie ich in diesem Augenblick auch daran, wie oft Gerisch, das Bild einer Furie, vor uns im Klassenzimmer stand, die Fäuste geballt und zornbebend hervorstieß: „Wenn ihr bloß mal fünf Minuten meine wärt!" –

Belustigt über den Einblick in das Familienleben unseres Lehrers gingen mein Schulfreund und ich wieder nach Hause. Dieser freute sich königlich über den Weihnachtsstollen. Die Freude gönnte ich ihm von Herzen. Er hatte zu Weihnachten nicht viel zu erwarten. Sein Vater war schwer verunglückt und siechte seitdem mit gebrochenem Rückgrat im Gipsbett qualvoll und hoffnungslos dahin.

Solcher Anekdoten erinnerten wir uns, als unser Oberlehrer das Klassenzimmer wieder betrat. Eine seltsame Stille trat ein.

Oberlehrer Gerisch setzte sich an sein Katheder, die letzte Stunde seines Lehrerberufs begann. Das ging ihm offensichtlich sehr nahe. Seine Erregung konnte er nur mühsam verbergen; nervös trommelte er mit den Fingern auf die Pultplatte. Dann gab er sich einen Ruck, und in betont aufrechter Haltung befahl er: „Laßt eure Schwarten im Ranzen! Was ich euch in einem Jahr nicht beibringen konnte, das schaffen wir in der letzten Stunde auch nicht mehr."

Und mit eigenartig gedämpfter Stimme fügte er hinzu: „Ihr seid doch froh, daß ihr mich endlich loswerdet, stimmt's?"

Eigentlich hatten wir im Chor antworten müssen: „Gott sei Dank!" Aber wir schwiegen.

Da erhob sich unser Mitschüler „Männe". Er hatte es übernommen, unserem Klassenlehrer das Abschiedssträußchen zu überreichen. Dazu hielt er eine kleine Ansprache, die der alte Mann gerührt über sich ergehen ließ. Sie enthielt gute Wünsche für seinen Ruhestand, für Gesundheit und Wohlergehen. Über alles andere, das viele Unschöne, das sich mit dem Namen Gerisch für uns verband, fiel kein Wort.

Voller Verlegenheit winkte unser alter Oberlehrer ab. „Ach Männe, laß schon, laß gut sein, Hermann!"

Wir schauten uns verwundert an. Niemals hatte Gerisch einen von uns mit dem Vornamen angeredet. Jetzt, in seiner letzten Unterrichtsstunde, tat er, was er in seinen vierzig Berufsjahren wahrscheinlich nie getan hatte.

Der Lehrer schaute auf das Sträußchen, immer und immer wieder, und sagte dann sehr nachdenklich: „Das sind die ersten, aber auch die letzten Blumen, die ich jemals von meinen Schülern erhielt."

Dann griff er nach seinem zerbeulten Hut, und mit gequälter Fröhlichkeit rief er im Weggehen: „Freßt nicht so viel, verstanden? Fressen macht dumm! Füttert euern Geist! Dann lebt wohl, ihr — ihr — Halunken!"

[Berlin – Teupitz, Brandenburg;
Juli 1923]

Liselotte Haak

Ein unvergeßlicher Sommer

In den Zwanziger Jahren sagte man nicht – wie heute – „wir fahren in Urlaub" oder „wir machen Ferien", nein, die wohlbetuchten Leute fuhren in die „Sommerfrische", reisten zur Erholung in den Harz, in die Heide, an den Nord- oder Ostseestrand. Auslandsurlaube kannten wir damals noch nicht.

So wollte auch mein Stiefvater, der Großkaufmann Max Hübner, mit seiner Frau und zwei Kindern in die Mark Brandenburg an den Teupitzer See fahren. Die Pension, südlich von Berlin gelegen, hatte ihm unser Kaufmann Zickelbein empfohlen, der dort am Wochenende angelte. Zur Entlastung der Hausfrau heuerte man ein Kindermädchen an. Trude Nentwich, 16 Jahre alt, war uns wohlbekannt, weil sie wie wir in der Cotheniusstraße 1 wohnte. Sie hatte ein Gesicht wie eine bösartige Bulldogge, mein Bruder und ich mochten sie überhaupt nicht leiden.

Mitte Juli 1924 war es soweit. Fein angezogen stand ich am Fenster und hielt nach der Taxe Ausschau, die uns zum Anhalter Bahnhof bringen sollte. Meine Eltern hatten mir bei Wertheim neue Kleidung gekauft. Ich trug ein zartrosa Voile-Kleid, ein hellgraues Wollmäntelchen mit blauen Patten an Ärmeln und Taschen und dazu ein rosa Strohhütchen mit Rosenknospen, das abscheulich drückte.

An die Eisenbahnfahrt nach Teupitz kann ich mich nicht mehr erinnern, wohl aber an unsere Ankunft dort. Am Eingang eines weißen Lattenzaunes empfing uns die Pensionswirtin, Frau Kammholz, eine hagere Frau mit braunem Indianergesicht. Zu meiner großen Freude wurde sie von einem silbergrauen Spitz begleitet. Der bellte zwar zunächst, aber das schreckte mich nicht. Schon damals liebte ich Hunde über alles. Der kleine Junge, der neben ihr stand, interessierte mich weniger, obwohl sie zu ihm sagte: „Siehst du, Klausi, nun kriegst du endlich Spielgefährten." Er war fast fünf Jahre alt, also beinahe so alt wie ich.

Wir wurden in unsere Sommerwohnung geführt, die aus zwei Zimmern und einer Küche bestand. Eine Ferienwohnung war damals etwas sehr Ausgefallenes und entsprechend teuer. Mein Stiefvater wollte vermutlich nicht gern auf die exzellenten Kochkünste seiner Frau verzichten. Gleich am zweiten Tag hatte er für uns drei Kinder einen großen Berg Spielsand anfahren lassen. Klausi bekam genau wie wir das passende Sandspielzeug dazu, ebenso Bälle, Holztiere und Schiffchen. Am liebsten aber spielte ich mit den Hunden, außer Hauderle gab es noch einen lieben Jagdhund. Er hieß Hektor und folgte mir auf Schritt und Tritt. Er durfte sogar mit in unsere Höhle. Das war ein kreisrundes Gartenfleckchen, von dichtem Buschwerk umgeben. Durch den Eingang mußte man auf allen Vieren kriechen. Hier waren wir den Blicken der Erwachsenen entzogen. Klausi hatte aus der Küche allerlei Geräte entwendet, alte Kannen, Tassen ohne Henkel, Siebe und Schöpflöffel, mit denen wir Familie spielten. Wir konnten uns ganz gut alleine beschäftigen.

Von unserer „Perle" Trude hatten wir nichts, denn sie verschwand schon nach ein paar Tagen in Richtung Heimat, weil es ihr hier nicht gefiel. Aber auf dem nachfolgenden Foto ist sie noch zu sehen. Sie steht ganz links außen neben dem Dienstmädchen der Pension. Der große Herr ist ein Kunstmaler, begleitet von seiner Mutter und seiner Tante. Dann folgen die beiden Lehrerinnen, die eine, Frau Lejeune, im Liegestuhl sitzend. Das junge Mädchen rechts außen ist die

hübsche Haustochter Annemarie, auf die meine Mutter über-
aus eifersüchtig wurde. In der zweiten Reihe stehe ich mit
Haarschleife neben meiner Mutter, zwei Freundinnen der
Frau Kammholz und einer Hausdame. Ganz vorn sitzen mein
Stiefvater mit meinem Bruder Erich, der Spitz „Hauderle"
und die Wirtin mit Klausi. Sie war eine Kriegerwitwe.

Wir lernten die Pensionsgäste beim Kaffeetrinken im Garten und an der langen Abendtafel kennen. Besonders die
beiden Lehrerinnen unterhielten sich oft mit mir. Die eine
wunderte sich, daß ich noch keine Sonnenblumen kannte
und versprach mir, eine Sonnenblumen-Ansichtskarte nach
Berlin zu schicken. Ich habe vergeblich darauf gewartet.

Wir genossen die wundervollen Wochen. Tag für Tag strahlte die Sonne vom Himmel herab, Regenwetter gab es nicht.

*Zur Sommerfrische fuhren wir 1923 in die Mark Brandenburg und wohn-
ten in einer Pension am Teupitzer See, südlich von Berlin. Für mich als
Großstadtkind war es aufregend und abenteuerlich, von so viel Natur
umgeben zu sein. Es waren die schönsten Ferien meiner Kindheit, wenn
auch mit einem bitteren Ende.*

Häufig fuhren alle Gäste gemeinsam mit einem Pferdewagen zur Badeanstalt. Es machte mir riesigen Spaß, neben
dem Kutscher vorn auf dem Bock zu sitzen und die Pferde-
popos zu beobachten. Und dann das Baden! Die Damen trugen alle schwarze Badeanzüge mit Röckchen, die Herren
Badehosen bis zum Knie. Meine Mama hatte eine ballonför-
mige Bademütze aus Gummi auf. Das Wasser war herrlich
warm, und ich machte meine ersten Schwimmversuche.

Einmal nahmen mich mein Stiefvater und Herr Zickelbein zum Angeln mit. Ich sollte die Fische von den Haken
lösen und in einen Wassereimer werfen. Aber das empfand
ich als schreckliche Tierquälerei und weigerte mich. Immerhin konnten wir vom Kahn aus eine Reiherkolonie am andern Ufer beobachten.

An eine Nacht erinnere ich mich mit Grauen. Meine Eltern waren abends mit Bekannten zum Segeln gefahren und
hatten uns Kinder alleingelassen. Wir durften ausnahmsweise in den Ehebetten schlafen. Erich und ich wurden mitten in der Nacht von einem schrecklichen Gewittersturm geweckt. Der Donner krachte, und der Regen klatschte heftig
an die Fensterscheiben. Wir weinten entsetzlich, aber niemand hörte uns. Ich wußte schon, wie schnell Segelboote
umschlagen können und wähnte meine Eltern bereits ertrunken im See liegen. Im Morgengrauen kamen sie Gott sei Dank
wohlbehalten nach Teupitz zurück. Sie hatten noch vor dem
Sturm das Ufer erreicht und in einem fremden Bootshaus
übernachtet.

Wenn ich Langeweile hatte, ging ich in den Keller. In dem
hellen, langen Raum hüpften Hunderte von winzigen Frösch-
lein herum. Sie waren nicht größer als mein kleiner Finger.
Ich steckte sie in eine Zigarrenkiste und setzte sie im Garten wieder aus. Der Keller hatte eine wundervolle Akustik,
und ich sang darin aus voller Kehle. Eine der Lehrerinnen
sagte daraufhin zu meiner Mutter: „Ihre Tochter hat eine
gute Stimme, lassen Sie die mal später ausbilden."

Mama fand das albern und erzählte es mir lachend. Ihre gute Laune und Urlaubsfröhlichkeit verwandelte sich leider bald in Eifersucht, denn mein Stiefvater, den sie „Luftikus" nannte, hatte mit der hübschen Haustochter ein Techtelmechtel angefangen. Um seine Frau wieder zu versöhnen, arrangierte er eine Italienische Nacht – ein rauschendes Fest mit Musik, Tanz und Phantasiekostümen. Im Garten wurde ein Tanzboden gezimmert. Lichterketten aus vielen kleinen Glühlämpchen, unterbrochen von Lampions und Luftballons, boten schon bei Tageslicht ein buntes Bild. Auch ein kaltes Büffet wurde aufgebaut. Wir Kinder durften aufbleiben und alles miterleben.

Ich beobachtete, wie sich meine Mama als Maharadscha verkleidete. Sie drapierte nicht nur Laken als Gewand um ihren Körper, sondern zauberte auch einen tollen Turban mit einer funkelnden Brosche aus falschen Steinen. Dazu schminkte sie sich ganz braun. Zu meinem Stiefvater paßte vorzüglich der Pirat mit Augenklappe und rotem Halstuch. Mich hatte Mama in den hellblauen Anzug meines kleinen Bruders gezwängt. Das gefiel mir gar nicht, weil er viel zu eng war. Klein-Erich bekam echte Lederhosen und ein Seppelhütchen mit Feder, um die ich ihn beneidete. Klausi fühlte sich im Mädchenkleid von mir und großer Haarschleife auch nicht sehr wohl.

Meine Mutter war erleichtert, als ihre Nebenbuhlerin ein braves Rotkäppchen im Dirndlkleid darstellte. Erich und ich konnten die Dunkelheit kaum erwarten. Mein Stiefvater hatte eine sechsköpfige Tanzkapelle engagiert. Nach den leiblichen Genüssen wurde eifrig das Tanzbein geschwungen. Wir Kinder sorgten dafür, daß sich das kalte Büffet schnell leerte. Natürlich teilte ich meine Häppchen mit dem geliebten Hektor!

Bei Erdbeerbowle und Sekt gerieten alle Gäste in heiterste Stimmung. Wir Kinder wuselten zwischen tanzenden Seejungfrauen, Schornsteinfegern und Matrosen herum. Es war ein unvergeßliches Erlebnis, das von einem Feuerwerk gekrönt wurde. Die Pensionsgäste schwärmten noch lange davon und bedankten sich bei Max Hübner.

Die Ferien waren fast zu Ende, als meine Großeltern zu Besuch kamen. Meine Mama bekam gleich Krach mit ihrer Mutter. Die hatte auf dem Küchentisch zwischen herumliegenden Makkaroni, Zwiebeln und Tomaten ein paar verstreute Zehnmarkscheine erblickt. Sie schimpfte: „Wie kann man nur so bodenlos liederlich sein! Wenn ihr weiter so mit dem Geld herumschmeißt, wird es euch später mal fehlen!"

Darüber konnte meine Mama nur lachen, nicht ahnend, daß sich die Prophezeiung bald bewahrheiten sollte.

Für mich endeten die Sommerferien einen Tag später mit einem Eklat. Mein Stiefvater hatte am frühen Abend fröhlich eins getrunken und wurde übermütig. Im Piratenkostüm, auf allen Vieren kriechend und mit einem Messer im Mund, hatte er die ganze Familie in eine Ecke gedrängt, nachdem er geschrien hatte: „Ich bring' euch alle um!"

Wir Kinder wußten nicht, ob es Spaß oder Ernst war und hatten Angst. Mein treuer Begleiter Hektor rettete die Situation, indem er den Betrunkenen bellend und zähnefletschend verjagte.

Meine Großmutter war entsetzt und schrie: „Das Kind kommt jetzt zu uns!" Sie packte sofort meine Sachen für die Abreise. Da mein Großvater auch mein Vormund war, konnte er meinen Aufenthaltsort bestimmen. Ich widersetzte mich heulend: „Ich will bei Hektor bleiben! Und eure ollen Schmalzstullen will ich auch nicht essen!"

Noch am gleichen Abend hielt ich wieder Einzug in die Berliner Pintschstraße, wo ich bis zur Schulentlassung 1934 ein weniger aufregendes, aber sehr behütetes Leben führen konnte.

Walter H. Moshammer

Hören und staunen

Seit 1923 konnte man in Berlin Radio hören*). Irgendwann hatte Onkel Felix einen Kristall-Detektorempfänger und ein Paar Kopfhörer mitgebracht. Die Kopfhörer benutzten wir am Anfang so, daß abwechselnd jeder einmal einen der beiden Hörer für ein paar Minuten ans Ohr halten durfte und so in den Genuß kam, die von ferne herkommenden Töne und Geräusche zu hören.

Um überhaupt etwas von den Radiosendungen empfangen zu können, hatte Onkel Felix direkt unter der Küchendecke und an den Wänden entlang eine Antenne aus Bronzelitze gezogen. Von der Antenne ging ein Draht zum Detektorempfänger und von diesem führte ein Kupferdraht zur Wasserleitung. Das war die Erdung. Sie erhöhte und verbesserte die Empfangsleistung und diente gleichzeitig als Blitzschutz. Jeden Abend hörten wir am Schluß des Abendprogrammes vom Ansager die freundliche Aufforderung: „Vergessen Sie bitte nicht, die Antenne zu erden!"

Die damaligen Empfänger mit Kristalldetektoren benötigten für ihren Betrieb keinen elektrischen Strom vom Elek-

---

*) Der erste offizielle deutsche Rundfunksender „Funkstunde" nahm am 29. Oktober 1923, um 20 Uhr, den Betrieb auf. Er war im VOX-Haus in der Potsdamer Str. 4 in Berlin beheimatet. Er sendete mit einer 30 m langen Antenne auf Frequenz 750 Khz (400 m).

*1923 oder 1924: Familie Wagener in Cottbus hört die Übertragung des
„Parzival" aus Bayreuth. Die Mutter liest aus dem Textheft vor.
Die ersten Radiogeräte besaßen meist noch keine Lautsprecher. Deshalb
haben alle Familienmitglieder Kopfhörer auf. Da es im Haus noch
keinen Stromanschluß gab, standen unter dem Radio die Anode und in
einem Holzkasten am Fußboden der Akku. Nachdem sich während der
Sendung immer mehr Hausbewohner eingefunden hatten und die
Kopfhörer nicht mehr ausreichten, wurden diese kurzerhand in die
metallene Backschüssel gelegt, die den Ton verstärkte und für alle
hörbar machte.*

trizitätsnetz. Sie funktionierten allein durch die vom Rundfunksender abgestrahlte Energie. Findige Leute, die in der
Nähe des Rundfunksenders wohnten, hatten bald herausge-
funden, daß man diese für die eigene kostenlose Beleuchtung nutzen konnte. Aber man kam ihnen schnell auf die
Schliche.

Für den Begriff Radio bürgerte sich im Laufe der Zeit die
Bezeichnung Rundfunk ein. Für mich und meine Allgemein-
bildung in Kindheit und Jugend hatte der Rundfunk eine
große Bedeutung. Als 14jähriger habe ich manchmal mit einem Textbuch in der Hand im Bett gelegen und Opern ge-

hört habe, so zum Beispiel Otto Nicolais komische Oper „Die lustigen Weiber von Windsor". Damals gab der Opernsänger Cornelius Bronsgeest Rundfunktextbücher heraus, mit denen man Operntexte gut verfolgen konnte.

Manche Sendungen wurden bald populär, so die Couplets von Otto Reuter, vor allem seine immer wieder gern gehörten: *„Gehste weg von dem Fleck, ist der Überzieher weg!"* und *„Ick wundre mir über jarnischt mehr ..."*

Ebenso erfolgreich war Ludwig Manfred Lommel mit seinen Sketchen „Sender Runxendorf". Lommel besaß die Fähigkeit, ohne Partner Dialoge in verschiedenen Stimmen und Stimmlagen vorzutragen. Wir hörten auch gern Willi Weiß' wehmütiges Lied: „Die alten Straßen sind's, die alten Häuser sind's, die alten Freunde aber sind nicht mehr ..."

Die Zwanziger Jahre brachten uns neben dem Radio viele andere technische Neuerungen und Verbesserungen. Anstelle der düsteren Petroleumfunzel – ich mußte das Petroleum immer von der alten Gemüsefrau aus dem Gemüsekeller in unserem Hause holen – verfügten wir bald über eine Gasbeleuchtung mit hell strahlenden Glühstrümpfen. Dabei blieb es nicht. Nachdem die Glühbirne industriell produziert wurde, ist das Gaslicht durch das elektrische Licht ersetzt worden. Doch weil der Hauswirt noch kein elektrisches Licht in die Toiletten legen ließ, mußten wir bei unserem Gang zur Toilette im Treppenhaus noch immer unsere selbstgebastelte Petroleum-Notleuchte mitnehmen. Sie bestand aus einem Tintenfaß, das mit Petroleum gefüllt wurde, und einem Wolldocht. In unserer Wohnung aber und auch im Treppenhaus konnten wir jetzt per Knopfdruck helles Licht erleuchten lassen, welch ein Wunder!

Den Gasherd, der den Kohleherd ersetzt hatte, behielten wir allerdings auch nach dem Verlegen der Stromleitungen bei und ersetzten ihn nicht durch elektrische Kochplatten. Mein Leben spielte sich hauptsächlich in der Küche ab, und so wurde ich Nutznießer all dieser Neuerungen, die die Hausarbeit vereinfachten. Da ich fast den ganzen Tag allein in der Wohnung bzw. in der Küche zubrachte, mußte ich die Geräte oft selbst bedienen. Meine Mutter war eine Kriegerwitwe des Ersten Weltkrieges und arbeitete, um uns zu ernähren, als Zinkbecherlöterin 48 Stunden in der Woche in einer Fabrik. Dadurch war sie sehr belastet.

Technische Verbesserungen gab es in diesen Jahren nicht nur in den Haushalten. Auch das alltägliche Leben veränderte sich. Früher war jeden Abend der Laternenanzünder durch unsere Straße gegangen, um die mit Leuchtgas betriebenen Straßenlaternen anzuzünden. Er trug zu diesem Zweck eine lange Stange, an deren Ende sich ein Haken befand, mit dem er den Gashebel der Laternen betätigen konnte. Jetzt, nachdem die Stadtbeleuchtung auf Elektrizität umgestellt war, wurden die Laternen vom Elektrizitätswerk zentral durch wenige Handgriffe ein- und ausgeschaltet.

Bei der Eisenbahn tat sich manches. So wurde die 4. Klasse abgeschafft: einfache Waggons, an den beiden Längsseiten mit je einer harten Sitzbank ausgestattet und vor allem für die Mitnahme von schwerem Gepäck und Lasten gedacht. Sie hatten sich besonders bei den Hamsterfahrten während des Krieges und in der Nachkriegszeit bewährt.

Die Stadt selbst veränderte fortwährend ihr Aussehen, besonders durch den Zusammenschluß von Außenbezirken*) und die Schaffung von Parkanlagen und Wohnsiedlungen in den Arbeitergegenden. In Berlin waren die Zwanziger Jahre voller Aktivität – im guten wie im weniger guten Sinne.

---

*) Am 1. Oktober 1920 trat das „Gesetz über die Bildung einer neuen Stadtgemeinde Berlin" in Kraft. „Groß-Berlin" faßte die inzwischen 3,8 Mio. Einwohner, die sich auf Berlin (1,9 Mio.) und sieben weitere Städte (1,2 Mio) mit 59 Landgemeinden und 27 Gutsbezirke verteilten, unter einheitlicher Verwaltung zusammen und unterteilte die Stadt in 20 Stadtbezirke.

[Uerdingen – Krefeld – Düsseldorf, Niederrhein/
Nordrhein-Westfalen;
1916–1933]

Gertrude J. Seeliger

Goldene Zwanziger?

Wenn es im Winter nach dem Kaffee früh dunkelte, saßen
wir Kinder vor dem Herd, Licht wurde gespart, nur das Herd-
loch über dem Aschenkasten leuchtete. Dann erzählte die
Mutter von früher. Zu „Kaisers Zeiten" war vieles anders.
Früh verwaist, hatte sie in ihrer Jugend einiges erdulden
müssen, als sie von einer Stelle zur anderen geschoben wurde. Und dann begann der Krieg. Er kam bis zu uns nach
Uerdingen. „Du warst doch noch viel zu klein", meinte Mutter, als sie die folgende Begebenheit schilderte, aber ich glaube, mich daran zu erinnern, daß eines Tages eine Dame aufgeregt zu uns in die Duisburger Straße gelaufen kam und
ihr etwas zurief. Rasch griff Mutter eine Wasserkanne und
rannte los Richtung Bahngelände, ich hinterher. Dort war
ein Lazarettzug mit Verwundeten von der Westfront verunglückt, mehrere Waggons lagen umgekippt und schräg in-
einander verkeilt. Neben den Gleisen versorgte man verletzte
Soldaten. Ich hörte „Mama, Mama!"-Rufe und suchte meine
Mutter. Die wollte mich mit einer Nachbarin nach Hause
schicken. Da kam aber schon der Vater. Er nahm einen Kameraden mit zu uns und gab ihm Krücken.

Unser Vater war selbst schwer kriegsbeschädigt, ihm war
das rechte Bein bis auf einen Stumpf von zwölf Zentimetern
amputiert worden. „Der Dank des Vaterlandes ist euch gewiß", hatte man den Soldaten versichert. Nach den „Not-

An der Fußgängerbrücke in Uerdingen verunglückte am 18. Oktobe 1916 ein Lazarettzug mit Verwundeten von der Westfront. Meine Mutter brachte ihnen Wasser.

verordnungen" wurden zuerst die Renten gekürzt, „gestundet". 36 Reichsmark waren alles, was er monatlich bekam.

Im Sommer 1918 sollte ich ein Geschwisterchen bekommen. Tante Anna aus Dusseldorf reiste an. Sie ging mit mir an den Rhein, um zu sehen, ob es vielleicht mit dem Schiff käme. Mit vier Jahren glaubt man das schon. Wieder zu Hause, war Schwesterchen Elly bereits da.

Im selben Jahr zogen wir um zur Krefelder Straße. Vater stieg auf den Pferdewagen, auf dem unsere Möbel verstaut waren, Mutter lief mit mir und dem Kinderwagen hinterher. Der Krieg war zu Ende und die Besatzer, Franzosen und Belgier, waren gerade in der Stadt einmarschiert. Unser Möbelwagen wurde angehalten und nach Sachen durchsucht, die aus Frankreich oder Belgien stammen könnten.

Auf dem Rheindamm, nahe der Fähre, errichteten sie ein Zollhäuschen, und wer mit der „Pont" auf die andere Seite wollte, mußte seinen Paß zeigen. Die Zugänge zur Eisenbahnbrücke waren mit Stacheldraht versperrt, auch dort stand ein Posten. In der Knabenschule, die in die „Fortbildungsschule" ausweichen mußte, campierten nun Franzosen, ihre Pferde wurden in der Turnhalle untergebracht. Unter den großen Kastanienbäumen exerzierten die Soldaten „A dö, a dö" („1–2, 1–2" frz.: un–deux, un–deux), und wir Kinder machten es ihnen nach.

Ich besuchte damals die Verwahrschule in der Körnerstraße. Jeden Morgen kam Schwester Medarda vom Krankenhaus mit einem Mädchen als Hilfe dorthin. Wir Kleinen mußten „Scharpie" (frz.) zupfen. Jedes Kind erhielt eine Handvoll Stoffstücke, die auseinandergezupft wurden, um daraus Kissenfüllungen für Lazarette herzustellen.

Dann erlebten wir die Separationszeit: Das Rheinland sollte auf Wunsch einiger Zeitgenossen – mit Unterstützung Frankreichs – ein selbständiger Staat werden. Geschäfte wurden geplündert, unser Rathaus besetzt. Nach der Ägidienschlacht im Siebengebirge löste sich diese Bewegung 1924 auch bei uns auf.

Für unsere Familie waren die „Goldenen Zwanziger" eine arme Zeit. Wir Kinder bekamen in der 10-Uhr-Pause in der Turnhalle „Quäkerspeise": einen Blechnapf voll Milchsuppe und ein Brötchen aus dunklem Mehl. 1922 wurde unser Schwesterchen Änne geboren.

Die Inflation setzte ein. Von Tag zu Tag stiegen die Preise. Für Frau Naß, die im ersten Stock unseres Hauses wohnte, mußte ich oft zur Firma Unwisse laufen. Dort hing eine Tafel, auf der der Geldkurs verzeichnet war. Frau Naß interessierte, wie der Franc stand. Ihr Mann war nämlich bei der Bahn angestellt, die war damals französisch, und sein Lohn wurde in Francs ausgezahlt. Das muß günstiger gewesen sein. Zweimal in der Woche gab es Lohnauszahlungen, und die Frauen liefen sofort zum Einkauf, da man ein paar Tage später schon kaum mehr etwas fürs Geld erhielt.

Unser Vater arbeitete im Rathaus und hatte die städtischen Arbeiter zu entlöhnen. Als er einem schon recht alten Mann sein Geld gab, fragte er diesen: „Stimmt's?"

Mein Vater zahlte im Rathaus die Löhne der städtischen Arbeiter in Millionen aus.

„Motter wird schon nachtällen – aber was ich auf meine alten Tage noch für Millionen verdiene!"

Als eine Billion nur noch eine Mark wert war, stabilisierte sich die Situation. Ab dem 13. Oktober 1923 gab es die Rentenmark, dann 1924 die Reichsmark. Nur der Pfennig war geblieben. Viele wurden in dieser Zeit bettelarm. 1925 zog die Besatzung ab und es ging langsam bergauf.

Die neue Wohnung mit ihren drei Zimmern im Anbau war recht kalt. Frühmorgens galt es als erstes, den Herd anzuzünden. Papier und Kleinholz mußten zur Hand sein. Das Holzhacken besorgte mein Vater Samstagnachmittags. Im Sommer benutzten wir einen einflammigen, gußeisernen Gaskocher, nur mit einem Schlauch am Gashahn angeschlossen. Abends saß die Familie beim Schein einer Petroleumlampe, denn Gasbeleuchtung war zu teuer. Etwa 1925/26 wurden dicke Kabel und Steckdosen verlegt: Wir bekamen elektrischen Strom. Das Plumpsklo auf dem Hof mit einem eingeschnitzten Herz in der Holztür wurde erst 1935 durch einen Anbau an Flur und Treppenhaus ersetzt. In jedem Winter froren die Wasserleitung und oft auch der Abfluß zu. Trotzdem war es ein Fortschritt.

Die Küche war der Wohn- und Aufenthaltsraum der Familie. Ihr Prunkstück war der Herd: meist mit viel Nickel, das natürlich immer blank zu sein hatte, ebenso die Herdplatte, die nach dem Kochen mit Schmirgel gescheuert werden mußte. Als es Herdputzmittel zu kaufen gab, trug man diese mit Stahlwolle auf und rieb anschließend die Platte ab.

Zu unserer Kücheneinrichtung gehörte ein mit Wachstuch bezogenes Sofa. Da der Hausbesitzer unter uns wohnte und wir möglichst wenig auf und ab laufen sollten, sind wir Kinder sozusagen auf dem Sofa groß geworden. Das Spielen auf dem Hof sah er ebenfalls nicht gerne.

Waschtage

Ein Problem war die große Wäsche. In der Waschküche im Keller stand ein ummauerter Ofen mit einem Kessel. Jeder Mieter hatte seine Waschwoche, wir waren alle drei Wochen an der Reihe. Am Sonntagabend trugen wir den großen Waschkorb voll schmutziger Wäsche in den Keller, füllten zwei Zinkwannen mit Wasser, lösten Soda in Stücken darin auf und weichten die Wäsche über Nacht ein. Später war Bleichsoda im Paket erhältlich.

Ganz früh am Montagmorgen, angetan mit den ältesten Kleidern und „Klompen" an den Füßen, ging es dann los: Mit einem Eimer wurde der Waschkessel mit Wasser gefüllt, der Ofen angezündet. Im Sommer qualmte er oft. Anfangs tat Mutter Schmierseife oder kleingeschnittene Kernseife ins Wasser. Bald wurde auch Waschpulver in Paketen verkauft. Die Wäsche wurde nun im Einweichwasser ausgewaschen und gewrungen, bevor sie in den Kessel hineinkam. Über eine Stunde dauerte es, bis sie kochte. Dazwischen rührte Mutter immer mal wieder mit dem Waschknüppel um.

Nun kam die Wäsche in die „Bütt", die auf dem Waschbock stand. Etwas abkühlen mußte sie zuvor schon. Inzwischen gingen wir in die Wohnung hinauf frühstücken.

Als nächstes wurde Stück für Stück auf dem Waschbrett

geschrubbt, erst von rechts, dann die linke Seite. Noch schmutzige Stellen bearbeitete Mutter mit der Wurzelbürste. Danach hat sie die Wäsche ausgewrungen und in der Wanne mit sauberem Wasser so lange gespült, bis das Wasser klarblieb. Erneut wurden die Wäschestücke ausgewrungen, in den Wäschekorb gelegt und dann – im Sommer draußen, im Winter auf dem Speicher – auf die Leine gehangen. Inzwischen war der Nachmittag hereingebrochen.

Irgendwann in den Zwanziger Jahren schafften meine Eltern eine Waschmaschine mit Wassermotor an. Das Wasser, das die Maschine antrieb, lief durch einen Schlauch in die Wanne. Darin wurde die Wäsche gespült. Das Kochen blieb,

Persil-Plakat aus dem Jahre 1921. Signal für friedliche Zeiten – 1920 gab es wieder Persil.

aber das Schrubben auf dem Brett entfiel. Die Maschine besaß eine Wringe, die mit einer Kurbel gedreht wurde, während die Wäsche zwischen zwei Gummiwalzen hindurchlief. Fast alles mußte hernach gebügelt werden, Trikotware gab es noch nicht. Die Kleidung bestand aus Nessel, Baumwolle oder Leinen. Vieles wurde gestärkt. Wir besaßen drei Bügeleisen, die auf der Herdplatte erwärmt wurden. Eines Tages eröffnete auf der Oberstraße eine Heißmangel. Die großen Teile brachten wir nun dorthin, außerdem Vaters weiße Kragen und Manschetten. Dabei gingen allerdings die Kragen- und Manschettenknöpfe leicht verloren.

In den Zwanziger Jahren änderte sich die Mode. Die Damen trugen nun Flor- und Seidenstrümpfe statt selbstgestrickter Strümpfe. Die Kleider reichten nicht mehr bis fast auf den Boden, sondern gerade bis über die Knie. Im Sommer trug man „ärmellos", das war in den Augen vieler Leute beinahe unsittlich. Im Nachbardorf wagte sich ein junges Mädchen ärmellos in die Kirche – und prompt wurde ihr die Kommunion verweigert!

Markttag

Bei gutem Wetter ging Mutter mit uns durch die Stadt, Schaufenster ansehen. Um 18.30 Uhr holten wir Vater am Rathaus ab, wo er auf dem Bauamt beschäftigt war. Er kam dann die große Wendeltreppe herunter.

Uerdingen hatte ein städtisches Gaswerk, den Wasserturm, den Milch- und den Schlachthof, alles am Stadtpark gelegen. In den öffentlichen Anlagen schaute „Anlagejüppke" nach dem Rechten, ein alter Mann mit einem großen Hund. Jeden Tag gingen die Straßenkehrer, „Stadtsoldaten" genannt, mit Schaufel, Besen und Handkarre los und fegten die Straßen. Der Müllwagen kam mehrmals pro Woche. „Latörepitt" ging mit einer Leiter von einer Laterne zur anderen, putzte sie und kontrollierte die Glühstrümpfe. Solch Uerdinger „Originale" gibt es heute wohl kaum noch.

Seinerzeit war ein Doktor recht wunderlich. Dr. von Staa bewohnte den Brempter Hof. Kam einer zu ihm und versuchte zu simulieren, packte er ihn am Kragen und warf ihn zur Tür hinaus. Mutter hat es selbst beobachtet. Behandelte er einen Patienten, pflegte er zu sagen: „Dat hann ich ooch all jehatt, net so schlemm!" Wurde er auf der Straße gegrüßt, sagte er auch am Nachmittag „Guten Morgen." Die Begründung: „Ech hann noch keen Meddag jehat!"

Wochentags hatte die Markthalle in Krefeld eine starke Anziehungskraft und sorgte für viel Betrieb. Bauern und Händler kamen meistens mit Pferdewagen, die Kleinhändlerinnen reisten per Straßenbahn an. Manche verfügten über Tische mit Zeltdach, andere breiteten ihre „Schumm", die blaue Schürze, auf dem Boden aus und boten darauf und in Körben ihre Waren an. Die Butter hatten die Bauersfrauen in „Wellen" abgepackt, im Sommer hielt man sie in einem Rhabarberblatt eingewickelt kühl. Kritische Hausfrauen ließen sich die Butter zeigen und entnahmen mit dem Daumennagel eine Frischeprobe. „Klätschkääs", selbst eingemachtes Sauerkraut, oder Bohnen gab es bei ihnen ebenfalls zu kaufen. Kinder standen oft mit selbstgepflückten Blumensträußen.

Damals war ein Automobil noch etwas Besonderes. Wir Kinder sahen immer gern zu, wenn der Chauffeur vorn mit der Kurbel so lange drehte, bis es anfing zu tuckern, den Schwengel abzog und aufsprang. Transportgut wurde meist mit Pferden bewegt: Müll-, Spreng- und Milchwagen. Viele Fuhrunternehmen boten ihre Dienste an. Gleich zur Straße hin befand sich die große Fuhrwerkswaage. Die Pferdewagen wurden beladen, meistens mit Kohlen, und dann gewogen. Am Zugang Oberstraße erhielt man Getränke „Mörmelsekt", roten oder grünen Sprudel, außerdem Lakritze, Zigaretten und mehr. Daneben lockten Stände, an denen Brötchen mit Gehacktem und Würstchen angeboten wurden. Um die Ecke herum befand sich ein Milchausschank. Zum Markttag gehörten die „Orjelsmänner" sowie die „Tiroler" mit Seppelhut und Lederhosen.

Fest- und Feiertage und andere Freuden

Das Röttgen wurde zu einem Platz für Veranstaltungen ausgebaut. Festlich geschmückt präsentierte sich die Stadt zu Fronleichnam: An vielen Häusern hingen Fahnen und Girlanden, in den Haustüren oder den Fenstern der Parterrewohnungen standen Altäre mit Blumen und Kerzen. Wir konnten in der Schule für zehn bis fünfzig Pfennige künstliche Lilien und Blumen auf Stäben oder ein Kissen mit einem Lamm oder einem anderen Symbol darauf leihen. Viele Kinder hatten Körbchen umgehängt und streuten Blumen. Vier große Altäre wurden aufgebaut. Auf dem Markt vor dem Kaiser-Friedrich-Brunnen befand sich der Hauptaltar für den sakramentalen Segen.

Die Beteiligung war stets groß. Alle Schulklassen versammelten sich, ebenso die „Herren von der Stadt" und andere, die im Hochamt im Chorgestühl saßen, in Frack und Zylinder. Jedermann führte seine neue Frühjahrsgarderobe, zu der in der Regel ein Hut gehörte, aus. An der Ecke Augustastraße/Krefelder Straße standen die „(e)vangelischen" Kinder mit „Klompen" und einfachen Schürzen, sie erlebten in ihren Familien keinen Feiertag.

Bei der Kirmes aber waren alle vereint. Am Tag zuvor kamen die Kirmeswagen am Güterbahnhof an und wurden mit Pferden abgeholt, ein ganzer Trupp Kinder lief lärmend nebenher. Manche Jungen halfen beim Aufbauen und erhielten dafür Freikarten. Sehnlichst erwarteten wir Kinder die Kirmeseröffnung am Sonntagmorgen: Mit Glockenschlag 11.30 Uhr trat der Bürgermeister auf den geschmückten Rathausbalkon und schwenkte seinen Zylinder. Die „Orjelsmänner" und weitere Musikanten unter dem Balkon spielten ihre Melodie, und auch die Orgeln der Karussells setzten ein. Blaue und rote Ballons stiegen in die Luft. Auf den buntbemalten und goldenglänzenden Kirmesorgeln standen Figuren, die mit ihren Taktstöckchen auf Glöckchen schlugen.

Viel Zulauf hatte die Moritatensängerin. Sie stand auf einem Podest, hinter ihr eine Bilderwand. Wenn sie von Mariechen, das weinend im Garten saß, oder vom schlechten Schuster von Treuenbrietzen sang, zeigte sie mit einem Stock auf die jeweiligen selbstgemalten Bilder. Begleitet wurde sie von ihrem blinden Bruder auf der Ziehharmonika. Ein anderer Bruder ließ sich von einem Zuschauer mit einer Kette fesseln. Nach einigen Windungen rasselte sie auf den Boden – der Mann hatte sich selbst befreit!

Zuhause gab es selbstgebackenen „Weck", Weißbrot, mit gekochtem Schinken. Den Teig brachten wir Samstagmorgens in eine Backstube, die ihn für 20 Pfennig buk. Nach der Andacht unternahmen die Eltern gern mit uns einen Spaziergang, meist am Rhein. Uerdingen hatte damals ein städtisches Orchester, das mehrmals im Jahr im Stadtpark oder in den Rheinanlagen Konzerte gab. Am Rheintor legte regelmäßig der Düsseldorfer Raddampfer an. In den Ferien nutzten wir die Sonderfahrten, vormittags nach Düsseldorf und abends zurück. Wir Kinder liefen durch das ganze Schiff und sahen staunend hinunter in den Maschinenraum.

Selbst eine Fahrt mit der Straßenbahn war ein Ereignis. Jedes Jahr fuhren wir am „Silbernen" oder „Goldenen Sonntag" vor Weihnachten in die Stadt, „Christkindchen gucken". An den Adventssonntagen hatten die Geschäfte in Krefeld nachmittags geöffnet. Bei Onkel Heinrich und Tante Anna in Düsseldorf bewunderten wir einen Apparat, bei dem Musik „aus der Luft" kam – ein Radio. Es stand auf einem Wandbrett, und wenn man Kopfhörer aufsetzte, hörte man Musik. Im noch besetzten linksrheinischen Gebiet – also auch in Krefeld – war der Besitz eines Radios verboten.

Urlaubsreisen kannten wir nicht. Aller vier Jahre fuhren wir nach Niederselters zum Großvater, darauf mußte lange gespart werden. Dann wurde der große Schließkorb gepackt

Meine Familie an Christi Himmelfahrt 1929. Von links: meine Eltern, mein Großvater, meine Tante Anna, davor meine beiden Schwestern Änne und Elly, außen stehe ich. 1914 im niederrheinischen Uerdingen geboren, habe ich in dieser Stadt, die in den Zwanziger Jahren zu Krefeld eingemeindet wurde, mein ganzes Leben verbracht.

und am Bahnhof aufgegeben. Wir drei Schwestern freuten uns auf die Bahnfahrt. Ab Niederlahnstein fuhr der Zug bis Limburg durch zirka zehn Tunnel – juchhu, war das schön!

Das Wasser, der Rhein und Süßes

In der Wehrstraße übte die Freiwillige Feuerwehr jeden Samstag. Das hielt uns Kinder in Bann: Am Turm wurden Leitern hochgestellt, Schläuche ausgerollt und hochgezogen. Die Männer spritzten nach allen Seiten, und oft ging ein Wasserstrahl über uns zuschauende Kinder.

Kam der Sprengwagen und füllte am Hydranten vor dem Hoftor mit einem dicken Schlauch Wasser auf, standen wir ebenfalls dabei und ließen das an den Seiten heraussprühende Wasser über unsere nackten Beine laufen.

Der Rhein übte nicht nur auf uns eine große Anziehung aus – vielleicht, weil es verboten war, ans Ufer zu gehen? Obschon sein Dienst erst um 8 Uhr begann, verließ unser Vater bereits um 7 Uhr das Haus und lief an den Fluß. Wenn die Lastkähne nicht an der überdachten Anlegestelle oder am Kran anlegen konnten, machten sie am Ufer fest. Planken wurden hinübergelegt und die „Rhinkadetten" liefen hinüber und trugen die Säcke auf den Schultern an Land zu bereitstehenden Pferdewagen. Zum Schutz trugen sie meist einen Sack als Kapuze über dem Kopf und auf dem Rücken.

1928 führte der Rhein Hochwasser, es reichte fast bis zur Dammkrone. Der Damm wurde mit Sandsäcken gestützt. Eines Nachts läuteten die Sturmglocken – bei Ilverich war ein Damm gebrochen! Wir schippten Kohlen aus dem Keller, brachten die Kartoffeln nach oben. Wiesen und Gärten standen unter Wasser, und der Fluß war ein großer See, in dem die weißen Ankleidekabinen des Strandbades vorbeitrieben. Bei uns zu Hause ging aber alles gut.

An der Anlegestelle der „Pont" schlugen die Wellen bis ans Ufer. Manchmal machten Schiffe mit Rohrzuckerladungen am Pier fest. Die Säcke wurden mit dem Kran auf die wartenden Pferdewagen geladen, wobei schon mal ein Sack aufriß und der Zucker auf den Boden rieselte. Rasch liefen wir hin. Wie herrlich schmeckte der aufgesammelte Zucker! Die Hände säuberten wir im Rhein oder im Brunnen am Kaiser-Friedrich-Denkmal auf dem Markt, wo Vater uns vom Fenster seines Arbeitsplatzes aus sah.

So viele Süßigkeiten wie heute waren undenkbar. Wir kauten Süßholz so lange, bis es ganz ausgefranst war, ebenso das Johannisbrot, das aussah wie getrocknete dicke Bohnenschalen. Manna, braune, röhrenartige Stängchen mit schwarzen, pfenniggroßen Plättchen im Inneren, wurden abgelutscht. Dropsstangen, wie die Lakritzstangen hießen, wur-

den in Stückchen gehackt, in eine Medizinflasche getan, mit
Wasser aufgefüllt und dann geschüttelt. „Dat Schümke" stieg
bis zum Korken und wurde aufgesaugt. Dann mußte man
schütteln, bis es aufgelöst war. Später gab es „Bröckskes",
schön bunt. Zuckerstangen, Gummischlangen, „Negergeld",
Studentenfutter – manchen Groschen gaben wir dafür aus.

„Deutschland über alles?"

Vor dem Arbeitsamt in der Unteren Mühlengasse standen
an „Stempeltagen" lange Schlangen Arbeitsloser. Sie reichte bis zur Ecke Krefelder Straße. Sie hatten Anspruch auf
ein halbes Jahr „Stempelgeld", dann gab es Wohlfahrtsun-
terstützung. Dies alles war bitterwenig. Gott sei Dank behielt unser Vater in diesen Jahren seine Arbeit.

Das politische Geschehen wurde immer schwerer durch-
schaubar. Zwanzig Parteien und mehr versprachen fast alle
dasselbe. Es gab oft Wahlen, die mit viel Propaganda, Versammlungen und Saalschlachten verbunden waren.

Im Geschichtsunterricht hörten wir von Kaisern und Kö-
nigen und mußten die Daten ihrer siegreichen Kriege auswendig lernen. Deutschland, so hieß es, sei das tüchtigste,
fleißigste, klügste Volk, die anderen beneideten uns. Daher
rührten die Kriege mit dem „Erbfeind" Frankreich und anderen Ländern. Den Krieg 1914–1918, so lernten wir, hatten
wir nicht verloren, denn die Fronten standen ja alle noch in
„Feindesland". Durch Aufstand und Unruhe im Inneren sei-
en die deutschen Soldaten zum Aufgeben „gezwungen" worden. Der „Versailler Vertrag" sei ein „Schandvertrag". Unsere Deutschlandkarte zeigte die abgetretenen Gebiete dick
umrahmt, gleichfalls die ehemaligen Kolonien.

Da war einer namens Schlageter: Er hatte 1923 eine Ei-
senbahnbrücke gesprengt, damit die Kohlenzüge, die aus dem
Ruhrgebiet nach Westen fuhren, nicht mehr rollen konnten.
Die Franzosen hatten ihn verurteilt und in der Golzheimer
Heide erschossen. In der Schule fand eine heimliche Gedenk-

feier statt. Wir bekamen ein Bild, auf dem einer mit verbundenen Augen stand, davor Soldaten mit angelegtem Gewehr. Ganz leise sagten wir „Deutschland über alles" auf. Singen durfte man es nicht. Jahre später wurde Schlageter ein „Nationalheld" mit großem Ehrendenkmal und einer ewigen Flamme auf der Burgruine in Kaiserswerth. Ob das wirklich im Lehrplan stand?

1928 beendete ich zwar die Schule, fand aber erst im Oktober eine Lehrstelle als Schneiderlehrling. So ging ich zunächst in die Nähschule, eine Einrichtung des Waisenhauses. In den ersten beiden Jahren arbeitete ich ohne Lohn. Im dritten Jahr erhielt ich fünf Reichsmark pro Woche.

Gearbeitet wurde von 8 bis 12.30 Uhr und von 13.30 Uhr bis abends – es sollte 19 Uhr sein, aber es wurde meistens später. Samstags endete mein Arbeitstag eigentlich um 18 Uhr, aber es mußte immer noch etwas für Sonntag fertigwerden. Für die Überstunden bekam man 50 Pfennige.

Ferien gab es überhaupt nicht. Einen Tag durfte ich für eine Fahrt nach Königswinter frei nehmen, einen zweiten Tag noch, als in unserer Familie Erstkommunion gefeiert wurde.

[Adorf bei Oelsnitz, Vogtland;
1923]

Gottfried Schädlich

Strenge Liebe

„Paß gut auf, Junge, damit du viel lernst", mahnte die Mutter. „Dir soll es einmal besser gehen als uns!" – Wie dies durch viel Lernen zu bewerkstelligen sei, war für mich unerfindlich, doch ich fragte nicht. Das Lernen machte mir Spaß, also brauchte man kein Wort darüber zu verlieren.

Der Schulweg führte durch die Taumühle, die wir auch Gänsemühle nannten, doch dieses Problem war abgehakt, erledigt. Zwar lauerten die Gänse wie eh und je, mit langem Hals und zischend, aber sie trauten sich nicht heran. Ich beobachtete die Gefiederten mißtrauisch und war auf der Hut. Doch die Gänse dachten nicht an einen Angriff, nicht bei uns. So war es schon fast langweilig, empfand ich, und schritt, stolz wie ein Spanier, quer über den weiten Platz der Mühle voran, die anderen folgten mir. Der Pit war größer, der Berthold auch, trotzdem blieben sie hinten. Hahnemann, geh du voran ...

Eine gute halbe Stunde mußten wir Jungen laufen, bevor die Volksschule in Sicht kam: ein großer Kasten aus roten Ziegeln, an den Fensterlaibungen weiß verputzt. Die Schule lag an einem Abhang. Sie war von weitem zu sehen. Nur die Kirche überragte sie noch; die thronte ganz oben. Die Volksschule besuchten fast alle Kinder von Adorf. Nur eine Handvoll der älteren fuhr mit der Reichsbahn nach Oelsnitz zur Höheren Schule, manche sogar noch weiter. Das waren die

Auserwählten, diejenigen, die nicht nur den nötigen Verstand mitbekommen hatten, sondern auch das Geld für Schulbesuch und Bahnfahrt. Die trugen stolz eine Schülermütze: Seht her, was ich bin!

Betrat man das breit hingelagerte zweistöckige Gebäude, brauchte man keine Augen, um zu wissen, wo man sich befand. Man roch es. Die Schule stank nach jenem Öl, mit dem die Holzdielen getränkt worden waren und in den Ferien immer wieder neu getränkt wurden. Geräumig und hell waren die Klassenzimmer. 30, 40 oder noch mehr Kinder waren dort bequem unterzubringen, denn die Bänke waren schmal und eng. Für dünne Hinterteile, Dreierbrötchen, reichten sie.

Auf der Kopfleiste der Zweierbänke steckten Tintenfässer im Holz, zwei gefüllte Tintenfässer mit Deckel darauf. Es machte Spaß, diese Deckel auf- und zuschnappen zu lassen, laut klappernd. Doch das hatte auch seine Tücken. Ich sollte es bald zu spüren bekommen.

Eine Aula, einen Festsaal, gab es nicht. Wozu denn? Das konnte man billiger haben. Wenn es etwas zu feiern gab, höchst selten im übrigen, dann tat es auch die Turnhalle. Einen Absatz tiefer zog sie sich hin wie eine weiträumige Scheune: Steinsockel, Holzverschlag an den Seiten, Schiefer oben. Genügte das nicht? Für eine Feier, bei der man ja auch stehen konnte? Beim 25jährigen Jubiläum des Karnickelzüchtervereins? Beim Turnfest? Frisch-fromm-fröhlich-frei? Turnvater Jahn wäre zufrieden gewesen. Keine Mätzchen, dafür Bescheidenheit. Mehr Sein als Schein, bitte sehr.

Vor der Turnhalle, geteert sogar, breitete sich der Schulhof aus: übersichtlich, breitflächig. Der in den Pausen beaufsichtigende Lehrer hatte alles im Griff oder vielmehr im Auge. In den Pausen wurde viel marschiert, singend immer im Kreis herum. „Wem Gott will rechte Gunst erweisen", erklang es und „Das Wandern ist des Müllers Lust". Die Kleinen kamen nicht recht mit und verstolperten den Takt, aber auch die würden es lernen. Man mußte nur genug üben.

Wanderung zur Quelle der Weißen Elster mit Lehrer Voigt, er gab Erd-
kunde-Unterricht vor Ort. Im Hintergrund ist das Hochmoor zu sehen.

Gegenüber lag das Schmuckstück der Schule, ein besonders
sehenswerter Teil. So empfand es jedenfalls Lehrer Loos.
Seine nimmermüden Augen waren vor allem auf jene Seite
der Schule gerichtet, die an den Schulhof grenzte, den Garten nämlich. Jawohl, auf dem Garten, einem Schulgarten,
ruhte sein Blick. Es war kein eingezäunter, bewahre, sondern einer aus lauter winzigen Beeten, gut gepflegten Beeten wohlgemerkt, Beeten gleicher Größe. Verschiedene Größen wären gegen sein Gerechtigkeitsgefühl gewesen. Keiner
sollte leer ausgehen. So nannte also jeder Schüler, der bei
Herrn Loos in Naturkunde unterrichtet wurde, solch ein
Minigärtchen sein eigen. Das durfte und mußte das Kind
bebauen, dort mußte es Unkraut zupfen: „Wie heißt das hier?
Das mit den gezackten Blättern?"

Häckeln und gießen mußten die Schüler, aber sie durften
auch ernten. Lehrer Loos wollte ihnen zeigen, daß Fleiß und

Kenntnisse auch ihren Lohn brächten. Klein, aber zäh und wendig, energisch, fleißig, naturlieb vor allem und zielstrebig. Hatten Lehrer nicht so zu sein, damit auch die Kinder so wurden?

Mutter hatte mir im Frühjahr Radieschensamen besorgt, auch den von Rettichen und Möhren. „Dann hast du im Sommer etwas und im Herbst", hatte sie versprochen, und es stimmte auch. Nach der Ernte habe ich die roten, knackigen Radieschen bereits zur Pause gefuttert; die Möhren waren noch zu dünn. Die Hoffnung auf süße schnurpsende Möhren beflügelte meine Arbeit im Garten. Nächstes Jahr, so beschloß ich jetzt schon, nächstes Jahr kommen aber Erbsen in die Erde. Schoten aß ich für mein Leben gern. Ruten zum Stützen würde ich mir schon besorgen.

Lehrer Loos wurde fuchsteufelswild, wenn jemand sein Beet verkommen ließ. Er schrie dann mit einer Stimme, die man seiner schmalen Brust nicht zugetraut hätte. Er gehörte auch zu jenen älteren Lehrern, die ein langes Lineal nicht nur zum Ziehen eines geraden Striches benötigten. Außer Naturkunde gab er Rechnen, schließlich mußte man zählen können, was man im Leben – nicht nur im Garten – erntete. Deshalb veranstaltete er oft Wettrechnen. „Auf!" befahl er dann scharf. „Hoch mit euch, ihr Faulpelze! Also: ..."

Nun folgte eine Zahlenreihe. Eine Zahl nach der anderen purzelte heraus, es wurde addiert, subtrahiert, multipliziert. Plötzlich hielt er inne und fragte: „Und wieviel ist das?"

Antwortete eine der Schülerinnen oder einer der Schüler wie aus der Pistole geschossen und war das Ergebnis richtig, dann durfte man sich setzen – mit einem erleichterten Seufzer. Dieser Kelch war wieder einmal vorübergegangen.

Wehe aber denen, die sich immer wieder verhaspelten, weil sie entweder nicht so schnell rechnen konnten oder ihnen die Aufregung das Gehirn blockierte! Denen legte Lehrer Loos schweigend sein langes Holzlineal auf die ausgestreckten Hände, das Mehrzwecklineal. „Dann wollen wir mal", sagte er trügerisch ruhig. Und wupp, zog er das Lineal von den Händen und ließ es heftig darauf niedersausen. Und wehe, einer der Geprügelten brüllte!

Das gab es nicht. Hart wie Spartaner sollten wir sein, von denen in meinem Realienbuch sagenhafte Geschichten standen. Da hatte doch ein Spartanerjunge einen Fuchs gestohlen und unter dem Mantel versteckt, aber immer geleugnet, daß es so war, obwohl ihm der Fuchs die Brust zerbiß!

Ob Herrn Loos' Methode gut war und das Rechnen beschleunigte, blieb strittig, doch es gab niemanden, der sich deswegen aufgeregt hätte. „Wenn sie dabei besser lernen, wird das schon in Ordnung sein", meinten die Eltern. „Bei uns war das auch nicht anders."

Den Höhepunkt eines jeden Tages bildete die große Pause, da gab es nämlich Quäkerspeise. Unten im Keller dampften riesige Kessel, dort schwangen freiwillig Helferinnen die Kelle, senkten sie in die duftenden Dämpfe und holten sie gefüllt wieder heraus, gefüllt mit heißer Flüssigkeit. Meist war es Milch mit Haferflocken, manchmal sogar Weizenflocken mit Backpflaumen. Pflaumen! In Weizen!

Ob alle Schüler dieses Labsal genießen durften, entzog sich meiner Kenntnis. Ich gehörte zu den Glücklichen. Dabei dachte ich nicht an Mutters Worte: „Du mußt groß und stark werden!", sondern nur an meinen Hunger und den guten Geschmack der Quäkerspeise. Mir war es gleichgültig, woher diese Gottesgabe kam, wie Mutter sie nannte, bis ich einmal die Eltern darüber sprechen hörte. Aus Amerika stammte das alles, von mildtätigen Menschen, die andere nicht hungern lassen wollten; von frommen Leuten, die Mitmenschen etwas Gutes tun wollten. Vater sah es zwar auch so, doch er machte Einschränkungen. „Seltsam: Erst haben sie uns im Krieg kaputtgemacht mit ihrer Masse an Mensch und Material, und nun päppeln sie uns wieder auf", wunderte er sich. Amerika schien ein sehr großes Land mit sehr verschiedenartigen Menschen zu sein.

[Berlin-Prenzlauer Berg;
1924/25]

Liselotte Haak

„Händchen auf den Tisch und Köpfchen frisch!"

Mein sechster Geburtstag lag gerade hinter mir, als meine adrett gekleidete Mama mit mir zur Schulanmeldung ging. Das große, graue Schulgebäude kannte ich schon vom Sehen. „Wenn der Rektor dich nach deinem Namen fragt, sagst du Anna Ottilie Liselotte Haak", hatte mir meine Großmutter eingetrichtert, „und wenn er nach deinem Vater fragt, gibst du zur Antwort: Er hieß Willi Haak, ist im Krieg gefallen und war Bankbeamter" Na, das war leicht zu behalten.

Über dem Eingangsportal in der Thorner Straße stand: „272. Gemeindeschule". Auch den merkwürdigen Namen des Rektors hatte ich schon erfahren. Er hieß „von der Kammer" und war ein kleiner, rundlicher Herr. Als ich mit lauter Stimme meine drei Vornamen herausposaunt hatte, lachte er und sagte: „So genau will ich es nicht wissen!"

Das ärgerte mich, und die folgenden Antworten kamen nur zögernd und leise. Auf seine Frage, ob ich mich auf die Schule freue, antwortete ich strahlend: „Ja, sehr, ich will doch endlich lesen lernen, das L und das A kenne ich schon!" Damit waren wir entlassen, und ich hüpfte fröhlich die drei Eingangsstufen hinunter. „Warum habt ihr mir Anna Ottilie beigebracht?" beschwerte ich mich. „Nun hat er mich deswegen ausgelacht!"

Mutter lachte und erklärte mir, daß ich die beiden Tauf-

namen nach meinen Patinnen, den beiden Großmüttern, erhalten habe.

Am ersten Schultag erhielt ich eine große, bunte Schultüte voller Süßigkeiten und mein Bruder eine kleine. Die Fibel
liebte ich sehr, wenn mir auch nicht alle Bilder gefielen. Da
war ein Hund abgebildet, der wie ein böses Wildschwein aussah. Zu den ersten fünf Bildern brachte uns unsere Klassenlehrerin, Fräulein Sommer, passende Verse bei, die ich schnell
lernte: *„Heini, Heini, ach, ist Heini dumm:*
        stippt mit allen Fingerchen im Tintenfaß herum!"

Übrigens waren wir nur Mädchen in der Klasse, 30 an der
Zahl, auch später im Lyzeum.

Schon in der 1. Klasse wurden wir je nach Leistung in eine
bestimmte Rangfolge gesetzt. In den Grundschuljahren war

O EI NE MAUS — WO
LAUF ER NA — RUF MA MA
SO EI NE FAU LE MI AU
O MEIN FEI NES SO FA
NUN MAL LOS
LAUF RAUS — MI AU
EI NE MAUS

*Eine Seite aus meiner
ersten Fibel aus dem
Jahr 1924.*

ich meist die Erste. Es machte mir aber auch nichts aus, wenn ich Dritte wurde, was durch mein Versagen im Kopfrechnen des öfteren vorkam. Dann hieß es: „Zwei runter mit Mappe und Frühstück!" Ärgerlich wurde ich nur, wenn die Lehrerin ungerecht handelte, was leider auch vorkam.

Einmal hatte ich auf Fräulein Sommer eine regelrechte Wut, weil sie mich in die Ecke stellte. Mein Vergehen: Ich hatte gegähnt, ohne mir die Hand vor den Mund zu halten. „Du hast keine Manieren", schimpfte sie. Ich weinte und beobachtete dabei fasziniert die Tränen, die an meiner roten, rauhen Wolljacke wie Perlen hängenblieben.

Aber mit meinen Leistungen war die strenge Lehrerin zufrieden. Oft mußte ich Worte mit Kreide an die schwarze Wandtafel schreiben, ansonsten benutzten wir ABC-Schützen Griffel auf Schiefertafeln. Nachdem wir die großen Buchstaben in Druckschrift beherrschten, ging es an die Sütterlin-Schrift. Obwohl ich Linkshänderin war, lernte ich das Schreiben mit der rechten Hand schnell. Nur beim Basteln machte es sich negativ bemerkbar. Schon in der ersten Woche stellten wir ein Armband aus aufgefädelten Apfelsinenschalenstücken her, das mir nicht so gut gelang. Aber ich trug es ebenso stolz wie meine Klassenkameradinnen.

An ein besonderes Lob meiner ersten Lehrerin erinnere ich mich noch ganz genau. Wir mußten den Beruf des Vaters angeben. Meine beste Freundin, Erika Körnig, schwieg. Da meldete ich mich und sagte: „Herr Körnig ist Expedient."

Fräulein Sommer staunte und fragte mich, ob ich auch wüßte, was ein Expedient zu tun hätte. Auch das konnte ich ihr beantworten, weil meine Mama es mir erklärt hatte. Daraufhin lobte die Lehrerin: „Da haben wir ja eine kleine Wortgewaltige in der Klasse. Du hast das Zeug zu einer Schriftstellerin!"

Mit diesen Worten konnte ich noch nichts anfangen, aber ich wußte, daß es ein Lob war.

Jeden Morgen machte ich mich zusammen mit Erika auf

den Schulweg. Sie war einen Kopf größer als ich, sehr dünn und sehr ruhig. Hand in Hand trabten wir los, die schweren, braunen Lederschulmappen mit den baumelnden Schwämmchen für die Schiefertafel auf dem Rücken. An der Ecke drehten wir uns noch mal um, um meiner Mama, die am Fenster stand, zuzuwinken. Am Nachmittag kam Erika oft zu uns, und meine Mama übte mit uns Diktate. Auch in der Schule hatte ich da immer null Fehler. Sorgfältig schrieben wir mit Tinte und Federhalter in Sütterlinschrift: *Mama, Bubi, Lene, Hose, Nase, Leine, Pilz, Schirm, Kohlen, Tinte, Feder, Rose.*

Die Schulspeisung liebten wir alle sehr. Da die meisten Kinder in den Kriegs- und Nachkriegsjahren zum Teil sehr schlecht ernährt waren, bekamen die Ärmsten unter uns jeden Tag als zusätzliches Frühstück einen Becher Milch und ein Rosinenbrötchen. Beides stammte aus Geldspenden der amerikanischen Quäker. Wie beneideten wir anderen die Dünnen um diese Zukost!

Oft blieben Brötchen übrig. Die zerschnitt die Lehrerin in vier Teile und warf die Stücke, mit dem Gesicht von uns abgewandt, über ihren Kopf in die Klasse. Das gab jedesmal viel Jubel, wenn man ein Stück fing und es essen durfte.

Ausgerechnet Schuhleder!

Mit sieben Jahren war ich zum ersten Mal in meinem Leben verliebt. „Er“ war für kurze Zeit unser Vertretungslehrer in der zweiten Klasse. Unsere Klassenlehrerin, Fräulein von der Heyden, eine respekteinflößende ältere Dame, war krank geworden. Ihr graues Haar trug sie gerade gescheitelt und straff zu einem Dutt zusammengesteckt. Der goldgefaßte Kneifer gab ihr ein strenges Aussehen. Wir hatten zwar keine Angst vor ihr, aber wenn sie morgens die Klasse betrat, verstummte schlagartig unser Lachen und Schwatzen. Brav senkten wir die Köpfe zum Morgengebet: „Wie fröhlich bin ich aufgewacht ...“

Vom Unterricht selbst ist mir keine Erinnerung geblieben, wohl aber der oft zitierte Spruch der Lehrerin: „Händchen auf den Tisch und Köpfchen frisch!" Wir haßten es, wenn das Fräulein von Zeit zu Zeit unsere Ohren, Hände und Fingernägel inspizierte. Wer ihren Ansprüchen in puncto Sauberkeit nicht genügte, bekam einen scharfen Hieb mit dem Lineal auf die Hand.

Eines Morgens betrat anstelle der Klassenlehrerin ein junger Mann den Raum und sagte forsch: „Eure Lehrerin ist im Krankenhaus, wir werden ein paar Wochen miteinander arbeiten. Mal sehen, ob ihr schon meinen Namen lesen könnt!"

Gespannt verfolgten wir, wie er in schönster Sütterlinschrift „Schuhleder" an die Wandtafel schrieb. Ein Geraune und Gekichere ging durch die Reihen. Und dann fragte die kecke Gerda: „Und Ihr Vorname?"

Daraufhin schrieb er „Tristan".

Wir schauten uns ratlos an. Unsere Väter und Brüder hießen Otto, Walter, Paul und Emil, aber Tristan – nie gehört!

Bei dem neuen Lehrer machte der Unterricht Spaß, vor allem gefiel uns sein Äußeres: Er war mittelgroß und zierlich, hatte blondgelocktes Haar und blaue Augen, die fröhlich in die Welt lachten. „Trissi" wurde der Schwarm der ganzen Klasse, wir fanden ihn einfach „süüüß"!

Mit seiner Geige brachte uns Herr Schuhleder viele Lieder bei. Besonders lustig ging es zu, wenn wir sangen:

„Eine kleine Geige möcht' ich haben,
eine kleine Geige hätt' ich gern.
Nachbars Kinder und der Spitz
kämen alle wie der Blitz,
und sängen und sprängen
gar lustig herum,
fiedelfiedel fummfumm, fiedelfiedel fummfumm ..."

Wir durften alle den Geigenspieler nachahmen und fiedelnd durch die Klasse laufen. Beim Kehrreim faßten wir uns paarweise an und hopsten ausgelassen herum. Das Verlassen der

Schulbänke war damals etwas ganz Neues und Unerhörtes!
Da wir es oft wiederholten, erfand ich eine Variante: Ich war
Nachbars Spitz, der mit rhythmischem „Wauwau!" durch die
Klasse sprang. Herr Schuhleder war begeistert. Er zauberte
mit Papier und Schere einen buschigen Spitzschwanz, den
er mir ans Röckchen steckte. Die Klasse jubelte so laut, daß
der Rektor plötzlich in der Tür stand und sich den Lärm
verbat. Aber der „junge Kollege" wußte ihn zu beschwichti-
gen: „Die Bewegungsspiele lockern die Kinder auf und machen sie danach lernfreudiger!"

Wir waren von „Trissis" Mut beeindruckt. Donnerwetter,
er war nicht nur nett, sondern ein Held!

Ich selbst erfuhr durch ihn viel Anerkennung. Noch heute
wundere ich mich, daß keine der Klassenkameradinnen behauptete, ich würde vorgezogen oder ich schmeichele mich
bei ihm ein. Nein, auch Inge und Traute, die beide Führungs-
positionen in der Klasse innehatten, hegten keinen Arg gegen mich. Sie fanden es auch in Ordnung, daß ich vom dritten Platz auf den ersten vorrückte. Nur Friedel Golz räumte
mit bitterbösem Gesicht die Spitze, als es hieß: „Eins rauf
mit Mappe und Frühstück!"

Das Allerschönste aber war für mich die Morgenstunde.
Da hatte ich „Trissi" ganz für mich allein. Als erste stand
ich vor dem Schulgebäude. Wenn der Lehrer dann pfeifend
angeradelt kam, hielt ich ihm das schwere Schultor auf. Gemeinsam gingen wir zum Fahrradschuppen. Während der
junge Mann sein Rad verstaute und die Hosenklammern löste, durfte ich seine Aktentasche halten. Die Belohnung bestand aus dankenden Worten: Er nannte mich seine „getreue
Helferin", „das frühe Lottchen" oder auch „Krümelchen"!
So herzlich hatte noch nie jemand zu mir gesprochen. Zu
Hause wehte ein kühler Wind!

Bis zum ersten Klingeln saßen wir nebeneinander auf der
Außentreppe und plauderten. Herr Schuhleder stammte von
einem Bauernhof. Er erzählte vom Hofhund Nero, der so gern

Klassenausflug in den Grunewald im Sommer 1926 – mit unserer alten Lehrerin. Noch lange schwärmen wir von „Trissi“, dem jungen Vertretungslehrer. Ich sitze im Matrosenkleid in der zweiten Reihe ganz links.

die Hühner jagte, von der Lieblingskuh Buntjack und vom Schafbock Max, der ihn einmal zu Boden gestoßen hatte. Das waren Geschichten nach meinem Herzen. Und er erfuhr von der kleinen Liselotte, daß sie noch immer davon träumte, der im Weltkrieg vermißte Vater würde eines Tages leibhaftig und gesund vor der Tür stehen. Das hatte ich noch keinem Menschen anvertraut!

In meinem Kinderherzen lebte aber auch schon die Eifersucht. Wenn unser Unterricht zu Ende war, übte Herr Schuhleder oft mit den Großen, den Vierzehnjährigen, Volkstänze auf dem Schulhof. Zu viert oder fünft standen wir Kleinen als Zuschauer dabei, unsere Ranzen lässig an einem Lederriemen hinterherschleifend. „Mudder Witsch“, „Wenn hier ein Pott mit Bohnen steht“, „Ei ja, so springen wir“ wurden getanzt, auch einfache Kreisspiele „Ich nahm die Brille vor meine Augen, um zu sehn, was die Bücher taugen“.

Am besten gefiel mir „Nein, ich mag nicht haben die da!“ Der Innenkreis der „Jungen“, die es ja bei uns nicht gab,

löste sich beim Kehrreim auf und jeder suchte sich zum Paar-
tanz ein „Mädchen“:

„Die ich mir zum Tanze auserwähl',
die ist so lustig und fidel – wie ich!"

Mit geballten Fäusten und Neid im Herzen beobachtete ich,
wie der junge Lehrer die schwarze Elvira holte, mit ihr wild
herumtanzte und so daß ihre langen Zöpfe nur so flogen!
Doch dann geschah einmal das erhoffte Wunder: Herr Schuhleder winkte uns, Friedel, Alma, Luzie Fischer und mich, in
den Kreis zum Mitmachen. Wir mußten uns ordentlich anstrengen, um mit den Großen Schritt zu halten. Mein Glück
kannte keine Grenzen, als mich der geliebte Lehrer „auser-
wählte", und mich gar zum Schluß mit gestreckten Armen
hochstemmte und in der Luft drehte, da jubelten die Großen
und riefen: „Oh, wie niedlich!" – Ich ging nach Hause wie
auf Wolken, aber nicht, ohne der Elvira einen triumphieren-
den Blick zuzuwerfen: Ätsch, mich mag er auch!

Mit dem Beginn der großen Ferien waren auch die fröhlichen Stunden zu Ende. Der Schulalltag wurde wieder grau
wie das häßliche Reformkleid der Klassenlehrerin. Natürlich verlor ich auch wieder meinen ersten Platz. Fräulein
von der Heyden stand mit erhobenem Zeigefinger vor mir
und sagte: „Du mußt viel fleißiger Kopfrechnen üben. Das
ist im Leben wichtiger als das viele Trallala und Hopsassa!"

Mit trotzigem Gesicht schaute ich die alte Lehrerin an.
Ich hörte aus ihren Worten auch die Kritik an dem Jungleh-
rer, der unsere Herzen gewonnen hatte. Kein Wort kam über
meine Lippen, nur die Tränen kullerten auf das buntgeblüm-
te Sommerkleid. Sie galten nicht dem verlorenen ersten Platz,
sondern einem lieben Menschen, der Freude und Wärme in
mein kleines Kinderleben gebracht hatte, und den ich nie
wiedersehen würde.

(Weitere ZEITGUT- Beiträge dieser Autorin sind im Autorenverzeichnis
am Ende des Buches vermerkt.)

[Hamburg – Lütjensee, bei Hamburg;
1923/24]

Irma Lang

Der Schwarm der Oberklasse

In der Schule hatte ich eine Freundin, sie hieß Lenchen. Jede
freie Minute hockten wir beieinander und – wie Jugendliche
es sich so vorstellen – wollten auch später beruflich zusam-
menbleiben. 1923 war unsere Schulzeit beendet. Nach der
Volksschule hätte ich gern auf die höhere Schule gewechselt,
ich hatte auch einige Chancen, aber aus jeder Klasse wurden nur zwei Schüler zugelassen. Meine Mutter ging zum
Rektor. Beide hatten ein sehr intensives Gespräch. Der Rektor machte meine Mutter auch auf die finanziellen Schwierigkeiten aufmerksam, die auf unsere Familie zukommen
würden – und so wurde nichts daraus.

Es war eine bittere Zeit. Der Höhepunkt der Inflation war
erreicht. Wenn unsere Väter mit dem Lohn nach Hause kamen, rannten wir sofort los, um das Geld in Lebensmittel
umzusetzen, sonst war es im Nu nichts mehr wert. Für uns
Schulabgänger sah es nicht gerade rosig aus. Konfirmatio-
nen und Abschlußfeiern konnten nur mit sehr wenigen Mitteln gestaltet werden.

Eines Tages kam meine Freundin ganz aufgeregt zu mir
und berichtete von einer Schule hier in Hamburg, an der wir
noch in einem freiwilligen neunten Schuljahr die Oberklasse besuchen könnten. Die Anmeldezeit war befristet. Es eilte also, wenn wir diese Chance nutzen wollten.

Natürlich war ich sofort Feuer und Flamme. Meine Mut-

ter war von dieser Idee nicht so angetan, doch mein Vater
stand voll auf meiner Seite.

Am folgenden Morgen machten wir beiden Mädchen uns
sogleich auf den Weg zum Ausschlägerweg 18 im Stadtteil
Hamm, wo wir die „Volksschule für Mädchen" aufsuchten,
in der der Unterricht für das freiwillige 9. Schuljahr stattfinden sollte. Wir hatten Glück, denn an diesem Tag endete
die Anmeldefrist. Die Klasse war jetzt voll belegt, und wir
konnten gleich am Unterricht teilnehmen. Mädchen aus allen Stadtteilen Hamburgs saßen hier beisammen, sogar eine
Finkenwerderin war dabei. Der Lehrer, noch jung, eben 30
Jahre alt, erläuterte uns zunächst den Lehrplan. Später kam
der Rektor in unsere Klasse und sprach ein paar Worte zu
uns. Ich konnte mein Glück, das mir so unerwartet zugefal-
len war, noch gar nicht recht fassen!

Der lange Schulweg, der nun jeden Tag zurückgelegt werden mußte, spielte keine wesentliche Rolle mehr. Oftmals
begegneten wir dabei morgens unserem Lehrer Harry Laub.
Mit Vergnügen legten wir die letzte Etappe gemeinsam zurück. Der Unterricht bei Mister L., wie wir ihn nannten, war
nie langweilig. In der Englischstunde bildeten wir mit unseren Stühlen einen Kreis, nahmen unsere kleinen Büchlein
zur Hand und lasen abwechselnd einen Abschnitt aus der
Geschichte des kleinen Lord Fontleroy. Ich fühlte mich wohl
in der Klasse, und so freute ich mich nach den Ferien immer
wieder auf den Unterricht.

Die Schule besaß ein kleines Landhaus in Lütjensee. Auch
aus unserer Oberklasse durften vier oder fünf Schülerinnen
dieses Schulheim für eine Woche besuchen. Ich hatte das
Glück, dabeizusein. Einige Lehrkräfte waren zur Aufsicht
mitgekommen, auch unser geliebter Mister L. In der Küche
waren Mütter von einigen Schülerinnen beschäftigt. Auch
wir fünf Großen mußten ein wenig mithelfen. Wenn wir uns
nicht richtig betragen hatten, wurden wir ebenfalls in die
Küche beordert. Aber das war durchaus keine Strafe, eher

eine Begünstigung, denn unser Lehrer setzte sich beim Kartoffelschälen zu uns, nahm seine Gitarre und musizierte, und wir sangen fröhlich dazu. Abends saßen wir in der Gartenlaube, und Mister L. erzählte uns Abenteuergeschichten so spannend, daß wir gar nicht genug davon hören konnten. Nur die glimmende Zigarette war in der Dunkelheit zu sehen. Mister L. mußte schon als ganz junger Mensch an die Front und geriet in Gefangenschaft. Hier hatte er sich das Rauchen angewöhnt. Mit Sicherheit gab es dort keine sonstigen Annehmlichkeiten des Lebens. Und so war er ein starker Raucher geworden. Eigenartigerweise empfanden wir es nicht als unangenehm.

Zum Abschluß des Abends sangen Lenchen und ich zweistimmig noch ein paar gefühlvolle Lieder wie: „Kennst du das Land, wo die Zitronen blüh'n?" oder Lieder von Hermann Löns. Gerade das Richtige für uns, so herrlich roman-

Unser Mister L. inmitten seiner Grazien im Schulheim am Lütjensee, unweit von Hamburg. Rechts neben ihm stehe ich. Im Sommer 1923 verbrachten wir hier eine wunderbare Zeit.

tisch! So hatten diese sieben Tage Lütjensee mich mit der
Ferienzeit ausgesöhnt. Wir konnten es nicht verheimlichen,
unser Lehrer war unser aller Schwarm.

Die Mär vom Zopfabschneider

In dieser Zeit sollten sich unsere weiblichen Frisuren wesentlich verändern. Der Bubikopf war im Kommen, ein Trend
aus Amerika. Nur ging es nicht einfach so von heute auf morgen. In unserer Klasse trugen alle noch Zöpfe, und den Nak-
ken zierte eine große Haarschleife, ein „Butterlecker".

Gertrud aus Barmbek, die Dritte im Bunde, ein kesser
Backfisch, wollte so schnell wie möglich einen Bubikopf haben. Aber mit der folgenden Überraschung hatten wir dann
doch nicht gerechnet: Als wir drei uns eines Morgens wie
gewohnt trafen, kam sie schluchzend auf uns zu und erzählte uns von einem Zopfabschneider, der ihr das Haar abgeschnitten hätte. Sie verplapperte sich aber bald und bat uns
inständig, sie nun nicht allein zu lassen.

Lenchen und ich waren in Nöten. Einerseits wollten wir
die Freundin nicht im Stich lassen, aber unseren geliebten
Lehrer zu belügen, war uns doch ein schrecklicher Gedanke.
In der Schule angekommen, konnten wir es kaum glauben,
wie leichtfertig unsere Freundin erneut flunkern konnte.

Unsere Klasse hatte an diesem Tag vor, ein Museum zu
besuchen. Mit dem halb abgeschnittenen Haar konnte sich
Gertrud unmöglich auf der Straße sehen lassen. So schnitt
ich ihr die Haare so gut ich es vermochte zurecht, und Gertrud strahlte glücklich.

Mister L. hatte inzwischen mit dem Rektor über die Angelegenheit gesprochen. Er kam in die Klasse und hielt uns
einen Vortrag, aber man hörte aus seinen Worten heraus,
daß er das Ganze so ziemlich durchschaut hatte.

Der Zufall brachte die Wahrheit ans Licht. Am anderen
Morgen trafen wir Gertrud mit ihrer Mutter. Die Mutter war
sehr aufgeregt, sie schaute Lenchen und mich sehr böse an,

sprach aber kein Wort mit uns. Sie beklagte sich bei unserem Lehrer über die beiden „Bösewichter", die ihre Tochter zu dieser unmöglichen Tat verführt hätten! Die berufstätige Mutter hatte nicht mitbekommen, daß ihre Tochter sich das Haar selbst abgeschnitten hatte und auf die originelle Idee kam, es in der Toilette verschwinden zu lassen. Gertrud bemerkte aber nicht, daß es nicht ganz hinuntergespült wurde, und so entdeckte die Mutter später das Dilemma.

Zu meinem Kummer nahm uns unser Schwarm diese komödienhafte Geschichte und die Flunkerei schon etwas übel. Ob er die Angelegenheit an sich überhaupt so ernst nahm, wie er vorgab, wußten wir natürlich nicht.

In der Adventszeit studierte Mister L. das Märchen „König Drosselbart" mit uns ein. Ich bekam die Rolle einer Hofdame. Die mußte ihr Haar hochgesteckt tragen. Eine Mitbewohnerin aus der Drögestraße bastelte mir am Tage der Aufführung eine vorschriftsmäßige Frisur zurecht. Doch ich war gar nicht zufrieden damit, ich kam mir furchtbar erwachsen vor. Kurzerhand zerstörte ich undankbares Geschöpf alles wieder, was sie so schön aufgebaut hatte. Anschließend steckte ich mir mein Haar selber zurecht, so gut es ging.

Abends war es dann soweit: Die Schule festlich geschmückt und die Bühne zauberhaft dekoriert, hofften wir sehr aufgeregt, daß unsere Aufführung zum Besten gelingen würde. Unser Lehrer stand an der Tür und begrüßte die Eltern, bis der Saal voll besetzt war. – Dieser wunderschöne, gelungene Abend begeisterte alle!

Eis auf der Alster

In den Wintermonaten trafen wir uns manchmal nachmittags mit unserem Lehrer zu einer Gesprächsrunde. In dieser fröhlichen Gesellschaft kam uns beim Erzählen die Idee, uns doch in den Schulpausen ein warmes Getränk zu gönnen. Zubereiten konnten wir das Getränk selber in der Schule, dem stand nichts im Wege. Alle Mädchen waren mit die-

Meine Oberklasse in Hamburg-Hamm mit dem geliebten Klassenlehrer.
Schülerinnen aus allen Stadtteilen Hamburgs absolvierten hier 1923/24
ein freiwilliges neuntes Schuljahr. Als vierte von links stehe ich in der
hinteren Reihe zwischen Gertrud und Lenchen, die eine Kette trägt.

sem Vorschlag einverstanden. Wir einigten uns auf ein Ka-
kaogetränk. Lenchen und ich bekamen den Auftrag, möglichst bald den Kakao im Alsterhaus zu besorgen. Das wollten wir mit Vergnügen tun.

Frühzeitig machten wir uns am anderen Morgen auf den
Weg. Die Stadt hatte sich in ein weißes Kleid gehüllt, und
die Eiszapfen glitzerten in der Sonne. Vater Frost hatte das
Regiment. Uns war ziemlich kalt, trotzdem schlenderten wir
gemächlich durch die Straßen, bis wir an die Alster kamen.
Wir standen noch weit ab vom Jungfernstieg, wo wir einkaufen wollten. Die Alster war zugefroren, vergnügte Menschen tummelten sich darauf. Die kleineren Kinder saßen
dick eingemummelt auf ihren Schlitten und wurden über die
Eisfläche gezogen, und die großen drehten schwungvolle Runden auf ihren Schlittschuhen.

„Wandern wir um die Alster herum, oder gehen wir geradeaus über das Eis?", fragten wir uns.

Den weiten Weg, nein, das wollten wir nicht, das vergnügte Getümmel der Menschen war zu verlockend! Also, rauf aufs Eis! Ohne Schlittschuhe glitschten und rutschten wir über die glatte Fläche. Wir hatten die Rechnung leider ohne den Wirt gemacht. Ein Dampfer hatte sich nämlich quer über die Alster durch das Eis gekämpft, und diese lange Fahrrinne war nur dünn wieder zugefroren, was wir aus der Ferne nicht sehen konnten. Sollten wir auf halbem Wege nicht besser umkehren?

Mir war doch ein wenig ängstlich zumute.

Lenchen hatte keine Angst. Ohne zu überlegen, ging sie mutig über die dünn zugefrorene Fahrrinne und kam auch vergnügt auf der anderen Seite an. Ich dachte, Lenchen ist gut gelandet, dann wird dir wohl auch nichts passieren!

Zuerst setzte ich vorsichtig Fuß vor Fuß, allmählich wurde ich mutiger. Doch plötzlich krachte und knirschte es unter meinen Füßen, das Eis brach auseinander – und ich sackte sofort mit einem Ruck weg! Bis unter den Armen hing ich im kalten Wasser unter dem Eis. Beide Arme lagen auf dem Eis. Meine Hand hielt krampfhaft die Aktentasche fest. Ich war so erschrocken, daß ich nicht schreien konnte. Die Kälte habe ich überhaupt nicht wahrgenommen!

In diesem Moment sprangen die Leute, die in meiner Nähe standen, verschreckt noch ein Stück weiter weg von der Fahrrinne. Ich weiß nicht, wie es möglich war, daß ich nun plötzlich ganz ruhig sagen konnte: „Kann mich wohl jemand aus dem kalten Wasser befreien?"

Ein paar Beherzte legten sich lang auf den Bauch. Sie zogen mich vorsichtig aus dem Wasser und stellten mich sacht wieder auf die Beine. Meine klitschnasse Kleidung klebte sofort am Körper fest. Ich war ganz und gar erstarrt. Ans Einkaufen war natürlich nicht mehr zu denken. Erst gingen Lenchen und ich in ein großes Bürohaus, um uns im Treppenhaus an der Heizung aufzuwärmen, aber dann fanden wir es doch vernünftiger, so schnell wie möglich nach Hause

zu fahren. Wir machten uns sofort auf den Weg zum Bahnhof in Richtung Barmbek. Zuhause war Gott sei Dank niemand. Meine nassen Sachen hing ich gleich zum Trocknen
auf die Leine, dann trank ich noch eine Tasse heißen Tee
und legte mich ins Bett.

An diesem Nachmittag hatten wir wieder unsere Zusam-
menkunft in der Schule. Lenchen ging natürlich hin und erzählte, wie die ganze Geschichte passiert war. Mister L. war
darüber ziemlich erschüttert. „Das ist ja eine sehr schlimme
Nachricht", sagte er streng. „Euer Leichtsinn hätte ganz
anders ausgehen können."

Ich bekam dieses Donnerwetter am anderen Tag in der
Schule auch noch deutlich zu hören. Doch allmählich versuchte er, uns zu beruhigen: „Ihr habt wahrhaftig ganz großes Glück gehabt, und das Schicksal hat es noch einmal gut
mit euch gemeint!"

Wenn ich später abends in der Dunkelheit an der Alster
vorbeikam, überkam mich stets ein Grausen. Ohne meine
Aktentasche hätte ich mich nicht halten können, ich wäre
unter die Eisdecke geraten und vielleicht ertrunken. Daran
mußte ich in einem solchen Moment denken. Auch die lange
Zeit in der nassen Kleidung hätte mir den Tod bringen können. An diesem Tag muß mir ein Schutzengel zur Seite gestanden haben! Ich schwor mir damals, daß durch meinen
eigenen Leichtsinn nicht noch einmal ein Malheur passieren sollte. In Zukunft wollte ich vorsichtiger sein.

Viel zu schnell ging dieses Schuljahr zu Ende. Wir waren
alle sehr traurig. Fünf Schülerinnen und ich hatten das
Glück, noch eine Zeitlang privat bei Mister L. unsere Eng-
lischkenntnisse zu erweitern.

Wir starteten ins Berufsleben. Ich hatte auch bald eine Lehrstelle für eine kaufmännische Ausbildung gefunden. Das Büro
lag am Hopfenmarkt in der Innenstadt. Dort waren neben
einem Kompagnon eine Angestellte und einige Vertreter be-

schäftigt. Mein Chef hatte viel Humor. Alle waren freundlich zu mir.

Meine Freundin hatte eine Lehre bei Karstadt begonnen.
In dieser Zeit wurde sie sehr krank und bekam Lungen-
schwindsucht. Viele junge Menschen waren damals davon
betroffen. Ich konnte es gar nicht fassen, daß dieses schöne,
kräftige Mädchen sterbenskrank werden mußte. Sie starb
im 18. Lebensjahr. Auch ihr Schwager erlag dieser Krankheit. Weil ich Lenchen oft im Krankenhaus besucht hatte,
wurde ich nach ihrem Tod auf diese Krankheit hin untersucht. Zum Glück war ich gesundgeblieben, aber ihr Tod hat
mich sehr traurig gemacht. Castor und Pollux, wie uns Mister L. wegen unserer festen Freundschaft nannte, waren
nun getrennt.

Auf Lenchens Beerdigung traf ich nach längerer Zeit meinen Lehrer wieder, und er lud mich zu einem Treffen ein.
Danach sahen wir uns öfter, und ich wußte bald, daß er mehr
als nur Sympathie für mich empfand.

„Othello" war die erste Oper, die ich mit ihm erlebte. Während der Pause äußerte er Bedenken darüber, daß der Stoff
wohl doch zu grausam sei. Aber ich beruhigte ihn und versi-
cherte meinem fürsorglichen Begleiter, daß diese Oper ein
Erlebnis für mich sei. Mein Lehrer war ein sehr begabter
Freizeitmaler, und er führte mich in die Welt der Malerei
ein. Am zweiten Opernabend beglückte er mich mit „Figa-
ros Hochzeit", und so erlebte ich viele schöne Stunden mit
dem Menschen, der meine erste große Liebe war. Aber trotz
der innigen Zuneigung fühlte ich mich noch nicht reif genug
für eine Ehe.

*Aus der Biographie: „Momente meines Lebens", erschienen im Selbstver-
lag der Autorin, Hamburg 2000.*

[Berlin-Wedding – Ostpreußen;
1924]

Walter H. Moshammer

Hundert Tage Hütejunge

In der Schule hatte ich zu leiden, da ich damals ein sehr schwächliches Kind war, und zwar nicht nur in den Turnstunden durch den strengen Lehrer Korte, sondern auch wegen der Hänseleien meiner Mitschüler. Besonders bitter empfand ich es, wenn ich bei der Auswahl für die Zusammensetzung von Mannschaften stets als letzter, weil Schwächster und Kleinster, zurückblieb und nur widerwillig überhaupt in eine Mannschaft aufgenommen wurde.

Wegen der dringend notwendigen Erholung wurde ich eines Tages dazu ausgewählt, ein paar Wochen in Ostpreußen zu verbringen. Durch sie sollte ich von einer amtsärztlich festgestellten Unterernährung befreit werden, an der ich litt, obwohl wir Kinder in der Schule die sogenannte Quäkerspeise erhielten. Ohne die von den amerikanischen Quäkern gespendete tägliche Schulspeisung wäre es uns Berliner Schulkindern wohl gesundheitlich noch viel schlechter ergangen. Übrigens schmeckte sie uns großartig.

Die Verschickung nach Ostpreußen – ich mag damals etwa zwölf Jahre alt gewesen sein – dauerte einhundert Tage. Aber anstatt dort in den Genuß der so notwendigen Erholung zu kommen, wurde ich als billige Arbeitskraft für das Hüten von Kühen bei Wind und Wetter und in aller Frühe sowie als Erntehelfer eingesetzt. Hinzu kam, daß ich mit der Kost, die es bei der Bäuerin gab, Schwierigkeiten hatte. Während mir

das Essen von meiner Tante Emma, die auch aus Ostpreußen stammte, im recht gut schmeckte, grauste es mir besonders vor dem wöchentlichen Stinte-Tag bei der Bäuerin. An
diesem Tag gab es Stinte, 10 bis 12 cm lange Fischchen ohne
besonderen Geschmack, die aber sehr billig waren. Ich hatte
den Verdacht, daß sie die übelriechenden Fische, die ein Fisch-
händler jeden Freitag ins Haus brachte, in einen großen Topf
tat und kochte, ohne sie vorher auszunehmen. Manchmal
sah ich auf der Brühe Fischaugen schwimmen.

Nicht viel besser fand ich den sonntags morgens und nachmittags mit Zichorienkaffee aufgetischten Fladenkuchen. Er
war trocken und schmeckte nach nichts – im Gegensatz zu
Tante Emmas Streusel- oder Apfelblechkuchen, den ich sehr
gern aß und nach dessen Zubereitung ich immer die Teig-
schüssel auskratzen durfte.

Gegessen wurde bei der Bäuerin in einer geräumigen Küche, die man durch die Haustür direkt betrat. Von der Küche aus konnte man links in eine Stube gehen, die aber in
den Monaten während meines Aufenthalts so gut wie nie
betreten worden ist. Ein einziges Mal war ich mit der Bäuerin in der „guten Stube". Sie war ungewöhnlich sauber und
sah aus, als wenn sie nie benutzt würde. An der rechten Kü-
chenseite befand sich ebenfalls eine Tür. In das zugehörige
Zimmer durfte ich nicht hineinschauen, es war vermietet.
Ein Lehrer der örtlichen Dorfschule wohnte darin. Er war
der einzige Lehrer des Dorfes. Der Mann machte auf mich
durchaus nicht den Eindruck des armen Dorfschulmeister-
leins, wie er im Lied beschrieben wird, denn er war immer
gut angezogen; aber er hat sich nicht ein einziges Mal mit
mir unterhalten oder mich gefragt, weshalb ich hier nicht
zur Schule gehe.

Die Wochen und Monate in Ostpreußen waren eine schier
endlose, von Angst und Heimweh angefüllte Zeit, die trau-
rigste Zeit meiner jungen Jahre. In Berlin gab es wenigstens
ein paar mir wohlgesonnene Schulkameraden und Mädchen

als Spielgefährten. Hier hatte ich niemanden. Nein, das stimmte nicht ganz. Beim Kühehüten traf ich hin und wieder mit Walter Willuhn, einem Jungen aus Essen zusammen. Das Gelände, auf dem ich meine beiden Kühe hüten mußte, war ein gerodetes ehemaliges Waldstück. An manchen Tagen wurden dort herumliegende Steine und Baumstümpfe weggesprengt. Dann flogen die abgesprengten Stücke gefährlich umher. Die Kühe gerieten darüber manchmal so sehr in Aufregung, daß ich sie nicht auf meiner Weidefläche halten konnte. Aufgeregt rannten sie auf fremde Äcker oder in den noch am Rande des Weidegebietes gelegenen dichten Wald. Manchmal genügten schon die gegen Mittag aufkommende Hitze oder die umherschwirrenden Bremsen, um sie außer Rand und Band geraten zu lassen.

Da war es eine gute Hilfe und Abwechslung, wenn mich Walter, der hier bei Verwandten seine Schulferien verbrachte, gelegentlich beim Hüten besuchte. Wir entdeckten ein gemeinsames Interesse und stellten uns sogar eine Aufgabe: Ich hatte kurz vor meiner Reise im Physikunterricht etwas über Elektromagnetismus gelernt, insbesondere über die Funktion einer elektrischen Klingel. Das Prinzip eines hin- und herschwingenden Klöppels dachten wir uns als Grundlage für die Konstruktion eines Flugzeuges mit schwingenden Flügeln – wie wir es von den Insekten und den Vögeln her kannten. Dieses technische Problem beschäftigte uns intensiv, natürlich nur theoretisch.

Mein Heimweh nahm trotz der gelegentlichen Begegnungen mit Walter nicht ab. Leider war mein Verhältnis zu der Bäuerin und ihren beiden mir bereits erwachsen erscheinenden Söhnen – einen Bauern gab es nicht – von wenig Sympathie geprägt. Ich, das Großstadtkind, blieb ihnen fremd, und sie blieben mir fremd. Zum Teil mag es daran gelegen haben, daß ich so entsetzlich unter der Trennung von zu Hause litt und als kleiner, schwächlicher Knabe schlecht in einen bäuerlichen Betrieb paßte.

Eines Tages wurde ich aufgefordert, in aller Frühe von einem benachbarten Bauernhof ein Pferd abzuholen, das der Bäuerin für Erntearbeiten ausgeliehen werden sollte. Ich, der ich noch niemals auf einem Pferd geritten war und vor großen Tieren eine gehörige Angst hatte, wurde einfach auf das fremde Pferd gesetzt, um es zu unserem Hof zu reiten! Das ging anfangs ganz gut. Es wurde von dem Augenblick an anders, als wir einem Pferdewagen begegneten, dessen Kutscher, ein junger Bursche, mich kannte. Als ich mit ihm auf gleicher Höhe war, zog er „aus Spaß" meinem Pferd mit der Peitsche eins über. Das Tier machte einen Satz und galoppierte los, so daß ich mich nur mit Mühe auf dem Pferderücken halten konnte. Wenn ich mich recht erinnere, bin ich ohne Sattel geritten!

Nur mit allergrößter Mühe gelang es mir, mich festzuhalten. Das Schlimme aber war, daß der Gaul nun bei jedem Wagen, der an uns vorüberkam, im unkontrollierten Galopp weiterraste. Ihn trieb wohl die Angst, wieder einen Peitschenhieb zu bekommen. Er galoppierte in diesem Tempo fort, bis wir auf unserem Hof angekommen waren. Ich weiß nicht mehr, wie wir dort empfangen worden sind. Jedenfalls war ich froh, heil absteigen zu können.

Später wurde dieses Pferd zusammen mit unserem eigenen vor ein Göpelwerk gespannt, das aus einem großen Holzkreuz bestand. Ich mußte mit den beiden Tieren stundenlang im Kreis herumgehen und auf diese Weise ein Gestänge mit Zahnrädern in Bewegung halten, welches wiederum die Dreschmaschine antrieb.

Am nächsten Tag bestand meine Aufgabe darin, die beim Dreschen angefallenen Strohballen in der Scheune bis hoch zum Dach zu stapeln. In der von Hitze und Staub erfüllten Luft in der Scheune war das eine schweißtreibende und anstrengende Tätigkeit. Beendet waren die Erntearbeiten für mich erst nach dem mühseligen Auflesen der liegengebliebenen Getreideähren auf dem abgeernteten Acker.

In den letzten Wochen meines Aufenthaltes besserte sich das Verhältnis zwischen der Bäuerin, den Söhnen und mir; allmählich hatte ich mich in das bäuerliche Milieu eingelebt und einen etwas persönlicheren Kontakt bekommen. Dies gelang vor allem wohl deshalb, weil ich nun manche Arbeit im Stall und auf dem Acker selbständig ausführen konnte. Jedenfalls wurde mir das von einem der Söhne eines Tages anerkennend so erklärt.

Ich war dennoch sehr froh, als die hundert Tage endlich vorüber waren und ich heim nach Berlin fahren konnte. Unterwegs gab es noch ein unschönes Erlebnis. Die Fahrt durch den „Polnischen Korridor", der Ostpreußen vom übrigen Deutschland trennte, empfand ich als bedrückend. Das Auftauchen polnischer Grenzbeamter, die kontrollierend durch die Abteile gingen, wirkte auf mich befremdlich. Durch polnisches Land fahren zu müssen, um von Deutschland nach Deutschland zu gelangen – das konnte ich nicht verstehen*).

Der Rektor tendierte dazu, mich das Schuljahr wiederholen zu lassen, weil ich so lange dem Unterricht ferngeblieben war. Wie ich später erfuhr, soll unser Klassenlehrer Korte es gewesen sein, der mein Sitzenbleiben verhütet hat. Ich weiß nicht, ob Korte zu dieser Zeit bereits meine Postkarte aus Ostpreußen in der Hand gehalten und sie der Klasse vorgelesen hatte. Vielleicht hätte er dann dem Sitzenbleiben doch zugestimmt. Schließlich darf ein guter Schüler das Wort „Fabrik" nicht so schreiben, wie ich es getan hatte und wie er es tadelnd der Klasse vorgelesen haben soll: „Fabriek" mit einem überflüssigen „e"! Heute entsinne ich mich nicht mehr, wie dieses Wort überhaupt in den kurzen Bericht über meine ländliche Tätigkeit hineingeraten war.

---

*) Daß durch den Versailler Vertrag 1919 Gebiete von Posen und Westpreußen ohne Volksabstimmungen an Polen gefallen waren, wußte ich damals noch nicht.

[Puttgarden/Fehmarn – Hamburg-Wilhelmsburg;
Herbst 1925]

Ernst Haß

Ein Kuß für meine Königin

Im Herbst 1926 war ich 13 Jahre alt. Der Schularzt hatte
festgestellt, daß ich zu schnell gewachsen war, für meine
Größe von 1,75 Meter zu wenig Gewicht hatte und das Verhältnis von Schulterbreite und Brustumfang nicht ganz
stimmte. In meiner Schulklasse war ich der Größte, ich hatte die Schuhgröße 43 und war beim Fußball immer der rechte Flügelmann. Eines Tages bekam ich vom Lehrer einen
blauen Brief mit nach Hause. Meine Mutter öffnete ihn, las
und sagte. „Junge, du sollst verschickt werden!"
„Warum denn das?" fragte ich erstaunt. Da erzählte sie
mir von der Schulkinder-Landverschickung. Damit ich nicht
so viel Unterricht versäumte, sollte es schon in drei Tagen
losgehen, noch vor den „Kartoffelferien" im Oktober. Damals
waren die Herbstferien drei Wochen lang. „So ein Ärger",
murrte ich, denn eigentlich wollte ich während der Kartof-
felernte bei Bauer Benthak Geld verdienen. Meine Augen
füllten sich mit Tränen und Mutter nahm mich in den Arm.
Sie spürte, daß ich nicht von zu Hause weg wollte.
Als sie mich beruhigt hatte, interessierte mich schon, wo
es hingehen sollte. Nach Puttgarden auf die Insel Fehmarn!
Ich holte meinen Atlas aus der Schultasche und suchte die
Insel, auch die Orte Burg und Puttgarden. Alles schien mir
viel zu weit weg von Hamburg. Ich wollte es Mutter nicht so
schwer machen, aber am liebsten hätte ich geweint. Man

mußte mit dem Fährdampfer auf hoher See zur Insel Fehmarn schippern. Ich bin in Wilhelmsburg und an der Elbe großgeworden und lebte eigentlich gern am Wasser. Mutter tröstete: „Vielleicht kannst du mit einem Boot fahren oder baden und schwimmen? Womöglich gibt es gar Seehunde?"

Endlich war es soweit und Mutter brachte mich zum Hamburger Hauptbahnhof. „Kinderlandverschickung" stand auf den Schildern an den Eisenbahnwaggons und alle waren voll besetzt mit Kindern. Wir hatten ein Schild um den Hals zu hängen mit Namen, Alter und Anschrift sowie der Adresse, wo wir untergebracht werden sollten. Bei mir war aufgeführt: *Bauer Frederic Meews, Puttgarden, Langloop 16.*

Der Abschied von Mutter ist mir sehr schwergefallen. Ich hatte einen großen Kloß im Hals, aber weinen wollte ich nicht. Als wir abfuhren, habe ich lange gewunken und den Klüt'n im Hals heruntergeschluckt, dann rollten doch die Tränen. Vielen Kindern erging es ebenso. Der uns begleitende Lehrer forderte uns auf, ein Lied zu singen, da wurden die Augen bald wieder trocken.

Wir Jungen und Mädchen aus ganz Hamburg waren gespannt auf die Insel Fehmarn. Auf der Fahrt nach Heiligenhafen wurden nur noch Seeräuber-Geschichten erzählt, einer konnte mehr lügen als der andere – hinterher mußten wir alle herzhaft lachen. Das Einschiffen an Bord verlief planmäßig, die Überfahrt war nicht so angenehm, eher stürmisch. Ein Schüler mußte sich übergeben, ein anderer machte in die Hose. Auf der Fähre hatte man uns ermahnt, bei der Ankunft auf der Insel zusammenzubleiben. Wir sollten gleich am Pier verteilt werden, unsere Ferieneltern warteten dort auf uns. Ein Lehrer begann: „Wenn wir dort ausschiffen ..." Er wurde unterbrochen von einem Schüler, der erklärte: „Ich gehe jetzt zum Ausschiffen!" – Alle lachten.

In Burg auf Fehmarn stiegen wir aus. Dabei mußte ich auf meinen Rama-Margarine-Karton aufpassen, damit er mir nicht gestohlen wurde. Darin befand sich meine ganze Feriengarderobe und auch Bücher. Nun wurde ich aufgerufen, und der Lehrer machte mich mit meinen Urlaubseltern bekannt. Der Bauer: „Ick bin Buar Meews, kannst mir verstehn? Oder mutt ick mit di Hoochdütsch snack'n?"

Darauf ich: „Nee, dat bruks du nich, ick kann ook Platt snack'n." Ich höre noch, wie er „Gott sei Dank!" brummelte. Mutter Meews hat mich gleich in den Arm genommen und an ihren großen Busen gedrückt, daß mir fast die Luft wegblieb. Sie habe sich immer so einen schönen großen Jungen wie mich gewünscht, sagte sie. Leider sei dieser Wunsch nicht in Erfüllung gegangen. Ihre 14jährige Tochter tobe allerdings wie ein Junge herum.

Die „Deern" lernte ich beim Abendessen kennen. Sie gefiel mir gut, weil sie entgegen meinen Befürchtungen sehr natürlich und überhaupt nicht „überkandidelt" war. Meine Ferienmutter hatte Bratkartoffeln zubereitet, aber ganz anders als bei uns zu Hause. Bratkartoffeln und Mehlklöße waren ganz klein geschnitten und in Speck gebraten – köstlich! Die Bratpfanne hatte keinen Stiel, sondern zwei Haltegriffe und einen Durchmesser von über 50 Zentimetern! Sie stand mitten auf dem Tisch, und wir saßen alle mit der Gabel in der Hand herum: Vater Meews, Mutter Meews, der Großknecht Willem, Tochter Nora und ich. Gemeinsam pickten wir die Bratkartoffeln aus der Riesenpfanne heraus. Nora und ich kamen uns mit den Gabeln manchmal ins Gehege. Wir haben dabei viel gelacht.

Mein Zimmer lag auf dem Dachboden. Die Einrichtung bestand aus einem Bett mit Strohmatratze, einem buntbemalten Schrank, einem Nachtschrank und einem wackeligen Stuhl. Mutter Meews hatte meinen Rama-Pappkarton bereits ausgepackt und den Inhalt in den Schrank eingeräumt. Um 21 Uhr stieg ich mit einem Gute-Nacht-Kuß von Mutter Meews ins Bett. Sie war lieb zu mir und ich schloß sie sofort ins Herz, aber Nora auch. Todmüde schlief ich mit Gedanken an zu Hause und an meine Mutter ein.

Mitten in der Nacht weckte mich eine muhende Kuh. Ich erschrak, wollte mich aufsetzen und stieß mir dabei den Kopf am Dachbalken. Im Halbschlaf wußte ich gar nicht, wo ich mich befand. Am nächsten Morgen, es war schon hell, hörte ich Holzpantoffeln auf der Bodentreppe klappern. Mutter Meews klopfte an meine Tür und rief: „Aufstehen, mein Junge! Wir wollen um neun Uhr auf dem Feld sein, Kartoffeln roden. Waschen und Zähne putzen kannst du in der Waschküche, das Klo ist im Schweinestall!"

Ich sprang aus dem Bett, glitt in die Turnhose, lief barfuß die Treppe hinunter und hinein die Waschküche. Erschrokken verharrte ich in der Tür: Da stand Nora – nur im Schlüpfer – und wusch sich! Ich entschuldigte mich und wollte wieder hinausgehen, da rief sie mir zu: „Bliev man, du kanns mi nix avkiek'n, is allns fast anwuss' n!" – „Bleib' ruhig hier. Du kannst mir nichts abgucken, ist alles fest angewachsen!"

Nun, ich bin gerne geblieben und habe sehr oft hinübergeblinzelt! Ich glaube, sie wusch sich zum zweiten Mal. Fortan hatte ich jeden Morgen die Freude und Qual, Nora beim Waschen beobachten zu können: wie die Brüste bei jeder Bewegung auf- und abhüpften ...

Darüberhinaus geschah nichts. Mutter Meews schaute ja auch alle Augenblicke herein. Sie hat aufgepaßt, daß Nora mich nicht verführte oder umgekehrt. Manchmal lieferten wir uns Wasserschlachten, so daß wir beide hinterher trockene Wäsche anziehen mußten.

Die ersten 14 Tage liefen wir hinter dem Kartoffelroder her, sammelten die Knollen in den Korb und kippten ihn auf dem Wagen aus. Der wurde von zwei Pferden gezogen, ein einzelnes Pferd zog den Roder. Bauer Meews besaß keinen Traktor. So einen „Stinker und Krachmacher" wolle er nicht haben, ihm genügten Pferde und Ochsen als Zugtiere.

In der dritten und letzten Woche sollte Korn gedroschen werden. Die große Dreschmaschine wurde damals schon mit elektrischem Transformator und Lederriemen angetrieben.

Es war ein furchtbarer Lärm. Die Garben wurden von Knecht Johann von oben in die Dreschmaschine hineingeworfen, unten rieselte das Korn gleich in die Säcke. Diese Maschine hat mich sehr interessiert, nur vor dem breiten Antriebsriemen hatte ich Angst. Die ganze Woche über arbeiteten wir auf diese Weise, mit viel Gesang und Spaß, bis Bauer Meews am Freitag sagte: „Samsdag ward nich arbeit. Sünndag hebbt wi Erntefest! "

Alle Fahrzeuge wurden mit Blumen, Strohgarben und bunten Bändern geschmückt, das kannte ich von Wilhelmsburg her. Mutter Meews fragte nach dem Mittagessen: „Junge, willst du mit mir zum Marktplatz kommen? Dort werden heute nachmittag alle Jungfern gekürt und die Erntekönigin wird gewählt, unsere Nora ist auch dabei."

Nora und ich waren in den drei Wochen gute Freunde geworden, aber davon hatte sie mir nichts erzählt. Natürlich ging ich mit! War das ein Lärm und Palaver, mit Reden vom Pastor und Bürgermeister! Die Feuerwehrkapelle spielte einen Marsch nach dem anderen. Alle jungen Mädchen im Alter von 14 bis 21 Jahren wurden von oben bis unten besehen, was mich an zu Hause erinnerte, wenn der Fleischbeschauer beim Schlachtfest erschien.

Als das Ergebnis feststand, bin ich vor Freude aufgesprungen: Unsere diesjährige Erntekönigin hieß Nora Meews!

Mutter Meews rief: „Oh, du mein Gott!" Sie umarmte und drückte mich fest an ihre Brust. Als ich wieder Luft bekam und zur Bühne sah, hatte Nora schon die Erntekrone auf dem Kopf. Wir gingen zu ihr nach vorn. Wie stolz waren wir auf unsere Nora! Als ihre Mutter sie losließ, habe ich ihr auch einen Kuß gegeben. Dabei ist die Erntekrone vom Kopf gefallen, aber was machte das schon? Es war das erste und das letzte Mal, daß ich eine Königin geküßt habe.

Wieder zu Hause, ließ Bauer Meews vor Freude und Stolz alles auffahren, was die Speisekammer hergab. Im Nu füllten sich die Räume. Das halbe Dorf war mitgekommen. So-

gleich bereitete man in der Scheune den Wagen für die Erntekönigin vor. Zwei Pferde wurden gestriegelt, das Pferdege-
schirr geputzt. Mir war es zuviel Trubel und Durcheinander,
da bin ich leise in meiner Bodenkammer verschwunden. In
dieser Nacht habe ich vor Aufregung kaum geschlafen.

Am anderen Morgen mußte mich niemand wecken. Bereits um 7 Uhr stand ich im Hof und bewunderte den Wagen, auf dem die Erntekönigin sitzen sollte. Alles, was der
liebe Gott hatte wachsen lassen, war auf dem Wagen dekoriert. Inmitten von Gurken, Riesenkürbis, Radieschen, Kohl
und Rüben stand ein Polsterstuhl für die Erntekönigin.

Beim gemeinsamen Frühstück war Nora schon festlich
gekleidet. Sie trug eine Bauerntracht der Insel. Um 9 Uhr
wurden wir von der Feuerwehrkapelle, vom Trommler und
Pfeifenchor des Turnvereins abgeholt. Auf dem Kutschbock
saßen Bauer Meews mit seiner Frau, ich dazwischen. Immer
wieder drehte ich den Kopf nach hinten, um Nora zwischen
dem ganzen Gemüse zu bewundern. Ich fühlte mich, als sei
ich der Prinz, der dazugehörte. An der Kirche hielt unser
Wagen an. Die gesamte Dekoration und auch etliche Korn-
garben wurden nun in die Kirche geschleppt und am Altar
und um die Kanzel herum wieder aufgebaut. Dazu spielte
die Feuerwehrkapelle, deren uniformierte Mitglieder in der
prallen Sonne ordentlich ins Schwitzen gerieten. Niemand
hatte daran gedacht, für sie etwas zu trinken mitzubringen.

Die schöne Kirche aus dem 12. Jahrhundert war über und
über mit Blumen geschmückt. An einem Kronleuchter hatte
man eine riesige Erntekrone angebracht, die bestimmt einen Meter Durchmesser hatte. Vor jeder Sitzreihe befand
sich eine hübsch bemalte halbe Tür. Beim Auf- und Zuma-
chen quietschten die Türen laut. „Die alten eisernen Schar-
niere müßten wieder einmal geölt werden", dachte ich, hörte auch noch, wie der Pastor, ein älterer Herr mit dem bärti-
gen Gesicht eines Seemannes, mit den zehn Geboten begann
und dann mit Blick auf die hereingebrachten Feldfrüchte an-

ordnete: „Was hier vor unserer Kanzel aufgebaut ist, geht wie alle Jahre an unsere arme Bevölkerung. Unser Herrgott hat uns auch in diesem Jahr wieder reich beschenkt, der Herr segne euch und euren Fleiß bei der Ernte ...“

Wie es weiterging, weiß ich nicht mehr: In Mutter Meews Arm verschlief ich den ganzen Gottesdienst. Kurz vor dem Abendmahl wurde ich geweckt und hörte gerade noch: „Ehre sei Gott in der Höhe und den Menschen ein Wohlgefallen!“ Beim abschließenden „Lobet den Herrn“ war ich immer noch müde, bis die Orgel mich schließlich wach machte.

Mit dem Wagen der Erntekönigin fuhren wir nach Hause. Dort wurde mit vielen mir fremden Menschen weitergefeiert. Nora und ich sind in meiner Bodenkammer verschwunden und haben „Mensch ärgere dich nicht“ gespielt. Wir waren zu schüchtern, uns unsere Gefühle zu zeigen, und wir waren traurig, weil ich am Montag wieder nach Hause fahren mußte, die Schulferien waren zu Ende. Beim gemeinsamen Abendessen wollte auch keine rechte Stimmung aufkommen, ich bin anschließend gleich ins Bett gegangen.

Am nächsten Morgen forderte mich meine Ferienmutter auf: „Komm, mein Junge, stell' dich mal auf die Waage, ich will doch wissen, wieviel du zugenommen hast!“

Wir waren platt: Ich hatte in diesen drei Wochen ganze drei Kilo zugenommen! Mutter Meews nahm mich in den Arm und drückt mich wieder ganz fest. Dann gab sie mir einen Kuß. „Eine größere Freude hättest du mir nicht machen können!“ sagte sie und wischte sich dabei mit dem Schürzenzipfel die Tränen aus den Augen. „Wie schade, daß du nach dem Mittagessen schon abgeholt wirst.“

Der Abschied fiel uns allen sehr schwer. Mutter Meews und Nora weinten um die Wette und ich mit. Ja, es war sehr traurig. Wir haben uns noch über ein Jahr geschrieben, dann brach der Kontakt ab. Meine Erntekönigin Nora und den Urlaub auf Fehmarn habe ich aber nie vergessen!

[Tostedt bei Buchholz, nahe Hamburg, Niedersachsen;
November 1925–1938, 1945]

Erika Haß

„Was habe ich ihm nur getan?"

Als ich am 16. November 1925 zehn Jahre alt wurde, mußte
ich morgens um 5 Uhr in den Kuhstall und zwei Kühe melken. Da ich aber nicht ausgeschlafen hatte, legte ich den Kopf
beim Melken an den Bauch der Kuh und schlief dabei ein.
Erschrocken wachte ich auf, als mein Vater zornig schreiend
vor mir stand. Ich wußte gar nicht, wo ich war! „Mit zehn
Jahren mußte ich Kühe melken, und nun mußt du das auch!"
fuhr er mich an und schlug mich.

„Was habe ich ihm nur getan?", fragte ich meine Mutter,
„warum ist der Vater so herzlos zu mir?"

Wir haben beide geweint. Mutter versuchte, mich zu trösten. Sie erzählte mir vom Krieg und wie schwer es damals
für sie ganz allein auf dem Hof war. Der Vater war im August 1914 nach Rußland abkommandiert worden. 1918 kam
er wieder und mußte auf Wunsch seines verstorbenen Vaters den verschuldeten Hof übernehmen. Früher war er
Musiker. Durch die ungewohnte schwere Landarbeit hatte
er die Hände voller Schwielen und konnte nun den Geigen-
bogen kaum noch halten. Mein Vater war sehr verbittert.
Die ganze Familie hatte darunter zu leiden.

Fortan mußte ich jeden Morgen um 6 Uhr im Stall die Kühe
melken, auch sonntags. Ich habe dabei geweint, weil ich so
müde war. Ich durfte nie ausschlafen! In der Schule war ich
unaufmerksam und bin während des Unterrichts eingenickt.

Meine Mitschülerinnen haben gelacht, mein Lehrer, Herr Marwede, wurde aufmerksam. Er fragte mich, warum ich immer todmüde sei, ob ich nicht genug Schlaf bekäme?

Ich hatte großes Vertrauen zu meinem Lehrer. Der war sehr verwundert, als ich ihm meinen Tagesablauf schilderte. Herr Marwede hat sofort mit meiner Mutter gesprochen, die alles bestätigte, was ich ihm anvertraut hatte. Doch sie konnte sich beim Vater nicht durchsetzen und so blieb alles beim Alten, am Verhalten meines Vaters änderte sich nichts! Vielmehr zwang er mich, nun auch noch den Schweine- und den Pferdestall auszumisten. Ich hatte kaum noch freie Zeit für die Schularbeiten, hatte keine ruhige Minute mehr!

Ich war die Älteste von drei Kindern. Mein Bruder Johannes und Schwester Luise waren drei und vier Jahre jünger. Sie brauchten nicht zu arbeiten und durften spielen wie alle anderen Kinder auch.

Die einzigen schönen Stunden habe ich als Jungmädel im Bund Deutscher Mädel bei Spiel und Sport erlebt. Mein Vater war Mitglied der NSDAP, und ich mußte in den BDM eintreten, was ich auch gerne getan habe. Zudem war ich die Kleinste in der Schulklasse, später auch im Konfirmandenunterricht. Ich war nur 1,30 m groß. Sonntags mußte ich noch vor dem Kirchgang den Kuhstall ausmisten. In der Kirche und auch beim Konfirmanden-Unterricht bin ich natürlich wieder eingeschlafen. Der Pastor hat es gemerkt, weil die anderen Konfirmanden tuschelten und feixten. Nach dem Unterricht hat er mich gefragt, warum ich immer so müde sei. Ich erzählte dem Pastor alles. Der wollte das nicht glauben und ließ meinen Vater holen. Danach wurde es besser, ich wurde weniger schikaniert. Aber es hat nicht lange gedauert, dann ging der Ärger wieder los.

Kurz vor der Schulentlassung mußte ich bereits Männerarbeit verrichten: Mit dem Ackerwagen, Pflug und Egge waren aufgeladen, fuhr ich zum Pflügen. Die Lotte, unser Pferd, habe ich oft umarmt, wenn ich nicht weiter wußte, und da-

bei mit ihr gesprochen auch mit ihr. Manchmal hat sie laut
gewiehert. Ich glaube, sie hat mich verstanden. Auf dem Weg
zum Feld mußte ich stets einen Eimer, Handfeger und Schaufel mitnehmen, um die Pferdeäpfel aufzusammeln und anschließend auf dem Acker zu verteilen. Mit der Zeit habe ich
es abgepaßt: sobald Lotte den Schwanz hochhielt, hatte ich
den Eimer parat. So brauchte ich nicht vom Wagen herunter
und alles auffegen. Mein Vater ist mit dem Fahrrad oft hin-
terhergefahren. Sah er Pferdemist auf der Straße liegen, bekam ich die Peitsche zu spüren. Ja, er war ein Teufel in Men-
schengestalt!

Kam ein Gewitter auf, mußte ich auf dem Acker bleiben
und weiterarbeiten. Ich hatte dabei furchtbare Angst! War
niemand zu sehen, habe ich mich in eine Ackerfurche gelegt
und gewartet, bis es vorüber war. Total durchnäßt setzte ich
die Arbeit fort. Mein Körper war verdreckt vom Ackerbo-
den, oftmals habe ich mich dabei wundgelaufen, aber klagen
durfte ich nicht! Sobald der Pflug auf einen größeren Stein
traf, hat mich der Pflug auf den Acker geworfen. Ich war
doch zu klein und hatte zu wenig Körpergewicht, um mich
dagegenstemmen zu können. Auch mein Beten hat nicht geholfen. Ich war immer voller Angst. Wenn mein Vater dabei
war, gab es gleich Hiebe mit der Peitsche. In der Kirche war
er einer der ganz Frommen, ein Scheinheiliger, so meine ich.
Gemeinsam mit anderen hat er oft in der Kirche musiziert.
Er war auch Chorleiter des Kirchenchors in Tostedt.

Weil ich durch die schwere körperliche Arbeit ständig müde
war, bin ich in der Schule nicht mitgekommen. Als ich dann
hörte, daß ich die Volksschule ein Jahr länger besuchen sollte, war ich damit einverstanden. Da brauchte ich wenigstens
vormittags nicht zu arbeiten. Meine Mutter hat mich immer
in Schutz genommen, wir haben oft zusammen geweint. Wie
glücklich waren wir, wenn der Vater außer Haus musizierte!

Weiße Brötchen oder Rundstücke kamen bei uns niemals
auf den Tisch, es gab nur Schwarzbrot. Das sei sehr gesund

Eine Erinnerung an meine Konfirmation 1931 in Testedt. Ich bin die Kleinste in der zweiten Reihe von unten, das fünfte Mädchen von links.

und auch gut für die Zähne, meinte der Vater. Ich wußte aber, daß er oben und unten schon die dritten Zähne hatte! Ich habe gerne mal ein Stück Kuchen oder Kekse gegessen, wie andere Kinder auch. So etwas hat es nur gegeben, wenn der Vater nicht im Hause war.

Wir besaßen auch schon ein Radiogerät, einen Volksempfänger. Der durfte aber nicht angestellt werden, weil er Strom verbrauchte. Nur der Vater schaltete ihn ein, um Nachrichten zu hören. Wenn er zu Hochzeiten oder anderen großen Festen aufspielen mußte, hat unsere Mutter Kuchen gebakken, und wir Kinder haben Märchenstunde im Radio gehört.

Nach der Schulentlassung arbeitete ich beim Schlachter Matthies als Kindermädchen. Den Lohn für diese Tätigkeit hat mein Vater am Ersten eines jeden Monats abgeholt. Ich war froh, daß ich von zu Hause weg war, nun war jeder neue Tag ein Festtag für mich – auch wenn ich vom Verdienst nichts erhielt. Der Vater kaufte mir an Bekleidung nur das Nötigste, ich bekam aber viele Sachen geschenkt, weil ich fleißig und ehrlich war. Auf dem Hof mußte nun mein Bruder die Kühe melken, die Ställe ausmisten und die Tiere versorgen. Bargeld war kaum im Hause. Noch immer mußten die auf dem Hof liegenden Schulden abgetragen werden. Ich habe das nie ganz verstanden.

Inzwischen hatte ich einen Schornsteinfeger aus Buchholz kennengelernt. Ich verliebte mich in ihn und wollte Anfang 1938 heiraten, auch, um ganz von zu Hause wegzukommen. Herr Schirmer, der Amtsdiener des Amtsgerichtes in Tostedt, sagte mir: „Erika, komme bitte zu mir, bevor ihr das Aufgebot bestellt, denn ich habe dir noch Wichtiges zu berichten!"

Dies konnte er leider nicht mehr, weil er kurz darauf starb. Für das Aufgebot mußte ich meine Geburtsurkunde vorlegen. Als ich Mutter danach fragte, war sie erst sehr verlegen. Schließlich suchte sie ein Foto heraus und gab es mir mit den Worten: „Kannst du dich erinnern? Als dich der Vater wieder einmal gequält hatte, habe ich dir doch von einem

1930 errang ich bei den Reichsjugendwettkämpfen einen Sieg
im 100-Meter-Lauf. Als Auszeichnung bekam ich diese Urkunde,
sie trägt die Unterschrift von Reichspräsident von Hindenburg.

belgischen Kriegsgefangenen erzählt, der während des Krieges unseren Hof versorgte. Ich zeigte dir das Bild von ihm und sagte: ‚Diesem Mann hast du dein Leben zu verdanken.'"

Mit zehn Jahren hatte ich das noch nicht verstanden. Als ich nun das Foto in meinen Händen hielt, durchfuhr mich ein Schauer: Diese Ähnlichkeit! Erst jetzt begriff ich, daß dies mein richtiger Vater war! – Denn mein (Stief)Vater hat während des Krieges niemals Urlaub gehabt!

Meine Kindheit und Jugend waren von schwerer Arbeit auf dem Feld und auf dem Hof geprägt. Auf diesem Foto bin ich bereits 18 Jahre alt.

Den Hof hat später mein Bruder Johannes übernommen. Als der Zweite Weltkrieg ausbrach, wurde auch mein Mann eingezogen. Er kam nicht wieder. Als der Krieg fast zu Ende war, stand eines Tages ein kriegsversehrter Witwer vor meiner Tür und bat um ein Quartier. So begann mein Glück.

Diese Geschichte hat Erika Haß zweiter Mann, Ernst Haß, aufgeschrieben.

[Pieschen, Stadtteil von Dresden, und Boxdorf bei
Moritzburg, Sachsen – Jena, Thüringen
1921–1929 / April 1945)

Erich Franze

Mein Freund Ing-ing

Ing-ing war kein Chinese! Mein Freund Ing-ing war einer
von den Jungen in meinem Heimatort Pieschen, die dort in
die Schule gingen, miteinander spielten oder balgten und gelegentlich Dummheiten machten.

In unserer Häuserzeile hatte sich eine Gruppe von acht
bis zehn Jungen gebildet. Fast jeder bekam einen Spitznamen. In unserer „Bande" gab es fünf Kurts. Die mußten un-
terschieden werden. Beckerts Kurt hieß bei uns Backe. Familie Müller aus dem Haus Nr. 70 hatte fast ein Dutzend
Töchter, aber nur einen Jungen – und der hieß Kurt. Wir
nannten ihn nur Mullci.

Mitunter klang ein Spitzname nicht sehr freundlich. Das
mußte auch Hennigs Kurt spüren. Er war machtlos gegen
seinen geizigen Vater, der ihm den Kopf kahl schor, um die
paar Groschen für einen vernünftigen Haarschnitt beim
Barbier einzusparen. So nannten wir ihn „Glatze". Bedeu-
tend besser kam Krauses Kurt davon. Seine Mutter pflegte
sein Haar mit dem widerspenstigen Wirbel liebevoll. Dieser
Haarwirbel wurde sein Markenzeichen. „Wirbelkopp" klang
immerhin freundlicher als Glatze.

Wie kam nun der Ing-ing zu seinem merkwürdigen Spitznamen?

Kurt Stölzer, wie er richtig hieß, lachte oft und fröhlich
mit silbernem Klang. Wenn sein Lachen ausklang, so hörte

es sich an wie „inging" – jedenfalls für mich. „Du bist für mich der Ing-ing", beschloß ich deshalb eines Tages. Der Name Ing-ing ging von Mund zu Mund und wurde populär, nicht nur in unserer Häuserzeile. Auch in der Schule. Sein Lehrer stutzte und fragte belustigt: „Ing-ing, das klingt doch chinesisch. Wie kommst du zu diesem Namen?"

Erklären konnte Kurt es nicht. Seine Familie maulte: „Was soll der Quatsch?" – „Wer hat diesen Unfug ausgeheckt?"

Ing-ing selbst gefiel sich als solcher. Wenn er einmal mit seinem eigentlichen Namen Kurt gerufen wurde, stellte er sich taub.

Ing-ing wurde mein Freund. Er war fast zwei Jahre jünger und etwas kleiner als ich, aber ein richtiger Kerl! Ich war immer vorsichtig, behutsam, beinahe furchtsam. Er hingegen tapfer, lustig, kämpferisch: Gegensätze, die sich anzogen. Ing-ing schmeichelte nicht. Er konnte richtig zornig werden und nannte mich „Kamel" oder „Saftnase", wenn ich seiner Meinung nach etwas Dummes angestellt hatte. Aber ich spürte, er war stets ehrlich um mich besorgt. Wenn ich mit Grippe im Bett lag, besuchte mich Ing-ing aller Ansteckungsgefahr zum Trotz. Er setzte sich zu mir ans Bett und las mir aus den beliebten Groschenheften vor, wie der Meisterdetektiv Percy Stuart den Schwerverbrecher MacHollister zur Strecke brachte. Auch wenn ich zu Stubenarrest verdonnert war, kam Ing-ing, um mir beizustehen und „Begnadigung" zu erbitten. Weil er bei meinen Eltern beliebt war, hatte seine Fürsprache zumeist Erfolg.

Eine weitere Gemeinsamkeit ergab sich aus dem Unterricht im Geigenspiel. Der Musiklehrer, zweiter Geiger in einer Tanzkapelle, kam ins Haus. Wir lernten von ihm die ersten Handgriffe auf dem Instrument. Notenlehre und Musiktheorie gehörten zum Unterricht. Die Tonleiter, so wurden wir belehrt, ist eine Oktave, und die vier Saiten der Geige mußten quintenrein gestimmt sein. Der Geigenlehrer achtete auch darauf, daß unsere Fingernägel kurz gehalten waren, um die Saiten zu schonen. Nach Ablauf der Unterrichtsstunde bekam er keinen Lohn, sondern seine „Gage".

Ing-ings Geigenstunde hatte für den Geigenlehrer noch einen Nebenzweck: Ing-ings drei Schwestern waren zwischen 15 und 20 Jahre jung und sehr hübsch. Daß der Musikus sich immer weniger mit seinem Schüler Ing-ing, dafür um so mehr mit den drei Schwestern befaßte, bemerkte nicht nur der Bruder, der genauso in den Anfängen des Geigenspiels steckenblieb wie ich. Mit dem Geigenunterricht war es darum bald vorbei. Unsere Eltern wollten kein Geld aus dem Fenster werfen.

Uns war es recht, abenteuerlichere Dinge lockten. Zum Beispiel der Felsenteich bei Boxdorf. Kein eigentlicher Teich, sondern ein stillgelegter Steinbruch, in dem sich Grundwasser sammelte. Das Wasser war sauber und auch im heißesten Sommer eiskalt. Ein kaum noch lesbares Schild, an einen Baum genagelt, verkündete: „Das Baden ist hier streng verboten! Lebensgefahr!"

Im Wasser tummelten sich Frösche, und auf den Felsvorsprüngen sonnten sich Salamander. Um einen Frosch zu fangen, mußte man über den steinigen glitschigen Untergrund ins Wasser steigen. Vier bis fünf Meter tief sollte die ehemalige Fördergrube sein! Wer von uns war Schwimmer?

Egal, ein Frosch mußte her! Mullei zog Schuhe und Strümpfe aus und stand bis zu den Knien im eiskalten Wasser. Glatze hielt ihm einen Ast hin, an dem er sich festhalten konnte. Die Frösche warteten nicht darauf, von uns gefangen zu werden. Husch-husch – tauchten sie ab und verschwanden. Doch eines der Tiere versteckte sich an der Steilwand unter einem Grasbüschel, dieses Exemplar wollte sich Mullei holen. Er streckte sich nach dem Grasbüschel. Das riß ab, der Frosch sprang in hohem Bogen ins rettende Naß, Mullei verlor den Halt und klatschte rücklings ins Wasser. An einem griffigen Felsstück konnte er sich glücklicherweise erst einmal festhalten.

Ing-ing, der an der Felswand Jagd auf Salamander und Eidechsen gemacht hatte, erkannte den Ernst der Situation. Er sprang herbei, um Mullei zu helfen. Zusammen beugten wir uns tief, faßten Mullei unter die Achseln und zogen ihn mit vereinter Kraft aus dem Wasser. Geschafft!

Klitschnaß und zähneklappernd bot Mullei ein jammervolles Bild. Zudem hatte sich die Maisonne hinter dicken Wolken verkrochen, und durch den Lumpengrund, wie diese Gegend genannt wurde, säuselte ein sehr kühles Lüftchen. Was sollten wir tun?

Ing-ing nahm mich beiseite. „Was meinst du, Erle, ob uns die Gänsefrau hilft?" – Ein guter Gedanke!

Vor einigen Wochen hatten wir hier am Felsenteich schon einmal eine sehr dumme Sache ausgeheckt. Ein halbes Dutzend Gänse hockte an diesem Nachmittag „faul" herum. Wir meinten, die gehörten ins Wasser. Widerstandslos ließen sich die Tiere von uns hineinwerfen. Schnatternd und flatternd kamen sie wieder heraus. Wir jagten sie erneut hinein. Das Spiel wiederholte sich mehrmals, weil es uns Spaß machte. Den Gänsen weniger. Nach einer Weile fiel uns auf, daß nur noch drei Gänse herumwatschelten. Wo waren die anderen?

Wir erschraken, als wir die fehlenden Gänse mit langgestreckten Hälsen im Wasser liegen sahen. Da kam ein Junge angerannt, der die Gänse zu hüten hatte. Er bekam schreckliche Angst. „Hoffentlich sind sie nicht tot", jammerte er. „Die gehören meiner Großmutter".

Ing-ing griff zu und zog die vor Kälte steifen Tiere aus dem Wasser. Schleunigst brachten wir sie zu der Großmutter. Die alte Frau schluchzte fassungslos, als sie die vermeintlich leblosen Gänse sah. Doch in der Küche am warmen Ofen erholten sie sich allmählich. Überglücklich bedankte sich die gute Frau bei uns. Wir ließen sie in dem Glauben, daß die Gänse durch uns vor dem sicheren Tod bewahrt wurden. Ihr Enkelsohn als Gänsehüter hatte auch kein reines Gewissen und schwieg dazu.

Nun klopften wir mit dem klitschnassen und durchgefrorenen Mullei wieder bei ihr an. Wir freuten uns, wie sie ihm das nasse Zeug vom Leibe zog und ihn mit einem Frottiertuch trockenrieb. Dazu bekam er einen heißen Lindenblütentee. Hemd und Hose hingen eine Weile am Ofen, wurden warm, aber nicht trocken. Was half es?

Mullei schlüpfte wieder hinein. Es war schon spät am Abend, und wir mußten uns beeilen, nach Hause zu kommen. Dankend verabschiedeten wir uns von der lieben Gänsefrau. Nach einem halbstündigen Dauerlauf unter Ing-ings Kommando kamen wir japsend und verschwitzt zu Hause an. Mullei ging es wie den Gänsen: Auch er hatte sich erholt. Dank des beherzten Eingreifens meines Freundes war nichts weiter passiert.

Ing-ing hatte schon oft bewiesen, daß er das Herz am richtigen Fleck trug. Er war von Natur aus ein Kamerad. Ich erinnere mich an eine Szene bei einer Wanderung. Ein Bursche war mit dabei, den wir nur flüchtig kannten. Er hieß Willy. Willy wollte bei der Rast sein Frühstücksbrot zurechtschneiden und hantierte etwas prahlerisch mit seinem Taschenmesser. Warum er es mit offener Klinge an den Mund führte, war nicht nachvollziehbar. Plötzlich schrie er fürchterlich! Schreie aus Angst und vor Schmerz. Die scharfe Klinge war ausgerastet und hatte ihm die Unterlippe zerschnitten. Ing-ing griff geistesgegenwärtig und rechtzeitig zu. Es gelang ihm, seinen Daumen unter die Klinge zu schieben, damit sie nicht zuschnappen konnte. So war es möglich, das Taschenmesser vom Mund des Jungen wegzuziehen, ohne die Lippe weiter zu verletzen. Über die Schnittwunde an seinem Daumen verlor Ing-ing kein Wort.

Die Fahrradtour

Innerhalb unserer Truppe veränderte sich jetzt einiges. Die Fahrradfahrer gaben neuerdings den Ton an. Ing-ing, sein Bruder und ich gehörten dazu. Wir waren stolze Besitzer.

Von den anderen konnte sich dieser oder jener hin und wieder mal eines borgen, aber damit war unsere Truppe geteilt. Wer kein Fahrrad besaß oder sich keines ausleihen konnte, hatte das Nachsehen.

Neid kam auf. Die Fahrradbesitzer fummelten an ihren „Mühlen", putzten, ölten oder bauten an der Beleuchtung. Die anderen lümmelten gelangweilt herum. Das gefiel uns überhaupt nicht. Und so plante Ing-ing für die Sommerferien eine Radtour nach Moritzburg, an der alle Mitglieder unserer Bande teilnehmen sollten. Er erzählte Herrn Mütze davon. Der wohnte im selben Haus wie Ing-ing und war Mitglied im „Allgemeinen Radfahrer-Bund". Herr Mütze warnte vor einer solchen Tour: „Die Jungs haben doch keine Kenntnisse im Gruppefahren. Dazu die kurvenreiche Strecke mit den Autos. Das ist sehr gefährlich!"

Diesen Hinweis nahmen Ing-ings Eltern sehr ernst und untersagten die Radtour. In unserem Zorn auf Herrn Mütze beschlossen wir, uns bei ihm zu beschweren, ihm zu sagen, daß wir uns nicht wie kleine Kinder behandeln lassen wollten. Herr Mütze hörte uns freundlich und geduldig zu. Dann sagte er: „Die Fahrt nach Moritzburg ist keine Weltreise, die rund 15 Kilometer sind keine Rekordstrecke. Aber was macht ihr bei einer Reifenpanne? Könnt ihr denn mit Flickzeug umgehen?"

Wir wurden nachdenklich und mußten Herrn Mütze recht geben. Am Ende schlug er vor, sich mit uns zu einer Inspektion zu treffen. Auf dem Sportplatz in der Schrebergartenkolonie prüfte Herr Mütze streng, aber gerecht, unsere Radfahrkünste. Beim Abbiegen, ob nach links oder rechts, mußte der Arm rechtwinklig und rechtzeitig die Änderung der Fahrtrichtung anzeigen. Der technische Zustand der Räder wurde kontrolliert. Herr Mütze zeigte uns, wie ein „Plattfuß" in Ordnung gebracht werden muß. Er war nicht damit einverstanden, wie Wirbelkopp mit der Luftpumpe umging. „Wer so losrammelt, kann die Ventildüse abbrechen", bemerkte er kritisch. „Dann steht man unterwegs da wie Max in der Sonne! Merkt euch das!"

Schließlich erfuhren wir, daß die bislang untersagte Radtour nach Moritzburg nun doch stattfinden sollte – in Begleitung von Herrn Mütze! Offenbar hatten ihn besorgte Eltern darum gebeten. Darüber gingen unter uns die Meinungen auseinander, als wir an unserer Straßenecke zusammentrafen. Wirbelkopp schimpfte: „Das wird doch wie der übliche Klassenlaatsch: Alles wird gemacht, wie es der Lehrer verlangt. Wir wollen doch unseren Spaß haben!"

„Mensch, Kerl, wir sollten froh sein, daß er uns geholfen hat!" hielt ihm Ing-ing entgegen. „Herr Mütze ist doch ein Pfundskerl. Ohne seine Hilfe wäre alles geplatzt. Keine Bange, der macht auch einen Spaß mit."

Am darauffolgenden Samstag, nachmittags um drei Uhr, waren alle pünktlich zur Stelle. Jeder aus unserer Truppe hatte eine „Mühle", einen „Schinder" oder „Drahtesel" da-

Ausflug zum Waldteich im Sommer 1920. Links meine Mutter, daneben Ing-Ing, dann ich und rechts mein Bruder.

Das Ziel unserer lang vorbereiteten Radtour war die Moritzburg, das ehemalige Jagdschloß der Wettiner, nördlich von Dresden.

bei. Dafür hatte unser Betreuer gesorgt. Wie vereinbart erschien jeder mit einem selbstgebastelten Papierhut. Auch an Herrn Mütze hatten wir gedacht. Wirbelkopps Mutter, die in einer Nähstube arbeitete, wollte eigentlich eine Kapitänsmütze anfertigen. Das war vielleicht ein Ungetüm! „Ein Mittelding zwischen Erdbeerschachtel und Kartoffelpuffer", meinte Herr Mütze grinsend, als ihm die Kopfbedeckung aufgesetzt wurde. „Und das bei dieser Affenhitze!"

Wahrhaft dicke Gewitterwolken verdunkelten den Augusthimmel, und in der Ferne rumpelte es verdächtig. Doch unberührt davon kommandierte er: „Los geht es! Abfahrt!"

Und dann, wie losgelassen, johlte die Meute im Chor:

> *„Mit Herrn Mütze an der Spitze*
> *fahr'n wir wie Gewitterblitze! –*
> *Mullei ist ein toller Sprinter*
> *auf dem rost'gen Zweirad-Schinder! –*
> *Von diesem strammen Fahrrad-Marsch*
> *gibt's einen bitterbösen Fahrrad-Arsch!"*

So kurvten wir lautstark durch Pieschen. Dabei war uns nicht aufgefallen, daß es bereits zu tröpfeln begann. Wir waren froh, am „Wilden Mann" – das ist ein Stadtteil von Dresden – in ein Wartehäuschen der Straßenbahn flüchten zu können, als uns mit Donnerkrach ein Platzregen überschüttete. Der Regen wurde etwas sanfter, aber dafür dauerhafter.

Skeptisch musterte unser Begleiter den Himmel und zeigte dann lachend auf seine tolle Kapitänsmütze. Ein triefender Mischmasch von Pappe und Papier. „Sieht aus wie ein beleidigter Hefekloß!"

In dieser Situation war Rückzug die einzige Möglichkeit. Ein neuer Vers wurde sofort gefunden:

> *„Mit Herrn Mütze an der Spitze*
> *fahren wir durch jede Pfütze!"*

Aber das klang schon nicht mehr so übermütig. Mit eingezogenen Köpfen radelten wir durch die Regenwand heimwärts und waren hinterher froh, daß wir vor unserer Haustür und nicht am Moritzburger Schloß standen. Ing-ing übernahm es, Herrn Mütze ein Dankeschön zu sagen.

Die Radtour nach Moritzburg oder zu einem anderen Ziel kam leider nicht mehr zustande. Unsere Truppe hatte sich verkleinert. Ing-ings Familie war nach Trachau verzogen. Die Freundschaft zwischen Ing-ing und mir sollte damit nicht zu Ende gehen, das war unsere stille Übereinkunft. Aber es war schon ein Unterschied, ob man Haus an Haus wohnte oder einen halbstündigen Weg zueinander hatte. Die gewohnten täglichen Begegnungen wurden seltener.

Unsere Wege trennen sich

Ein Jahr nach meiner Entlassung aus der Volksschule und dem Beginn der Berufsausbildung verließ auch mein Freund die Schule. Ich erlernte den Beruf eines Kaufmannsgehilfen, Ing-ing wollte Zimmermann werden. Diese Wendepunkte markierten das Ende unserer intensiven Freundschaft. Das

gelegentliche Beisammensein zur Sonntagswanderung oder
im Kino wurde seltener. Trafen wir uns zufällig, freuten wir
uns und tauschten unsere Erlebnisse aus.

In Deutschland bestimmte inzwischen der Hitler-Faschis-
mus das öffentliche Leben. Als ich wieder einmal mit Ing-
ing zusammentraf, erfuhr ich, daß er zum wiedereingeführ-
ten Wehrdienst deshalb noch nicht eingezogen wurde, weil
er in einem Rüstungsbetrieb arbeitete. 1939 wurde Ing-ing
als gelernter Zimmermann Soldat in einem Pionier-Batail-
lon. So verloren wir uns völlig aus den Augen.

Im April 1945, kurz vor Ende des Krieges, hatte es mich nach
Thüringen verschlagen. Ein Jahr zuvor war ich zur „Organisation Todt" dienstverpflichtet worden. Innerhalb dieses
paramilitärischen Verbandes fungierte ich als Hilfsarbeiter
für Notinstandsetzungen. Die Einheit, der ich zugeteilt war,
arbeitete an einer bombengeschädigten Brücke über die Saale
bei Jena. Am gegenüberliegenden Ufer des Flusses war eine
Lastwagenkolonne angekommen. Diese Pioniertruppe hatte
den Befehl, die beschädigte Brücke für den Rückzug deutscher Heeresverbände wieder befahrbar zu machen. Ein
Kahn wurde in den Fluß geschoben, dazu einige Baumstäm-
me, die als Stützpfeiler gebraucht wurden.

Ich stand abseits auf der Böschung und verfolgte interessiert die Arbeit der Pioniere. Da wollte mir plötzlich der Atem
stocken, ich traute meinen Augen nicht. Der Pioniersoldat,
der im schwankenden Kahn die Stämme anseilte, war das
etwa Ing-ing?

Er war mittelgroß und kräftig. Ja, so hatte ich meinen
Freund in Erinnerung. Er könnte es sein!

Ich rief, nein, ich schrie aus Leibeskräften: „Ing-ing!"

Mein Ruf übertönte das Gewühl und den Lärm der Bau-
stelle. Einige Hälse reckten sich. Und der Soldat im Kahn?

Mir schien, als habe er sich nach dem Rufer umgeschaut.
Schon setzte ich an, meinen Ruf zu wiederholen, da näherte

sich ein gefährliches Rauschen. Feindliche Jagdflieger im Tiefflug!

„Deckung! Deckung!" wurde gebrüllt, da erbebte auch schon die Erde. Fliegerbomben explodierten, Maschinengewehre peitschten ihre tödlichen Garben. Der Höllenspuk dauerte wenige Minuten. Als sich Feuerqualm und Staubwolken allmählich senkten, bot sich das gewohnte Bild mörderischer Zerstörung. Die Reste der Brücke waren nur noch Schutt und Trümmerbrocken. Menschenleben waren offenbar nicht zu beklagen. Oder doch?

Bei der LKW-Kolonne, die unter Baumgruppen getarnt von den feindlichen Fliegern nicht erkannt worden war, herrschte hektisches Treiben. Geräte und Baumaterial wurden eingesammelt und verladen. Ein Offizier, wahrscheinlich der Kommandeur des Pionierverbandes, fragte die um ihn versammelten Männer nach dem Verbleib eines Unteroffiziers. Den Namen verstand ich nicht, aber ich hörte ihn befehlen: „Stellen Sie fest, wo der Kahn geblieben ist!"

Dann trabten ein paar Männer am Flußufer entlang und ich vernahm entsetzt, wie sie wiederholt riefen: „Unteroffizier Stölzer! Unteroffizier Stölzer!"

Nach kurzer Zeit kam der Suchtrupp zurück. Ich konnte die Meldung an den Kommandeur hören. Der Kahn läge stark beschädigt etwa 300 Meter flußabwärts im Ufergestrüpp. Von Unteroffizier Stölzer fehle jede Spur. Für mich ergab sich die traurige Gewißheit: Der vermißte und mit Sicherheit getötete Soldat im Kahn an der zerstörten Brücke war kein anderer als mein Jugendfreund Ing-ing.

[Weimar – Kleinobringen – Heichelheim, Thüringen;
1926 – 1930]

Hildegard Kupko

Meine Liebe zum Fahrrad

Meine Leidenschaft für Fahrräder entdeckte ich als Sechs-
jährige. Onkel Adolf besaß ein solches Fortbewegungsmit-
tel: eine alte Karete, die er täglich benutze, um zu seiner
weit entfernten Arbeitsstelle zu gelangen. Wenn er uns in
Weimar besuchte und sich oben in der Wohnung mit meinen
Eltern unterhielt, ging ich runter in den Garten, „um Blumen zu gießen", wie ich vorgab. In Wahrheit nahm ich sein
Fahrrad und fuhr damit die Straße auf und ab. Dabei stellte
ich den rechten Fuß auf die linke Pedale und stieß mich mit
dem linken Fuß unermüdlich ab. Freilich habe ich auch versucht, das Gefährt mit beiden Beinen, durch den Rahmen
hindurch, in Bewegung zu setzen. Ich stürzte aber und zog
mir einige Schrammen zu. Also blieb es erst einmal beim
Abstoßen.

Mit etwa zehn Jahren hatte ich den Ehrgeiz, das Fahrradfahren richtig zu erlernen. Aber wer besaß ein Damenrad
und würde es mir zu diesem Zweck leihen? Hilda Börmel
aus Kleinobringen überließ mir ihr Rad manchmal, hielt mich
aber sicherheitshalber beim Fahren immer am Sattel fest.
Ich war trotzdem glücklich, wenn ich die Große – sie war
immerhin etwa zehn Jahre älter als ich – damit antraf.

Eines Tages waren meine Mutter und ich wie so oft in
Kleinobringen – wir hatten bis 1926 dort gelebt –, und ich
zog gleich los, um Hilda Börmel zu besuchen. Doch das Tor

war verschlossen. Ich hatte mich schon so auf das Fahrradfahren gefreut!

Da kam mir ein Gedanke: Ich ging zum Weidegarten, einem Nachbargrundstück, und kroch unter dem Gatter hindurch, das die Gärten trennte, aber auch über einen kleinen
Bach führte, den ich durchquerte. So gelangte ich zu Börmels Schuppen, in dem ich das Fahrrad wußte. Er war nicht
verschlossen, der Riegel war nur mit einem Stöckchen zuge-
macht. „Fein, prima!" jubelte ich, ergriff das Rad und schob
es unter dem Gatter hindurch, am Bach entlang in den Weidegarten. Von da aus fuhr ich die Dorfstraße hinauf zum Gasthof Lohse, in dem es einen großen Tanzsaal gab.

Keiner hatte mich beobachtet, niemand war auf der Straße oder auf dem Hof der Gaststätte Lohse. In aller Ruhe dreh-

*Der 1. April 1927 war
mein erster Schultag.
Mit sechs Jahren fuhr ich
manchmal heimlich mit
dem Herrenfahrrad
meines Onkels.*

te ich in dem Saal, dessen Tür ebenfalls nicht verschlossen war, meine Runden: erst nach meiner bewährten Methode mit einem Bein und Abstoßen mit dem anderen Fuß, dann setzte ich mich richtig auf den Sattel und trat mit beiden Pedalen. „Mein Gott", dachte ich, „jetzt kann ich doch endlich Fahrrad fahren!"

Ich fuhr hinaus auf die Straße nach Heichelheim und radelte los. Anfangs ging es wunderbar, doch die Straße endete in einem Feldweg mit Schottersteinen und Rinnen – und sie führte ziemlich stark bergab! Ich bekam Angst und versuchte, mit dem Rücktritt zu bremsen, was aber nicht funktionierte. Ich sauste weiter hinunter. Zu allem Unglück fehlte der Bremsgummi an der Handbremse. Immer schneller holperte Hildas Rad, ich verlor die Kontrolle – und sprang einfach ab. Einen Augenblick nach meiner Landung im Straßengraben krachte das Gefährt an einen dicken Apfelbaum und blieb liegen – dann herrschten Ruhe und Frieden um mich herum. An meinem Unterarm bemerkte ich eine blutende Schramme, sonst fehlte mir nichts. Sehr staubig war ich allerdings.

Schließlich rappelte ich mich auf und versuchte, das Rad aufzuheben, doch es gelang mir nicht: das Vorderrad war zu einer Acht verbogen. Sehr mühsam war es dann, das arg ramponierte Vehikel wieder durch den Weidegarten, durch den Bach und unter dem Gatter hindurch an seinen Platz im Schuppen zurückzubugsieren. Zum Glück hatte mich wiederum niemand gesehen, das Dorf schien wie ausgestorben. Den Schuppen verschloß ich sorgsam wieder mit dem Hölzchen und machte dann am Brauhausborn Rast, wusch meine Wunde und schüttelte den Staub aus den Kleidern.

Endlich fand ich mich bei meiner Mutter und Tante Else ein, die gemütlich beim Kaffee saßen. „Was hast du denn da am Arm?", fragte meine Mutter.

„Das ist nichts weiter, ich habe mich am Born ein bißchen geschrammt", erklärte ich. Meine Mutter war es gewöhnt,

Auf diesem Foto bin ich etwa zehn Jahre alt. In dieser Zeit verstärkte sich meine Begeisterung für das Fahrradfahren. Bis dahin schob ich den Puppenwagen mit meiner Puppe Inge durch die Gegend.

daß ich öfters mit Schrammen und Beulen nach Hause kam. Sie wußte auch, daß ich gerne am Born spielte, der in Stein gemauert die Quelle einfaßte.

Eine oder zwei Wochen später waren wir bei Börmels zu Besuch. Da erzählte Anna, Hildas Mutter, von dem Fahrrad, das auf ganz unerklärliche Weise plötzlich im Vorderrad eine Acht aufweise, obwohl es niemand in der Familie gefahren habe. Und in welch schmutzigem Zustand es gewesen sei ... Na, sowas aber auch! – Sie hat niemals erfahren, daß ich die Übeltäterin war, meine Mutter übrigens auch nicht.

Endlich, 1935, bekam ich ein eigenes Rad. Bis 1964 habe ich es jeden Tag benutzt – mit nicht nachlassender Leidenschaft. Aus gesundheitlichen Gründen mußte ich es schweren Herzens aufgeben. Wenn ich heute ältere Leute mit dem Fahrrad an mir vorbeiradeln sehe, werde ich immer noch neidisch.

Magda Riedel-Zehlke

Lehrer Ahrend hat Geburtstag

Der 7. Februar war für uns Schulkinder in Zepkow, Mecklenburg, fast wie ein Feiertag, und der des Jahres 1926 sollte allen lange in Erinnerung bleiben. Wir Kinder hatten uns schon wochenlang auf diesen Tag gefreut. Ich war acht Jahre alt und meine Schwester Irma sechs.

Der letzte langgezogene Ton des dürftigen Glockengebimmels der Dorfkirche war verklungen – ein Zeichen für uns, daß die Schule gleich anfing.

„Seid vorsichtig!" rief Großmutter uns nach, als wir das Haus verließen. „Auf dem Kopfsteinpflaster liegt noch Nachtfrost. Es ist sehr glatt!"

Das Schulgebäude bestand aus einem Klassenraum und der Lehrerwohnung. Für die 42 schulpflichtigen Kinder im Alter von sechs bis vierzehn Jahren stand nur ein einziger Lehrer zur Verfügung. Herr Ahrend war etwa 40 Jahre alt, ein angenehmer Mann. Von den Gemeindemitgliedern wurde er respektiert, von den Schülern geachtet. Der Rohrstock, der drohend hinter dem Pult lauerte, tat sein übriges.

„Wir gratulieren zum Geburtstag", schallte es im Chor aus vierzig jungen Kehlen.

„Setzt euch", antwortete der Lehrer mit einer leichten Handbewegung. Das übliche Kratzen der Griffel auf den Schiefertafeln setzte ein.

„Was soll das, Friedrich, warum fuchtelst du mit dem Zei-

Unsere Dorfschule in Zepkow, Mecklenburg, 1926. Lehrer Ahrend unterrichtete in einem Raum 42 Schüler im Alter von von sieben bis vierzehn Jahren. Ich bin die vierte von links in der ersten Reihe, rechts neben mir sitzt Friedrich Bub, der das Ferkel mitgebracht hat, und ganz rechts in dieser Reihe sitzt meine Schwester Irma.

gefinger in der Luft herum? Hast du noch etwas auf dem Herzen?"

„Herr Ahrend, uns Vadding hett gistern abend twelf swatte, lütte-Schornsteinfäger gräpen."

„Ich verstehe nicht, was hat er gräpen?"

Zuhause war das Plattdeutsche üblich, aber im Unterricht verlangte der Lehrer, daß die Kinder Hochdeutsch sprachen. Eine Stimme aus der letzten Bank übersetzte: „Friedrich Bub will sagen, daß ihre Sau gestern nacht zwölf schwarze Ferkel geworfen hat."

„Hier ist eines, Herr Lehrer, ich habe es mitgebracht!"

Damit zog der Junge einen Sack unter der Bank hervor, aus dem ein quietschendes, schwarzes Knäuel auf den Tisch rollte und heftig mit seinen vier Beinen zappelte.

Wie die Irrwische wirbelten die Schüler von den Bänken, mit Gekreische und Geschubse drängten sie sich hin zu dem kleinen Burschen und jeder versuchte, ihn zu streicheln. Das „Ah!" und „Oh, wie ist der süß!" drang bis auf die Straße, und das Ferkelchen grunzte wohlig dazu.

In dem Durcheinander hörte niemand, daß die lose in den Angeln hängende Tür aufgestoßen wurde. Einem wütenden Stier gleich kam Vater Bub hereingestürmt. Er schwenkte einen dicken, knorrigen Knüppel in der rechten Hand, und seine Mütze hing schief über einem Ohr. Er brüllte: „Da bist du ja, du infamer Bengel! Was hast du mit dem Ferkelchen vor? Man müßte dir gleich eins überziehen!"

„Ich wollte es doch unserem Lehrer zum Geburtstag schenken", greinte Friedrich.

„Ohne Muttermilch muß das Kleine sterben, das habe ich doch versucht, dir zu erklären. Na, warte nur! So geht das nicht!" Der Knüppel sauste angsterregend durch die Luft.

Betretenes Schweigen im Raum. Dem Friedrich zitterten die Knie, und dicke Tränen rannen ihm über die roten Wangen. Er wischte sie mit dem Hemdsärmel fort und stopfte das Ferkel mit zusammengekniffenen Lippen in den Sack.

„Herr Bub", mischte sich schließlich Lehrer Ahrend ein,
„nehmen Sie Ihr Ferkel und stecken Sie Ihre Nase schnell-
stens in die frische Luft. Sie stören den Unterricht!" Seine
Stimme hatte einen scharfen Unterton angenommen.

Verärgert zog der Mann mit dem Ferkelchen ab.

Endlich, sehnsüchtig erwartet, lugte Lieschen spitzbübisch
durch den Türspalt. Sie stand mit ihren vierzehn Jahren
schon „in Diensten" – bei der Lehrerfamilie. Die Augen treu-
herzig auf- und zuklappend meldete sie: „Frau Lehrer läßt
um zwei starke Buben bitten, die den schweren Wäschekorb
herüberholen."

Das war das Fanal für den Höhepunkt des Tages!

Sofort schälten sich, wie in jedem Jahr, zwei von den großen Jungen, diesmal waren es Otto und Karl, breit grinsend
aus der Bank. Mit einem großen Wäschekorb voll Streusel-
kuchen kamen sie wieder, gefolgt von Frau Ahrend. Die trug
eine blauweiß-karierte Schürze und hatte ein Spitzenhäub-
chen auf dem Kopf. Wir stellten uns der Größe nach an.

Frau Ahrend war auf die Knie gerutscht und saß auf einem Kissen, während sie immer wieder in den Korb langte
und sagte: „Für jeden ein Stück."

Wir gingen noch einmal auf unsere Plätze und sangen:
„Hoch soll er leben, hoch soll er leben, dreimal hoch. Er lebe
hoch, er lebe hoch, er lebe dreimal hoch!"

Mit vollem Mund kauend, stürmten wir aus der Schule.
Alle Kinder waren sich einig: „Der Lehrer könnte jeden Tag
Geburtstag haben."

[Spenge, nahe Herford, Nordrhein-Westfalen;
1923–1933]

August Wehrenbrecht

Zuhause in Spenge

Aus meiner frühen Kindheit ist mir, Jahrgang 1919, noch in
Erinnerung, wie meine Eltern darüber sprachen, daß wir einen Krieg verloren und nun keinen Kaiser mehr hatten, eine
galoppierende Inflation mit verheerenden Folgen hinter uns
lag und Franzosen im besetzten Ruhrgebiet die Bevölkerung
drangsalierten. Irgendwo hatte ich den Gassenhauer aufge-
schnappt:

> *„O Tannenbaum, o Tannenbaum,*
> *Kaiser Wilhelm hat in'n Sack gehau'n.*
> *Dann kauft' er sich 'nen Henkelmann*
> *und fängt bei Krupp in Essen an."*

Dann blieb noch im Gedächtnis, wie orientalisch aussehende Menschen ihre Bären tanzen ließen und dafür einen Obo-
lus erwarteten, Holländer in blauen Kitteln und Holzschu-
hen mit großen schwarzen Fahrrädern und Käselaiben im
Korb durch die Straßen fuhren und riefen: „Kaas kopen?",
ein Kunstflieger mit farbigem Rauch an den Himmel schrieb:
„Persil bleibt Persil!"

Ich weiß noch, daß ich bei Verwandten zum ersten Mal
Radiomusik mit dem Kopfhörer hörte, 1925 das große Vor-
werk des Rittergutes Werburg brannte, die Feuerwehr im
Galopp mit der von Pferden bespannten Handspritze kam
und der Brandmeister die Kommandos mit dem Signalhorn

gab, eine Gewerbeausstellung im Gemeindehaus meiner Heimatgemeinde Spenge stattfand. Das Amt mit fünf Gemeinden hatte damals etwa 8000 Einwohner.

Meine erste Fahrt mit der Reichsbahn führte 1925 von Herford nach Dortmund. Dieses gewaltige, erdrückende Stahlroß, das hohe Dampfwolken ausstieß und laut pfeifen konnte, beeindruckte mich sehr. Meine Eltern nahmen mich mit nach Dortmund-Mengede zum Besuch einer Familie, bei der mein Vater in der Inflationszeit einige Monate gewohnt hatte, als er auf der Zeche „Adolf von Hansemann" arbeitete, um die begehrte Deputatkohle zu bekommen. Jetzt waren wieder ruhigere Zeiten. Der Aufstand der kommunistischen Roten Ruhrarmee war von der Reichswehr niedergeworfen worden, und die Ruhrbesetzung durch Franzosen und Belgier beendet. Deutsche mußten nun nicht mehr vom Bürgersteig auf die Straße wechseln, wenn ihnen französische Offiziere entgegenkamen. Hatten sie es nicht getan, waren sie mit der Reitgerte dazu gezwungen worden. Mein Vater erzählte noch lange davon.

Wir sind wieder in Spenge. Wenn nach einem heißen Sommertag abends die Türen der Leinenweberei, der Bielefelder AG für Mechanische Weberei, an der Bielefelder Straße offenstanden, um frische Luft und etwas Kühle in die Fabrik zu lassen, hörte man laut das monotone Klappern der Webstühle. Nebenan, im Sägewerk der Firma C. H. Oldemeier, sahen wir Kinder zu, wenn die Krananlage die schweren Holzstämme hin- und herbewegte und an das Sägegatter transportierte. Die Bäume wurden noch bis in die fünfziger Jahre mit Pferdefuhrwerken aus den Wäldern geholt.

In unserer Nachbarschaft an der Mühlenburger Straße und am Sonnenweg gab es mehrere kleine Zigarrenmanufakturen, die Heimarbeiter beschäftigten. Da standen Zigarrenkisten aus Zedernholz, die mit bunten Bildern aus einer exotischen Welt, dem geheimnisvollen Südamerika, verziert waren. Selbst die Zigarren bekamen farbig bedruckte Bauch-

binden. Die Bilder zeigten Friedenspfeife rauchende India-
ner oder schwarzlockige Tabakpflücker bei der Arbeit, darauf standen so fremd klingende Namen wie „Don Pasqua-
le", „Flor fina" u. a. Im ganzen Haus roch es nach Tabak.
Uns gegenüber wohnte die Familie Eggersmann. Ich war oft
dort und sah manchmal zu, wenn der Opa vor seinem Ar-
beitstisch saß, die runde Stahlbrille auf der Nasenspitze, und
Zigarren herstellte: wie flink die Hände die Tabakeinlage in
das Umblatt rollten, wie schnell mit dem kleinen Messer das
Deckblatt geschnitten war, um dann, mit etwas Kleister versehen, um die Einlage gelegt zu werden. Nach jedem Arbeits-
gang verschwand Stück um Stück in der Form aus Holz. Bis
zu zehn Formen nahm die Presse auf, die den Zigarren Form
und Festigkeit gab. Der Tabakballen in der Basthülle stand
neben dem Herd.

Sohn Heinrich war Heizer im Elektrizitätswerk Oldemeier, das seit der Jahrhundertwende den Strom für das Amt
Spenge lieferte. Eine Zeitlang brachte ich ihm das Mittagessen. In der Halle staunte ich über die große Dampfmaschine
mit dem Riesenschwungrad, die die Generatoren antrieb, und
die vielen Schalthebel an den weißgekachelten Wänden. Beheizt wurde die Dampfmaschine mit Kohle und Holzabfäl-
len aus dem Sägewerk, die bei der Herstellung von Stuhlbei-
nen, Wäscheklammern und Toilettendeckeln anfielen.

Alltagsfreuden

Von Zeit zu Zeit kam der Lumpensammler durch die Straßen. Auf einem kleinen Kastenwagen führte er billiges Spielzeug mit: an einer Stange steckende rasselnde Windräder,
Pusterohre, die sich mit einem Ton auf- und abwickelten, an
Gummifäden wippende Bällchen, Luftballons in verschiedenen Formen und Farben und anderes als Gegenwert für abgegebene Textilien. Man konnte auch Bargeld, ein paar Pfennige, bekommen. Gegenüber der Straße befand sich eine etwa
zwei Meter hohe Böschung. Als der Händler mit seinen Kun-

den beschäftigt war, nutzte das magere Pferd eines Tages die Gelegenheit, das verlockende Gras an der Böschung zu fressen, bis der Wagen in die Schräge kam und umkippte. Nun lag der ganze Inhalt des Gefährts auf der Straße, und der Gaul zappelte in der Deichsel! Meine Mutter und die Nachbarn halfen, alles wieder in Ordnung zu bringen.

Wenn Besuch zu uns kam, warteten wir Kinder darauf, daß die Tante aus der Handtasche die Tüte mit den Bonbons hervorholte, denn Süßigkeiten gab es selten. Sobald Frau von Baum zu Fuß vom Schloß Mühlenburg erschien und wir zufällig auf der Straße waren, machten die Mädchen einen Knicks, und wir Jungen zogen artig die Mütze. Dann gab sie jedem von uns einen Bonbon oder eine andere Süßigkeit.

In kalten Wintern fuhren die Bauern noch mit Pferdeschlitten und Schellengeläut durch die verschneiten Straßen, doch das Automobil war auf dem Vormarsch. Lastwagen mit Kettenantrieb, die Ware zu den Geschäften brachten, hatten in den Zwanziger Jahren noch Rechtssteuerung, und die Gangschaltung befand sich außerhalb der Karosserie. Der Fahrer bediente die Schaltung durch eine Offnung.

Lange vor dem 10. November freuten wir uns auf das Mar-

Schlittenpartie mit Landwirt Heinrich Dedert während seines Fronturlaubs in Spenge um 1915. Die Pferde trugen oft Schellen, die während der Fahrt fröhlich läuteten.

tinssingen zu Ehren des Schutzpatrons unserer Kirche, des Heiligen Martin, und des Geburtstages des Reformators Martin Luther. Wir gingen durch die Hauptstraßen und sangen: „Sünne, Marten, sünne Marten, Higersmann, dä us woll wat chieben kann ..." (Sankt Martin, heiliger Mann, der uns wohl etwas geben kann ...) oder: „Ein feste Burg ist unser Gott..." Am liebsten gingen wir zu den Geschäften, auch ein zweites Mal, wenn es dort für uns etwas Besonderes, wie Wunderkerzen oder mit bunten Märchenbildern bedruckte Taschentücher gab. Die Buch- und Schreibwarenhandlung Nottelmann verteilte meist Bleistifte und Radiergummi.

Vor Weihnachten spielten Beschäftigte der Seidenweberei C. A. Delius & Söhne für die Belegschaft Theater, das großen Anklang fand. Bei der Generalprobe durften auch wir Kinder von Nichtfirmenangehörigen zuschauen.

In der Adventszeit drückten wir unsere Nasen am Schaufenster des Kaufmanns Mohrmann platt, denn dahinter stand ein lebensgroßer Nikolaus, der an einem Seil eine Glocke bewegte, darüber hingen der Stern von Bethlehem und die Inschrift: „Frohe Weihnacht". Von einem schneebedeckten Berg fuhren ununterbrochen Kinder auf Rodelschlitten herunter. Der Mechanismus wurde, für uns unsichtbar, mit der Hand bedient. Manchmal drehte der Dreher in entgegengesetzter Richtung, dann fuhren die Schlitten rückwärts den Berg hinauf. War das ein Spaß!

Im Schaufenster von Kaufmann Seippel bewunderten wir ein großes, mit Backwaren und Süßigkeiten beklebtes und von innen beleuchtetes Knusperhaus. Davor standen die Hexe, Hänsel und Gretel und eine Katze, dahinter war ein Wald mit Schnee, aufgelegten Wattebäuschen, aufgebaut. Bei Bredenförder konnte ich mich an den schönen Teddybären und dem Blechspielzeug nicht satt sehen, die mit Dampfmaschinen angetriebenen Modelle hatten es mir angetan.

Von November 1923 an hatten wir wieder stabiles Geld, die Rentenmark. Das mag der Grund dafür gewesen sein, daß ich zu Weihnachten einen Pferdestall aus Holz mit der Jahreszahl im Giebel bekam. Dazu gehörten ein Pferd mit Wagen und eine Schelle, die beim Fahren klingelte, und in der Futterkrippe hing echtes Heu. Ich war von dem Geschenk so angetan, daß ich mich den ganzen Heiligen Abend über für nichts anderes interessierte. Im Jahr darauf bekam ich ein Schaukelpferd mit Zaumzeug, Sattel und Steigbügel.

Anfang 1928 wurde meine Schwester Lisa geboren. Die Mietwohnung war nun viel zu klein. Darum bauten unsere Eltern in den Jahren 1928/29 mit großer Mühe und einem Hypothekendarlehen und viel Eigenhilfe ein Haus außerhalb des Ortskerns. Die „beste Stube" wurde nur an den Feiertagen benutzt oder wenn Besuch kam. In der Küche hatte die Mutter ein Sticktuch aufgehängt:

„Wo Lieb und Treu die Wache hält,
da ist's im Hause wohl bestellt."

In der Griesenbruchstraße gab es viele Kinder, aber auch mehr Raum zum Spielen. Hier wohnten meine Mitschüler und späteren Freunde Hans Heidemann und Willi Vorderlandwehr. Auf der Straße spielten wir Schlagball oder unter den Eichen des Bauern Wellmann Fußball. Unser Sportidol war Max Schmeling, der Anfang der Dreißiger Jahre mit dem Ozeandampfer „Bremen" zum Boxkampf nach Amerika fuhr und dort Weltmeister im Schwergewicht wurde.

Einmal im Jahr fieberten wir der Spenger Kirmes entgegen. Dieser Jahrmarkt fand immer am zweiten Mittwoch im Juni statt. In den Firmen wurde nur bis zum Mittag gearbeitet. Am Morgen war der Viehmarkt. Anschließend wurden Gebrauchsgegenstände für die Landwirte verkauft. Viele Verkaufsbuden mit Süßigkeiten und buntem Flitter lockten, die Riesenluftschaukel von Thelen aus Minden, das Hochrad und das Kettenkarussell, Schaubuden mit dem Feuerschlucker und dem Messerwerfer, der scharf an einer Dame vorbeiwarf, die auf einem sich drehenden Brett gebunden

Bärentreiberin mit tanzendem
Bär in Balgerbrück um 1925.

war. Schießbuden und der „Haut den Lukas" kamen, auch
wurde ein ausgestopftes Krokodil gezeigt. Meine Eltern gaben mir eine Mark Kirmesgeld. Eine Fahrt auf dem Pferde-
karussell, auf dem sich auch Gondeln bewegten und „Kaf-
feemühlen" drehten, kostete 10 Pfennig. Aus mechanischen
Orgeln ertönte Musik.

Sobald im Herbst die Felder abgeerntet waren, ließen wir
unsere selbstgebauten Drachen steigen und höhlten Run-
keln aus. Dann schnitten wir Augen, Nase und Mund hinein
und beklebten die Stellen mit rotem Seidenpapier. Mit bren-
nenden Kerzen darin trafen wir uns im Dunkeln zu einem
gespenstischen Fackelzug.

Obwohl in unserer Familie niemand rauchte, sammelte ich
mit großem Eifer Zigarettenbilder, ganze Serien: „Aus
Deutschlands Vogelwelt", „Deutsche Volkstrachten", „Unsere Reichswehr" und die „Zeppelin Weltfahrten". Dann gab
es noch die Sammlung „Die schönsten Frauen der Welt". Aber
für die interessierte ich mich noch nicht. Geschmackvoll aus-

gestattete Sammelalben mit Goldprägung waren für einen geringen Geldbetrag zu haben.

Endlich besaß auch ich eine kleine Dampfmaschine, die zwei Modelle antrieb, und einen Stabilbaukasten, mit dem ich mich meist im Winter beschäftigte, wenn ich nicht gerade mit der Laubsäge arbeitete.

Den einfachen Rodelschlitten und ein Paar Schlittschuhe benutzten meine drei Geschwister und ich abwechselnd. Damit liefen wir auf den zugefrorenen Teichen der Mühlen- und der Werburg. Manchmal durfte ich auf dem lenkbaren Rennschlitten der Gebrüder Ernst und Werner Richter als Bremser mitfahren. Dazu eignete sich die zirka 1,5 Kilometer lange Bielefelder Straße mit ihrem Gefälle von der Höhe Lenzinghausen aus hervorragend. Autos verkehrten sonntags nicht, nur zweimal kam das Postauto von Bielefeld. Im Winter 1928/29 – das Thermometer zeigte mehrfach eine Temperatur von minus 28 Grad Celsius und die Eisblumen tauten trotz starken Heizens nicht von den Fenstern – rodelten wir auf der Bahn am Katzenholz bis in die Dunkelheit. War die Bahn stumpf geworden, wurde abends Wasser darauf gegossen. Zum Schutz der Rodler bekam der am Rande stehende Ziehbrunnen eine Verkleidung mit Strohbündeln. Ein Verkaufsstand bot Backwaren und heiße Milch an. An den Sonntagen standen oft ältere Leute auf der Anhöhe und schauten dem Treiben zu.

Wenn die Eltern im Winter ein Schwein schlachteten, mußte ich die Wurstemühle drehen. Schinken, Speck und Würste wurden anschließend zum Räuchern zu Verwandten gebracht und dort bei Bedarf einzeln abgeholt.

Auch mein Vater, von Hause aus Landwirt und nach dem Ersten Weltkrieg Fabrikarbeiter, war eine Zeitlang arbeitslos. Unsere sechsköpfige Familie konnte sich nur über Wasser halten, weil wir im eigenen Haus wohnten und zwei kleine Wohnungen vermieten konnten. Der Garten und gepachtetes Land ermöglichten den Anbau von Kartoffeln und Gemüse für den eigenen Bedarf und das Füttern von Schweinen und Hühnern. Wir Kinder faßten mit an und waren dadurch immer mit der Natur verbunden. Sobald die Blaubeeren reif waren, fuhren wir mit dem Fahrrad zum etwa 12 Kilometer entfernten Teutoburger Wald.

War das ein Hochgefühl, als wir den Zeppelin, Deutschlands Stolz in einer hoffnungslosen Zeit, über unserem Dorf sahen! Wenn man doch einmal mitfliegen könnte!

Ein besonderes Erlebnis war es auch, als mich mein Onkel Gustav Horstkotte zum Pferderennen nach Bielefeld-Quelle mitnahm. Und einmal durfte ich auf dem DKW-Motorrad meines Vetters Gustav Due mitfahren, als er in der Kreisstadt Herford zu tun hatte.

Manchmal hatte ich Appetit auf etwas Süßes. Es kam aber selten vor, daß ich mit dem Fahrrad auf desolaten Straßen, die oft mehr Schlaglöcher als ebene Fläche hatten, nach Enger fuhr, um von Thams & Garfs eine Tüte mit Cremehütchen zu holen, die gut schmeckten und sehr billig waren. Im Schaufenster der nahegelegenen Buchhandlung Kuhlmann sah ich das Buch „Das neue Universum", das ich gern besessen hätte, aber ich hatte kein Geld, es zu kaufen.

Problematisch war die Fahrradbeleuchtung. Die Lampen wurden mit Karbid gefüllt. Darauf Wasser gegossen, erzeugte das ein Gas, das über dem Brenner angezündet wurde. Wenn die Reifen schadhaft wurden, schnitten wir von alten Reifen Stücke ab und legten diese über die defekten Stellen.

Mit der Bekleidung konnte kein Aufwand getrieben werden, außer an Sonn- und Feiertagen wurden meist Holzschuhe getragen. Damit sie länger hielten, schlug der Vater Lederflecken darunter. Wir Jungen trugen im Sommer und im Winter kurze Hosen, darunter – außer bei großer Hitze – lange wollene Strümpfe, die mit einem gelochten Gummiband an einem Leibchen befestigt waren. Ende der Zwanziger Jahre bekam ich einen Bleyle-Strickanzug. Das war etwas Außergewöhnliches.

Mein Onkel Georg Eickhoff in Westhoyel fertigte im Winter, wenn in der Landwirtschaft nicht viel zu tun war, Holzschuhe an. Ich sah gern zu, wenn das rohe Holz auf dem Bock festgekeilt war und mit langen schaufelförmigen Messern der Klotz ausgehöhlt wurde. Als inneres Maß diente ein Weidenstock, der nach der Fußlänge des Kunden geschnitten war. Für den Fußrücken schlug er Leder und mit verschiedenen Farben versehene Filzstreifen auf, damit der Schuh nicht drückte. Manchmal standen mehrere fertige Paare in Reih und Glied auf der Deele. Auch die Holzschuhe für unsere Familie fertigte der Onkel an.

Einmal in der Woche kam zu ihnen der Lebensmittelhändler mit Pferd und Planwagen. Bei ihm konnte man kaufen, was selbst nicht produziert wurde. Von den Kunden kaufte der Händler wiederum Landbutter und Eier, die er in seinem Geschäft in Spenge weiterverkaufte. Um die Butter an heißen Sommertagen zu kühlen, wurde sie in einem Weidenkorb mit Rhabarberblättern zugedeckt und mit der Kette bis über den Wasserspiegel in den Ziehbrunnen gehängt.

Dreschtag

Verreist wurde nie. Unsere Eltern hatten dazu keine Zeit und auch kein Geld. Die Ferien verbrachten wir Kinder immer zu Hause oder bei Verwandten und halfen dort in der Landwirtschaft. Auch der Dreschtag im Hochsommer war für uns ein nicht alltägliches Geschehnis. Schon die Vorbereitungen dazu waren interessant. Die Maschinen mußten vom Hof des letzten Benutzers abgeholt werden. Hatte man selbst nicht genügend Pferde, lieh man weitere aus. Der unbefestigte Feldweg von der Helliger Heide im Dorf Wallenbrück zum Dorf Hoyel führte über die alte Warmenaubrükke von 1837 und den Hof der Ohsener Mühle. Bei aufgeweichtem Weg wurden Lokomobile und Dreschmaschine von vier Pferden gezogen. Manchmal blieb die Fuhre stecken oder die Lokomobile neigte sich in dem Morast zur Seite und drohte umzufallen. Vor und auf der gewölbten Warmenaubrücke mußten die Pferde noch einmal kräftig „ins Geschirr".

Endlich stand die Dreschmaschine auf der Deele, die Lokomobile auf dem Hofplatz neben der Scheune. Die lag unmittelbar an der Warmenau. Der Schornstein der Lokomobile wurde aufgerichtet und der Übertragungsriemen aufgelegt. Hatten die Leute Brennholz, einen Haufen Kohlen und ein Kübel mit Wasser herbeigeschafft, konnte der Heizer mit dem Anheizen beginnen. Nach etwa einer Stunde wurde das große Schwungrad in Bewegung gesetzt. Die Maschinerie lief; ihr monotones Summen war weithin zu hören.

Der Dreschtag erforderte 10 bis 15 Helfer, die der Bauer stellen mußte. Die Nachbarn halfen sich gegenseitig. Die Helfer wurden unter anderem für das Abwerfen vom Dachboden, das Aufschneiden und Einlegen der Garben in die Dreschmaschine gebraucht. Weil das letztere eine anstren-

Bis Mitte der Zwanziger Jahre wurde auf den Höfen noch mit der Lokomobile, einer fahrbaren Dampfmaschine, gedroschen. Das Foto vom Hof Haselhorst in Rotenhagen bei Werther stammt aus dem Jahr 1910.

gende Arbeit war, wechselten sich die Helfer oft ab. Schwer
war es auch, die gefüllten Säcke auf der Leiter durch niedrige Türen zum Kornboden zu tragen. Meistens nahmen Frau-
en das Stroh ab und banden es. Wir Kinder hatten die Aufgabe, die Strohbunde wegzuschaffen und aus der Warmenau
Wasser für die unersättliche Dampflokomobile zu holen.

Beginn und Ende der Frühstücks-, Mittags- und Vesper-
pause kündigte die Dampfpfeife an. Nach der Arbeit saßen
die Frauen und Männer an einem langen Tisch auf der Deele beim Essen. Es gab kräftige Speisen: Speck, Mettwurst,
Kartoffeln und Gemüse. Da wurde gut zugelangt, denn die
schwere Arbeit in staubiger Luft machte hungrig. Damals
kursierte das Sprichwort: „Er ißt wie ein Scheunendrescher!"
Bei sommerlicher Hitze war der Durst groß. Ein bewährtes
durststillendes Getränk war Brunnenwasser mit Essig und
Schwarzbrotkrumen. Sobald die Maschinen den Hof verlassen hatten, begann das große Reinemachen. Eine dicke Staub-
schicht, die sich auf Wände, Boden und Treppen gelegt hatte, mußte entfernt werden. Ein Glück, daß diese Arbeit in
dem Umfang nur einmal im Jahr nötig war!

Dorfhochzeit

Große Freude herrschte bei uns Kindern, wenn eine der vielen Tanten oder Onkel heiratete, so auch bei Onkel Georg.
Die aus Fachwerk bestehende Deele der Verwandten wurde
mit Birkenzweigen geschmückt. Auf dem Rückweg von der
Kirche spannten Kinder ein Seil über die Straße, „schatten"
genannt, und gaben diese nicht eher frei, bis der Bräutigam
Bonbons und Münzen aus der Kutsche warf und für die Erwachsenen einen Schnaps einschenkte.

Als der Pfarrer zum Kaffeetrinken aus Hoyel kam, verschwanden die Musikinstrumente – Geige und Ziehharmonika – für die Zeit seines Besuches in der Holzschuhkam-
mer. Pastor Bergner hielt eine kleine Ansprache und sprach
das Tischgebet. Er kam gern, denn Onkel Georg blies schon

Dorfhochzeit 1929. Meine Tante Line Eickhoff und Heinrich Schäffer im Kreise ihrer Verwandten. Ich stehe in der ersten Reihe ganz links.

lange im Posaunenchor. Im Anschluß daran wurde das Gruppenfoto vor dem Deelentor gemacht, wobei der Fotograf Mühe hatte, daß alle zu gleicher Zeit in die Kamera schauten.

Nach dem Abendessen, bei dem uns Kinder besonders der Welfenpudding interessierte, sahen wir dem Treiben der Erwachsenen vom Heuboden aus zu. Manchmal wurden Sketche in plattdeutscher Sprache aufgeführt. Wenn meine Mutter mitspielte und sich verkleidet hatte, dabei auch noch Männerhosen trug, genierte ich mich. „Sah ein Knab' ein Röslein steh'n, Röslein auf der Heide", „Machen wir's den Schwalben nach, bau'n wir uns ein Nest," und viele andere Lieder wurden gesungen.

Einmal kam ein Angehöriger der Reichswehr zum Polterabend. Wir Jungen bestaunten ihn, weil Soldaten hier nur zu sehen waren, wenn das Musikkorps des Artillerieregiments VI aus Minden im Spenger Gemeindehaus ein Konzert zugunsten des Volksbundes Deutsche Kriegsgräberfürsorge gab. Beim „Fehrbelliner Reitermarsch" standen die sechs Fanfarenbläser vorn und in deren Mitte der Kessel-

pauker, der die Paukenschlegel durch die Luft wirbeln ließ.
Wir waren fasziniert, wie exakt die Bläser ihre Instrumente
auf ein Zeichen des Musikmeisters an- und absetzten.

Schule

An meinem Schulweg lag das aus Fachwerk gebaute kleine
Spritzenhaus mit dem Lüftungsturm auf dem Dach. Die große
Doppeltür war in den preußischen Farben schwarz-weiß ge-
strichen. Außer der hier abgestellten Feuerspritze diente ein
Raum als Gefängniszelle. In der damaligen unsicheren Zeit
kam es öfter vor, daß Straffällige eingesperrt werden muß-

*Polizeihauptwachtmeister Eduard Kleinebenne mit seinem Dienst-
fahrrad 1935. Der Polizeibeamte verlas nach dem Gottesdienst
auch Bekanntmachungen von der Treppe des Gasthauses Winkler
an der Kirche.*

ten. Die Gefangenen wurden von dem nebenan wohnenden Polizeihauptwachtmeister Eduard Kleinebenne mit Lebensmitteln und Brennmaterial für den Ofen versorgt. Über die Delinquenten wurde ein Kerkerbuch geführt. Eines Morgens bemerkte ich ein fehlendes Fach in der Wand. Der Insasse hatte es in der Nacht herausgestoßen und sich selbst befreit.

Die technische Ausstattung unserer Schule war einfach. So wurde der Klassenraum im Winter mit Kohle in einem zwei Meter hohen Ofen beheizt. Schulbücher wurden meist weitergegeben, weil das Geld allgemein sehr knapp war. Mit Bildern wurden wir, im Gegensatz zu heute, nicht überschüttet. Darum haben sich mir ein paar der großen farbigen Anschauungstafeln eingeprägt: „Im Spreewald", „Hinter dem Deich an der Nordsee", „Lawinen in den Alpen", „Im Hafen von Daressalam", und „Kakaoernte auf Samoa".

Abwechslung in den Alltag brachten unsere Schulausflüge. Sie führten nach Bad Essen im Wiehengebirge, zur Porta Westfalica mit dem Denkmal für Kaiser Wilhelm I. und auf die Ravensburg im Teutoburger Wald, einst Sitz der Grafen von Ravensberg. Dort wurde ein Licht in den 120 Meter tiefen Brunnen hinabgelassen, um die Tiefe in dem Gestein zu veranschaulichen. Meine Mutter gab mir Butterbrote und Geld für eine Brauselimonade mit.

Bei unseren Ausflügen fuhren wir zumeist mit einem Viehtransporter, an dessen Wände bei der Personenbeförderung Polster befestigt und Metallbänke angeschraubt wurden. Bei dem schlechten Straßenzustand schaukelte es sehr.

Gern aber selten benutzten wir die Kleinbahn mit der Dampflokomotive auf der Strecke Spenge-Wallenbrück (3,5 km). Hier war Endstation, denn nach 200 Metern begann die Provinz Hannover, bis 1866 Königreich Hannover. Bei Eintritt der Dunkelheit zündete der Schaffner in den Abteilen die Petroleumlampen an. Es beeindruckte mich, wenn das Zugpersonal die Lokomotive hinter der Endstation Wallenbrück mit einem eingesteckten Balken von Hand

Der Dampfzug aus Herford ist angekommen. Unser Bahnhof in Spenge, Westfalen, um 1909. In dem Gebäude befand sich auch eine Gaststätte.

auf der Drehscheibe in die andere Fahrtrichtung brachte. An den Straßenübergängen gab es keine Schranken, sondern Schilder mit der Aufschrift:

> Halt! Wenn das Läutewerk der Locomotive ertönt oder die Annäherung eines Zuges anderweitig erkennbar wird.

Schillers „Lied von der Glocke", das den Glockenguß und den Verlauf des menschlichen Lebens so eindrucksvoll schildert, lernten wir in voller Länge auswendig, die meisten Verse kann ich noch heute aufsagen. Über Schillers „Wilhelm Tell" schrieben wir eine Arbeit, die ich mit zwei kleinen Aquarellen illustrierte: den Vierwaldstätter See mit Dörfern und Bergen im Hintergrund, den Fischerknaben im Kahn und eine Hütte am Ufer, Stauffachers Frau Gertrud in Tracht.

Neben Gedichten und Balladen lernten wir Geschichtszahlen von Christi Geburt bis zur Gegenwart auswendig. Sie begannen im Jahre 9 mit der Schlacht im Teutoburger Wald gegen die Römer und endeten 1929 mit der Elektrifizierung der Kleinbahn Vlotho-Herford-Spenge-Wallenbrück.

Ein großer Raum im evangelischen Gemeindehaus diente
als Turnhalle. Zwei Nebenräume wurden vorübergehend für
den Unterricht genutzt, wenn die beiden Schulen im Orts-
zentrum nicht ausreichten. Mit Hecken, Büschen und Lau-
ben bot der Vorplatz viel bessere Möglichkeiten zum Spielen
als die Schulhöfe. Wenn die Mädchen „Heiraten" spielten,
waren wir Jungen immer gespannt, wer als Bräutigam genannt wurde. Am Schluß des langen Reimes hieß es:

> *„Petersiliensuppenkraut wächst in unser'm Garten,*
> *Inge Meier ist die Braut, soll nicht lang' mehr warten,*
> *und Verstand, und Verstand, Fritze Hoffmann ist der Mann.*
> *Saßen hinterm Dornenbusch, gaben sich den Heiratskuß.*
> *Hier steht die Braut, sie wird getraut,*
> *die Hochzeit wird gefeiert. "*

Abwechslung in den Schulalltag brachte die Werbung für
„Kornfranck". Nach dem Gruppenfoto am Nachmittag gab
es eine Tüte mit einem Päckchen Kaffee-Ersatz. Einmal form-
te ein Töpfer aus Bunzlau, Schlesien, Tassen und Untertas-
sen auf seiner Drehscheibe. Fertiges Geschirr hatte er zum
Verkauf mitgebracht. Das wurde in den Schulen erlaubt, weil
die Absatzmöglichkeiten für sein Handwerk schlecht waren.

Auf die Lichtbilderstunden mit dem großen Epidiaskop
freuten wir uns besonders. Zum Verdunkeln wurden die Fen-
sterläden angeklappt und innen ein undurchsichtiger Vorhang vorgezogen. Wir sahen Bilder aus der Natur, Geschichte und der weiten Welt, konnten von interessanten Dingen
hören und brauchten selbst nicht zu reden. Manchmal mußte über das Gesehene ein Aufsatz geschrieben werden.

In einem Saal in unserem Dorf wurden schon in den Zwanziger Jahren Filme gezeigt. Es waren Stummfilme, die mit
Geige oder Klaviermusik untermalt wurden. Ins Kino gingen wir Kinder noch nicht, wohl kannten wir ein paar Schlager, wie: „Waldeslust, o wie einsam schlägt die Brust", „Was
machst du mit dem Knie, lieber Hans, beim Tanz?" oder „Als

Vor der St. Martins-Kirche in Spenge wurde nach der Werbeveranstaltung für „Kornfranck-Kaffee" am 8. Juli 1930 dieses Foto gemacht. Ich stehe in der oberen Reihe als zweiter von links.

Liebling der Frauen ist Oskar bekannt, bei ihm sind die Mädchon wie Wachs in der Hand". Die Schlager mit ihren gängigen Melodien prägten sich ein, gingen ins Ohr, ohne daß man sich – wie im Deutschunterricht – anstrengen mußte.

Von den Machtkämpfen zwischen den verschiedenen politischen Gruppierungen blieb auch unser Dorf nicht verschont. So war ich Ohrenzeuge, als während einer Wahlversammlung der NSDAP am späten Abend des 8. Juli 1932 im Saal des Hotels „Deutsches Haus" Tumult ausbrach. Vom nahen Kleinbahnhof wurden Kohlen in die Fenster geworfen, Teilnehmer flohen panikartig durch Fenster und Türen. Draußen kam es zu einer Schießerei, bei der ein Kommunist am Bein verletzt wurde.

Unsere Eltern gingen zur Wahl, betätigten sich aber sonst politisch nicht. Wir hielten uns an die Kirche, meine Geschwister und ich gingen sonntags zum Kindergottesdienst in die St. Martinskirche zu Spenge.

[Recklinghausen – Bad Godesberg, Nordrhein-Westfalen
1925]

Ingeborg Müller-Exo

Mit einer schwarzlackierten Kutsche in Großmutters Reich

Welche Vorfreude erfüllte uns auf die Wochen bei der Großmutter in Godesberg! Riesenkoffer wurden gepackt. Auch
meine Puppen warteten reisefertig angezogen darauf, liebevoll auf den Arm genommen zu werden. Natürlich durften
die Stoffhunde meines Bruders – Bully und Charlie – ebenfalls nicht fehlen.

Endlich war der ersehnte Reisetag da, und wir saßen im
Zug. Erwartungsvoll drückten wir unsere Nasen am Abteil-
fenster platt. Butterbrote, Äpfel und Bananen wurden aufgeregt verspeist, dabei schluckten wir die Angst vor dem un-
angenehmen Abfragen von Namen, Ortschaften, Bergen,
Burgen oder Flüssen mit hinunter. Das Prüfen und Drillen
mußte sogar auf einer Urlaubsfahrt exerziert werden! Dafür
winkte uns die große Freiheit bei der Großmutter.

Am Bahnhof standen Pferdekutschen bereit, und die Fahrt
mit einer solchen schwarzlackierten Kutsche war das erste
Ferienvergnügen. Der Blick auf die Haustür, das Hineinstür-
men in die Arme der Großmutter, der Duft von Obst und
Blumen, das Ticken der großen Standuhr in der Diele – wir
waren zu Hause! Dann machten wir uns mit dem Bollerwa-
gen auf den Weg, um die Koffer vom Bahnhof abzuholen.
Alles geschah unter der Aufsicht des Kindermädchens, das
aber jeden Spaß und jeden Streich mitmachte.

Mit dem Kerzenleuchter in der Hand stiegen wir anschließend in die Mansarde – in unser Reich, in dem wir uns so
recht heimelig fühlten. Große Eichenbetten standen hier mit
schweren, wunderschönen gehäkelten Überdecken, eine alte
Kommode, darüber die leise tickende Wanduhr, ein Waschtisch mit Schüsseln und Kanne daneben, an der Wand ein
kleines eisernes Becken mit tropfendem Wasserhahn, zwei
Stühle und unter dem Fenster zwischen den Betten ein
Nachtschränkchen mit Marmorplatte.

Durch das Fenster sah man auf die Bäume in Großmutters Garten. An die Jagd auf Spinnen erinnere ich mich nicht
so gerne – die „lieben Tierchen" waren uns nicht gerade sym-
pathisch. Um so mehr Spaß hatten wir, als einmal eine Flasche mit Lakritzwasser „explodierte" und die braune Brühe

Ein Bad im Rhein bei Niederdollendorf mit Papa. Waren die Eltern
abgereist, hatten wir endlich „freie Bahn". Bei Großmutter in Bad
Godesberg konnten wir nach Herzenslust herumtoben.

von Decke und Wand in dekorativem Muster herunterlief. Zu Hause hätte es Strafe gegeben, aber Großmutter drückte beide Augen zu. Die Eltern waren abgereist, und wir hatten „freie Bahn".

Oft unternahmen wir einen Spaziergang an den Rhein. Wir setzten uns auf eine Bank und sahen den Schiffen zu, die stromauf und stromab fuhren.

Durch Großmutters Garten floß der Godesberger Bach. Von der Brücke aus ließen wir an langer Leine Schiffchen fahren. Einmal wunderten wir uns über die immer länger werdende Schnur, und plötzlich war das Bötchen unseren Blicken entschwunden. Die Schnur war gerissen! Wir sausten los in dem Glauben, noch früh genug zur Einmündung des Baches in den Rhein zu gelangen. Aber der Bach war schneller, und unser Schiff ging auf große Fahrt.

Der wild wuchernde Garten war ein Paradies, in dem wir nach Herzenslust spielen konnten. Zwei Kisten, verbunden mit dicken Kordeln, waren unser Schleppdampfer mit Schleppkahn, auf dem wir wohnten. Ich durfte sogar eine Leine spannen und meine Puppenwäsche aufhängen. Ein anderes Mal bauten wir uns mit Stöcken und Decken ein Zelt, in dem wir dann, auch bei Regen, hockten. Auf unsere Kleider mußten wir keine Rücksicht nehmen.

Von Zeit zu Zeit bekam Großmutter Besuch von einer sehr eleganten Dame, die ich sehr bewunderte. Insgeheim wünschte ich mir, einmal genauso zu werden – aber erst später, wenn ich groß sein würde.

Manchmal betätigten wir uns auch im Garten, zupften Unkraut, pflückten Johannis- und Stachelbeeren. Großmutter kochte und backte alles, was wir gerne mochten. Wir genossen all die Festtage.

Abends nahm die Großmutter meist einen Korbsessel und stellte ihn in die offene Haustür. Wir hockten uns dazu, und dann erzählte sie uns aus früheren Zeiten. Zwischendurch sangen wir gemeinsam Volkslieder. Zur Vollmondzeit wett-

Zu Hause in Recklinghausen wurden mein Bruder Horst und ich nicht nur zu Weihnachten, sondern alle Tage herausgeputzt.

eiferten wir, wer zuerst den Lichtschein des aufgehenden Mondes hinter dem Siebengebirge erspähen konnte.

Schön war es aber auch, wenn es regnete oder gewitterte. Dann dampfte die Erde im Garten, die Regentropfen hingen wie glitzernde Perlen an den Gräsern, den Blumen und Sträuchern. Ein süßer, schwerer Duft, gemischt mit Frische, verbreitete sich, und wir spielten auf der überdachten Veranda oder hockten auf der Fensterbank und beobachteten den Weg, den die Regentropfen auf der Fensterscheibe nahmen.

Da fällt mir auch unser Seifenblasen ein. Zu wahren Künstlern entwickelten wir uns hier. Schade war nur: Die Seifenblasen konnten noch so schön sein, sie konnten in den schillerndsten Farben leuchten – sie platzten.

Ein Ende fanden auch die herrlichen Ferien. Der Abschied fiel uns immer sehr, sehr schwer.

Liesel Hünichen

Autofahren 1927

Es war schon eine Sensation, daß meine Mutter als erste
Frau im Kreis Coesfeld einen Führerschein besaß. Die Einwohner unserer Stadt rissen Mund und Nase auf, als sie die
ersten Male, mit Vati neben sich, im Zehn-Kilometer-Tempo
durch die Straßen „brauste". Wie festgenagelt standen unsere Dülmener am Straßenrand, und ich weiß noch genau,
wie peinlich meiner Mutter das war.

Unser Auto war ein „Brennabor" und dunkelgrün. Die
Marke gibt es schon lange nicht mehr, sie ist irgendwann in
der „Autounion" aufgegangen. Natürlich war das Auto nicht
neu; so viel Geld verdiente ein Studienrat mit drei Kindern
nicht. Es war fünf Jahre alt und preiswert erworben, außer
uns besaßen damals nur die drei Textilfabrikanten, der Arzt
Dr. Sievers und der Tierarzt Dr. Püttmann ein Auto.

Mehrere Monate zuvor durfte ich mit Dr. Püttmann und
Sohn Rudi mit der Pferdekutsche in die Bauerschaft fahren. Während wir auf den Vater warteten – wir durften nicht
mit in den Stall –, erhielt ich von Rudi den ersten Aufklä-
rungsunterricht. Er erklärte mir zu meiner großen Verblüf-
fung, daß die Kälber im Bauch der Kuh stecken und eben
jetzt von seinem Vater herausgezogen würden. Ich konnte
das nicht glauben, traute mich aber nicht, meine Eltern danach zu fragen. Kurze Zeit später hatten Püttmanns einen
nagelneuen Opel. Bei unserem ersten gemeinsamen Auto-

ausflug gelang es meinem Vater bei einer leichten Steigung sogar, den neuen Opel zu überholen. Unser „Brennabor" hatte es bergauf auf fast 55 km/h gebracht. Wir bildeten uns auf unsere Rekordleistung etwas ein, aber nur im stillen.

In der Stadt war man sowieso der Ansicht, ein Studienrat als Autobesitzer müsse größenwahnsinnig sein. Und erst eine Frau am Steuer – das war schlechterdings widernatürlich! Auf Vatis Wunsch hin hatte meine Mutter passend zum Auto ihre langweilig strenge Frisur mit dem braven Nackenknoten durch eine moderne Kurzhaar-Dauerwellfrisur ersetzt und war urplötzlich in eine moderne Frau verwandelt, was aber leider nur kurze Zeit vorhielt.

Bevor die Eltern aber fahren durften, mußten sie eine Fahrprüfung ablegen; die gab es damals bereits. Ein Prüfer kam eigens angereist, um meine Eltern und noch zwei weitere Fahrschüler, Ärzte aus dem Kreisgebiet, zu prüfen. Fahrunterricht hatte ihnen Heini Tork erteilt. Er war der Hausmeister unseres Gymnasiums, Schuldiener oder Pedell hieß das damals. Es muß ihm ein wahres Vergnügen bereitet haben, einen Schulmeister seines Gymnasiums mit Doktortitel zu belehren, und Heini erfuhr, zumindest bei meinen Eltern, eine enorme Aufwertung seiner Persönlichkeit. Heini war klein, untersetzt und trug eine Glatze. Er wohnte mit seiner Guste, ebenso rundlich wie er, und deren Mops, der haargenau zu den beiden paßte, in einer Dienstwohnung in den Kellerräumen der Penne, direkt neben der heimatkundlichen Sammlung von Steinäxten und Knochen. Das war mir immer ein bißchen unheimlich. Aber Heini war gar nicht unheimlich, sondern eine Seele von Mensch. Während seiner Militärzeit hatte er nicht nur Fahrkenntnisse erworben, sondern kannte sich auch in den geheimnisvollen Eingeweiden des technischen Wunderwerks Auto bestens aus.

Eine Autowerkstatt gab es noch nicht, doch die Fahrprüfung verlangte Motorkenntnisse, die unser Hausmeister offenbar kenntnisreich vermittelte, denn nie fiel jemand durch.

Mein Vater behauptete zwar hinterher, „seine Hanni" habe
vom Motor und der Technik nicht das mindeste begriffen,
was auch ganz und gar überflüssig sei; denn dafür sei schließlich er zuständig. Offenbar war der Prüfer der gleichen Meinung. Nach der Schilderung meines Vaters mußten die Herren nacheinander um etliche Ecken fahren, eine Zündkerze
auswechseln, eine Schraube anziehen und – was ich auch bis
heute nicht fertigbringe – ein Rad wechseln.

Meine „technisch unbegabte Mutter", so das Urteil meines Vaters, brauchte nichts dergleichen zu tun. Sie wurde
mit liebenswürdigem Lächeln und der freundlichen Feststellung bedacht: „Ich weiß, gnädige Frau, Sie können das!"

Sie muß jedenfalls sehr sachverständig gelächelt haben.

Für uns drei Kinder begann nun eine herrliche Zeit. Mit
dem Auto fuhren wir bei schönem Wetter an die Stever. Sie
ist ein Nebenfluß der Lippe. Bevor man sie begradigte und
sie zwang, den großen Halterner Stausee zu füllen, war sie
ein munterer kleiner Fluß mit vielen Windungen, tiefen und
flachen Stellen, weißen Sandbänken am Ufer voller Fluß-
muscheln und Enten im Schilf.

Einmal im Frühling hatte sich der idyllische Fluß in einen
reißenden Strom verwandelt. Die angrenzenden Wiesen waren alle überschwemmt und hatten sich zu einem See ausge-
dehnt, der bis zu der ländlichen Gastwirtschaft reichte, vor
der wir im Sommer nach dem Schwimmen unter den Bäumen saßen und Zitronenbrause tranken. Brause gab es zu
Hause nie. Sie ist für mich mit der Erinnerung herrlicher
Sommertage am Fluß verbunden. Wir lernten dort nämlich
schwimmen mit Hilfe eines alten, mehrfach geflickten Auto-
reifens und unserer Mutter, die eine gute Schwimmerin
war, äußerst ungewöhnlich für die damalige Zeit.

Am Ufer des Flusses wurden zwischen drei Bäumen Bind-
fäden gespannt, Bettücher darübergelegt und zu Badekabi-
nen umfunktioniert. Niemand wäre damals auf die Idee gekommen, sich ungeniert im Freien aus- und anzuziehen; das

war ganz und gar unschicklich. Um unsere Körper schlodderten dünne baumwollene Schwimmanzüge, die bis zum Knie reichten. Besonders modisch, aber um so scheußlicher waren die in breiten, einem Zebra ähnlichen, schwarz-weißen Querstreifen.

Mutti allein trug einen ganz ungewöhnlichen Schwimmanzug, der noch aus ihrer Jungmädchenzeit stammte. Wir fanden ihn total unmodern, heute würde er sicher Furore machen. Er bestand aus hellblauem Batist, mit schwarz-gelbgepunkteten Litzen abgesetzt und mit Rüschen an den Schultern und unter dem Knie. Die rote Gummihaube, die alle Damen damals trugen, die bei den Augenbrauen begann und als Turban hochstand, war alles andere als kleidsam.

Unser Auto hatte zwischen Vorder- und Rücksitzen so viel Platz, daß in der Tiefe neben den Füßen der Erwachsenen noch bequem Kinder sitzen konnten. Meine Schwester Hella, damals zwei oder auch drei Jahre alt, saß dort immer auf einem Sofakissen. Meine Freundin Eva, Hansis Freund und auch unsere Haushaltshilfe Hedwig wurden öfter mitgenommen. Einmal fuhr auch mein Freund Rudi Püttmann mit, der dann statt fehlender Badehose im geschlitzten Unterhöschen badete.

Eines Tages gerieten wir auf dem Weg nach Münster in einen Gewitterregen und mußten, vollkommen durchnäßt, mitten auf der Landstraße anhalten. Das Regenverdeck, das ziehharmonikagefaltet hinter den Rücksitzen auflag, klemmte und wollte sich nicht hochklappen lassen. Die Eltern und wir Kinder zerrten, zogen und schoben und waren alle klitschnaß, ehe die Plane die Sitze bedeckte.

Übrigens besaß das Auto bereits einen elektrischen Bedienungsknopf zum Hupen inmitten des Lenkrades. Er funktionierte nur nicht immer, so daß häufig die große Gummihupe an der Seite der Sichtscheibe zusammengedrückt werden mußte. Einmal bekam mein Vater sogar ein Strafmandat. Es war nämlich Vorschrift, an jeder einmündenden Straße und Ecke zu hupen. Bei der Durchfahrt eines Dorfes hatten wir wohl eine schmale einmündende Gasse übersehen, und der Dorfpolizist war auf der Wacht und erstattete Anzeige. 3 RM kostete das unterlassene Hupen. Wenn es diese Vorschrift heute noch gäbe, hätte uns der ohrenbetäubende Lärm schon alle ertauben lassen.

Das Spannendste aber war unsere erste Fahrt zu Tante Lene nach Werne im Herbst. Als wir auf der Landstraße eine tiefliegende, von Bächen durchflossene Wiesenlandschaft durchfuhren, befanden wir uns plötzlich in dichtem Nebel! Es war nichts mehr zu sehen. Begrenzungspfähle gab es noch nicht, und die Apfelbäume jenseits der Straßengräben ließen sich nur erahnen. Entgegenkommende Autos fürchteten wir eigentlich weniger als die Pferdefuhrwerke der Erntewagen. Mutti stieg aus und kontrollierte die Lampen. Sie waren im Nebel kaum zu sehen, die Hupe nicht zu hören.

Die Lösung sah schließlich so aus: Mutti marschierte drei Meter vorneweg und schwenkte unsere große Stabtaschenlampe im Kreise, wir Kinder wurden aufgefordert, mit unseren Augen angestrengt die Dunkelheit zu durchdringen und in Intervallen Kreischtöne auszustoßen, um entgegenkommende Radfahrer, Fußgänger, Pferdefuhrwerke zu warnen bzw. uns vor ihnen zu schützen. Wir atmeten alle befreit auf, als wir die Nebelwand hinter uns gelassen hatten und unbeschadet bei Tante Lene angekommen waren.

Der Brennabor ist unser einziges Auto geblieben. Nachdem die gemütliche Familienkutsche nach drei oder vier Jahren ihren Geist aufgegeben hatte und unser Fachmann Heini Tork keine Reparaturmöglichkeit mehr sah, haben sich meine Eltern einen solch ausgefallenen Luxus kein zweites Mal geleistet. Er ist mein Symbol für unbeschwerte Kindertage geblieben.

(Weitere ZEITGUT- *Beiträge dieser Autorin sind im Autorenverzeichnis am Ende des Buches vermerkt.)*

[Chemnitz – Sörnzig bei Rochlitz/Zwickauer Mulde,
Sachsen;
1926–1933]

Roland Seifert

Es begann in der Chemnitzer Oststraße

Wir waren zunächst drei Geschwister. Als erstes Kind war
1922 ich zur Welt gekommen, 1924 und 1925 folgten meine
Schwestern Ilse und Ursula. Wie zu dieser Zeit üblich, fanden die Entbindungen zu Hause statt. Wir wohnten im dritten Stock des Hauses Oststraße 7, jetzt Augustusburger Straße, in Chemnitz. Uns standen nur zwei Räume zur Verfügung: eine Wohnküche und eine Schlafstube, beide mit Gasbeleuchtung. Eine Diele oder einen Flur gab es nicht, vom
Schlafzimmer kam man sogleich ins Treppenhaus. Unsere
Wohnung war ziemlich eng und einfach, noch nicht einmal
mit fließendem Wasser, geschweige denn mit einem Bad ausgestattet. Einen halben Stock tiefer befanden sich Wasserhahn, Ausguß und Plumpsklo für drei Familien.

Die Waschgelegenheit bestand aus einem dreibeinigen Ei-
sengestell, in dem sich unten ein Wasserkrug befand. Oben
hing in einem Eisenring das emaillierte Waschbecken. Für
das Schmutzwasser stand ein Eimer bereit, der zum Entlee-
ren eine halbe Treppe tiefer an den Ausguß getragen werden mußte. Dabei wurde dort am Wasserhahn der Frisch-
wasserkrug gleich wieder gefüllt.

Besonders umständlich war das Baden: Dazu wurde eine
in der Bodenkammer deponierte Zinkwanne heruntergeholt
und in die Küche gestellt. Das Wasser mußte auf dem Ofen
oder Gaskocher erwärmt und hineingeschüttet werden. In

dem Badewasser wurden meist zuerst wir Kinder gebadet und kamen anschließend ins Bett. Dann wurde nochmals heißes Wasser für die Eltern nachgefüllt. Nach dem Bad war die Wanne leerzuschöpfen, das Schmutzwasser herunterzutragen und die Wanne wieder zu verstauen. Solch einen Aufwand konnte man freilich nur einmal in der Woche, in der Regel samstags, betreiben.

Eine bessere Wohnung war vorerst nicht in Aussicht. Das Kinderbett für die im November 1925 geborene Schwester Ursula stand fortan auch noch in der Küche. Meine mit Akkubetrieb laufende Spieleisenbahn mußte darunter hindurchfahren. Der Akku hatte eigentlich noch eine andere Aufgabe: er versorgte eine kleine Nachttischlampe mit Strom. Bei drei Kindern war nachts doch öfter Licht nötig. Die Gasbeleuchtung oder eine Petroleumlampe anzuzünden machte viel mehr Umstände, als den kleinen Schalter zu betätigen. Wenn nachts jemand „mußte", ging er auf den Nachttopf. Das Treppenhaus war kalt und dunkel, denn die Gasbeleuchtung wurde dort nachts abgestellt.

Eine im Dachgeschoß des Hauses gegenüber wohnende alte Dame war ins Gerede gekommen, weil sie den besagten Topf einfach aus dem Fenster in die Dachrinne kippte, um sich den Weg zum einen halben Stock tiefer liegenden Plumpsklo zu ersparen.

Nahe Verwandte

Im Erdgeschoß oder Parterre hatte die Großmutter einen Laden mit einer Drei-Zimmer-Wohnung gemietet. Sie betrieb ein Kurzwaren- und Wäschegeschäft. Die drei jüngeren Geschwister unserer Mutter waren noch ledig und lebten zu Hause. So hatten wir Kinder die Großmutter, Onkel Theo, Onkel Adolf und Tante Gretel in unserer Nähe. Wir ließen uns von unserer Mutti sehr gern bei der (Groß-)„Mama", abgeben, wenn sie etwas zu erledigen hatte. Das kam oft vor, denn Vater war mit seinem Taxi oder mit dem LKW immer unterwegs. Auch unser Telefon stand bei der Großmutter, die ja wegen ihres Ladens immer zu Hause sein mußte.

Für uns Kinder war es dort sehr interessant: der Telefonapparat, der Laden mit seiner Türglocke, die Schnurrolle und das Papier unter der Theke. Wenn wir zuviel Unordnung hineinbrachten, gab es allerdings etwas auf die Finger.

Wir hingen vor allem an der kinderlieben Tante Gretel. Aber auch die beiden Onkel waren recht beachtenswert: Onkel Adolf war Hobbymaler. Oft stand eine Staffelei mit einem angefangenen Ölbild in der guten Stube. Wenn wir ganz brav und still waren, durften wir manchmal zuschauen, wie er die Ölfarben auf der Palette mischte und dann auf die Leinwand tupfte. Einer seiner Malerfreunde versetzte uns in Erstaunen: Der Mann war etwa zwei Meter groß und mußte sich deshalb bücken, wenn er zur Tür hereinkam.

Der nur wenig ältere Onkel Theo besaß ein Grammophon, an dem man zwei Holztürchen öffnen oder schließen konnte, um die Lautstärke zu regulieren. Vor dem Abspielen einer Platte mußte die Feder mit der Kurbel aufgezogen werden. Dann krähte es Opernarien, Straußwalzer oder Schlager dieser Zeit, wie: „Wer hat denn den Käse zum Bahnhof gerollt?" oder „Der Neger hat sein Kind gebissen" und „Uns're Oma fährt im Hühnerstall Motorrad, Motorrad ..."

Die „Jungs", so nannte Großmutter die Onkel, fotografierten gelegentlich mit einer Plattenkamera, manchmal sogar mit einem Magnesiumblitz, der so schön pufffte und stank. In die zur Dunkelkammer umfunktionierte Küche durfte ich gelegentlich mit hinein. Bei düsterem Rotlicht beobachtete ich, wie der Onkel die Glasplatten in viereckigen Schalen mit geheimnisvollem Wasser schwenkte, bis das Negativbild erschien. Der bereits 1916 verstorbene Großvater hatte eine Laterna magica*) angeschafft. Wir mußten einen der Onkel

---

*) lateinisch: Zauberlaterne, Mitte des 17. Jahrhunderts erfundener einfacher Projektionsapparat für Glasdiapositive.

meist lange bitten, bis er das Ding vom Boden holte und auf-
baute. Wenn dann die lustigen bunten Bilder auf dem an die
Wand gehängten Bettlaken erschienen, war der Jubel groß.

Unser Onkel Theo, der als Maschinenschlosser keine Arbeit fand, ließ sich 1925 von meinem Vater das Autofahren
beibringen und war bei ihm als Fahrer beschäftigt, bis er
sich mit einem Taxi selbständig machen konnte. Ab und zu
leistete sich Onkel Theo seine damalige Leibspeise, eine große Dose Ölsardinen und frische Brötchen. Als er meine
Schwester Ilse und mich einmal davon kosten ließ, wurde
dies auch unsere Leibspeise. Wir setzten uns links und rechts
von ihm an den Tisch, und er mußte nunmehr teilen – was
er wohl auch gerne tat. Dafür schlossen wir ihn ganz besonders ins Herz.

Tante Gretel hatte mit Hilfe der Großmutter Damenschnei-
derin erlernt, brauchte aber, solange der Laden gut ging, nicht
allzuviel arbeiten. Großmutter hoffte, daß sich ihr hübsches
Nesthäkchen bald einen gutgestellten Mann angeln würde.
Aber das Glück war ihr nicht hold. Nach einer großen Enttäuschung blieb sie ledig und uns Kindern als Lieblingstan-
te erhalten. Zu Beginn des Zweiten Weltkrieges hatte sie sich
doch noch für einen Mann entschieden, der aber in der
Schlacht von Stalingrad ums Leben kam. So verdiente sich
die Tante mit der Schneiderei ihren Lebensunterhalt und
verwöhnte in ihrer Freizeit erst uns, später dann die Kinder
ihrer Nichten und Neffen.

Großmutters Reich

Hatte sich eines von uns Kindern am heißen Ofen oder wo-
anders die Finger verbrannt, brach Großmutter ein Blatt von
ihren zahlreichen Aloe-Pflanzen auf dem Fensterbrett ab,
schnitt es längsseits durch und band es auf die verbrannte
Hautstelle. Das hat immer geholfen. Im Winter legte die
Großmutter stets einen großen Kieselstein auf die heiße Ofen-
platte. In eine alte Decke gewickelt, kam er anschließend als

Wärmstein ins Bett in der kalten Schlafstube. Da das Fenster zum Lüften tagsüber offenstand und dadurch ein Einsteigen vom Hof her möglich war, schaute die Großmutter vorm Schlafengehen immer mit der Taschenlampe unters Bett – man kann ja nie wissen!

Nach Ladenschluß wurde der große, nur mit einem Vorhang verdeckte Schrank, in dem die Utensilien für die Reinigungsannahme hingen, genauso inspiziert. Dabei war Großmutter keinesfalls feige. Und dennoch lag eines Tages unter der Theke ein schwerer, langer Stein, den ihr der Kohlenhändler unter die teuren Kohlen geschmuggelt hatte. Wenn nun ein Bettler oder ein Hausierer trotz Aufforderung den Laden nicht verlassen wollte, drohte sie, ihm den Stein an den Kopf zu werfen. Das half immer!

Täglich kam mit einem Einspänner-Pferdelieferwagen der Herr Lohse angerollt. Er holte für die Großwäscherei Grunert die von den Kunden abgegebene Schmutzwäsche ab und brachte saubere zurück. Auf einem Werbeplakat im Laden war zu lesen:

> *„Zu Hause waschen – Quälerei!*
> *Laß' waschen in der Wäscherei!"*

Auf der Theke stand ein Kasten mit vielen kleinen Schubladen, in denen Nähseideröllchen in allen Farben lagen. Über der Ladentür befanden sich auf einem Brett zwei Weckgläser mit einem weißen Inhalt, Drähte führten rein und raus. Es handelte sich um selbstgebaute galvanische Elemente, die den Strom für die elektrische Ladentürglocke liefern mußten. Das Haus verfügte nämlich noch nicht über einen Stromanschluß. Da die federbetriebene Glocke beim Vorbeifahren der Straßenbahn leicht zu überhören war, hatten Großmutters Jungs ein elektrisches Läutewerk installiert. Von Zeit zu Zeit mußten sie die Gläser mit neuem „Klingelsalz" und Elementplatten bestücken.

Für gute Beleuchtung sorgten Lampen, die über Gasrohre an den Decken gespeist wurden. An den Seiten hing jeweils ein Kettchen herunter, mit einem „A" für „Auf" und einem „Z" für „Zu" gekennzeichnet. Damit wurde der am Rohr oberhalb der Lampe angebrachte Gashahn betätigt. Jede Lampe mußte mit einem Zündholz vorsichtig einzeln angesteckt werden. Die Glühkörper, aus Asbestgewebe oder in einer Thoriumlösung getränkte Baumwollgewebesäckchen, waren, wenn schon einmal benutzt, so empfindlich, daß sie bei der geringsten Berührung zerfielen. Für uns Kinder gab es ein großes Donnerwetter, wenn wir mit dem Ball oder Besenstiel den Gasstrumpf, so nannte man bei uns die Glühstrümpfe, kaputtgemacht hatten.

Oft kamen Vertreter in den Laden. An zwei erinnere ich mich noch besonders gut, weil sie keinen Chemnitzer Dialekt, sondern etwas eigenartig sprachen. Einer hieß Levi, der andere Cohn. Sie waren eingewanderte Juden.

In der an den Laden angrenzenden Stube hing das Telefon an der Wand, allerdings noch ohne Wählscheibe. Das „Fräulein vom Amt" meldete sich, wenn der Hörer abgenommen wurde und stellte die Verbindung zu der durchgesagten Nummer her. Manchmal hieß es auch: „Leitung besetzt!"

Gern ging ich mit der Großmutter zu Frau Findeisen, um die Miete zu bezahlen. Die ältere Dame saß immer stolz und unnahbar in einem großen Sessel. An der Wand aber war ein eiserner Hampelmann angebracht. Den durfte ich jedesmal anstoßen, so daß er eine ganze Weile schaukelte.

Im Hof zwischen den Häusern Nr. 7 und 9, die zusammengehörten, stand noch eine hölzerne Pumpe. Dort wurde aber nur Putzwasser geholt. Im Hinterhaus befand sich im Erdgeschoß eine Schreinerei. Der Hof mit seinem Katzenkopfpflaster war düster und ungemütlich. Auf der Straße war es nicht viel besser, gegenüber standen hohe, schwarze Häuser. – Wegen des Rauchs der vielen Schornsteine hieß unsere Stadt im Volksmund auch Ruß-Chemnitz. – Dazwischen ratterte die „Elektrische", die Straßenbahn, hindurch. Wann immer es möglich war, ging unsere Mutter mit uns Kindern zu einer nahegelegenen großen Grünanlage zum Spielen.

Im stadtwärts gelegenen Nachbarhaus befand sich ein Tabakladen, vor dem meistens das feuerrote DKW-Motorrad des Besitzers parkte. Ein paar Schritte weiter rechts führte die Dammstraße zum zirka 50 Meter entfernten Bahndamm. Dort konnte man die vor dem Einfahrtsignal wartenden Dampflokomotiven bestaunen. Dahin bin ich manchmal ausgebüxt, auch wenn es anschließend immer Ärger gab.

Neben Großmutters Laden befand sich Farben-Lorenz, benachbart von Pferde-Hofmann, der neben dem Pferdehandel auch eine Pferdemetzgerei betrieb. Oft wieherten die Zugpferde der damals noch zahlreichen Fuhrwerke, wenn es dort vorbeiging. Auf meine Frage, warum sie das täten, bekam ich zur Antwort: „Die Pferde freuen sich und lachen, weil sie beim Hofmann vorbeigekommen sind, ohne geschlachtet zu werden!"

Kundschaft hatte der Pferdemetzger in der Nähe des Sonnenberges, einem Chemnitzer Arbeiterwohnviertel, genug. Die meist kinderreichen armen Familien konnten sich kein anderes Fleisch leisten. Großmutter mußte wegen ihrer Kundschaft etwas „mit den Wölfen heulen", wie sie sagte. Auf dem Ladentisch lag immer, sichtbar für die Sonnenberg-Kundschaft, „Der Kämpfer", das Organ der KPD. Gelesen hat Großmutter darin wohl kaum, sie hatte die parteiunabhängigen „Neuesten Nachrichten" abonniert.

In der Sommerfrische

Als das Geschäft noch einigermaßen gut lief, leistete sich Großmutter mit Tante Gretel eine Sommerfrische und verreiste für einige Tage. Unsere Mutter mußte sie dann im Laden vertreten. Weil ich schon als kleiner Knirps klaglos die längsten Spaziergänge mitmachte und die kinderliebe Tante Gretel mich wohl gerne dabei hatte, durfte ich sie be-

*In der Sommerfrische an der
Zwickauer Mulde wanderte
ich ohne zu murren mit
Großmutter, Tante Gretel
und Schwester Ilse auf den
Rochlitzer Berg.*

gleiten. Mit der Eisenbahn fuhren wir zirka 25 Kilometer nördlich nach Sörnzig. Das ist ein winziges „Nest" direkt an der Zwickauer Mulde nahe Rochlitz. Im Dorfgasthof bei der Familie Bellmann nahmen wir Quartier. Ich durfte – wahrscheinlich kostenlos – bei Tante Gretel im Bett schlafen. Eines Morgens stellte sie erschrocken fest, daß ich verschwunden war. Bald fand man mich wieder. Ich war zwischen Wand und Bett heruntergefallen und schlief auf dem Fußboden ruhig weiter.

Die Attraktion war eine Fußgänger-Hängebrücke über die Mulde. Diese Brücke schwankte furchterregend, wenn man für einen Groschen Brückenzoll hinübergehen durfte. Wanderungen durch das Silbertal, eine Birken- oder Silberpappel-Allee sind mir noch gut in Erinnerung.

Einmal hatte man mir zum Mittagessen wohl etwas zuviel auf den Teller getan, ich konnte einfach nicht alles aufessen. Zur Sparsamkeit erzogen, warfen wir zu Hause keine

Essenreste weg. Meist aß die Mutter oder eines der Geschwister den verschmähten Rest noch auf. So fragte ich die Großmutter, ob sie den Teller noch leeressen wolle, aber die sagte: „Nein!" Als auch Tante Gretel nichts mehr mochte, wollte ich wissen, ob es der Herr Bellmann dann essen würde?

„Nein, der wirft es weg", antwortete die Großmutter.

Das war zuviel für mich! Solch ein gutes Essen wegwerfen? Kurzentschlossen sagte ich: „Dann esse ich es doch noch auf!" Daß der Herr Bellmann dabei direkt hinter mir stand, bemerkte ich erst, als der schallend lachte und seine Uhrkette auf der Weste über seinem dicken Bauch hopste.

„Ja, ja", meinte er dazu, „lieber den Bauch verrenken, als dem Wirt etwas schenken!"

Vaters Fuhrgeschäft

Unser Vater betrieb sein 1910 gegründetes „Kraftdroschken-Unternehmen", mit einem in Leipzig hergestellten 50 PS DUX-Wagen, den er 1924 neu gekauft hatte. Ein Jahr später

Etwa 1930: Vaters Taxi – hier mit Fahrer Kanitz – ein DUX 17/50 PS, hergestellt von der DUX-Automobilfabrik in Leipzig-Waren. Auf dem Schild über dem Batteriekasten steht: „Kraftdroschke 7".

wurde das Geschäft um den Lastwagen-Fuhrbetrieb erweitert und dazu ein BÜSSING-Kipplaster für 5 Tonnen Tragkraft gekauft, ein für diese Zeit ziemlich großer vollgummibereifter Wagen.

Zu meinem größten Vergnügen hat mich mein Vater von Anfang an auf seinen Fahrten mit dem BÜSSING mitgenommen. Die meisten waren ohnehin im Nahverkehr. Wenn er es ohne große Umwege einrichten konnte, kam er zum Mittagessen nach Hause. Danach durfte ich Dreikäsehoch mitfahren, zum Beispiel in die Ziegelei nach Neukirchen oder den Beutenberg hinauf in Siegels Steinbruch. Ich war begeistert, durfte schon bald den Motor aus- oder einschalten und sogar auf den Anlaßknopf drücken. Oft kamen wir erst spät heim, denn einen 8-Stunden-Tag kannte Vater nicht.

Zu Weihnachten 1925 wünschte ich mir natürlich einen „BÜSSING"-Spielzeug-LKW. Vater beauftragte einen Hobby-Modellbauer damit. Das war der Zigarrenhändler Schachten von nebenan, der sich den großen LKW genau anschaute und möglichst naturgetreu nachbaute. Etwa 40 cm lang, stand er dann auf dem Weihnachtstisch, und die Freude war groß. Bald entdeckte ich doch einige Unterschiede zum Original. Solche Einzelheiten hatten sich mir besser eingeprägt, als es die Großen gedacht hatten. Trotzdem habe ich gern damit gespielt. An dem guterhalten Spielzeug hatte mein jüngerer Bruder Dieter später noch seine Freude.

1927 fanden die Eltern endlich eine passendere Bleibe für uns Fünf. Die Neubauwohnung im Erdgeschoß der Hans-Sachs-Straße 4 war zu dieser Zeit ein Riesenluxus: zwei größere und ein kleines Zimmer, eine Küche, ein Flur und ein Bad mit Wasserklosett! Und es gab sogar elektrisches Licht. Der Clou war für mich, daß die Eisenbahn wenige Meter hinter dem Haus vorbeifuhr. An ihr Geräusch hatten wir uns bald gewöhnt.

Im März 1929 schafften die Eltern zusätzlich einen Schnell-Lastwagen mit Luftbereifung, einen 3-Tonner MAGIRUS mit

Unser LKW als Behelfsomnibus. Davor stehen Fahrgäste. Aus dem Fenster schaut mein Bruder Dietrich, damals drei Jahre alt. Mit Sonntagsausflugsfahrten, hier nach Thüringen 1934, erzielten meine Eltern ein zusätzliches Einkommen.

einem 55-PS-Benzinmotor, an. Die Kundschaft hatte dazu gedrängt. „Diesel" waren noch die große Ausnahme. Alles schien gut zu gehen, aber der Hauptkunde sprang bald ab, und es liefen nur noch die Wechsel für den neuen Wagen. Zudem rutschte Vater beim Abkippen von Bauschutt der große 5-Tonner auf nassem Boden weg, überschlug sich und stürzte die tiefe Müllkippe hinunter. Vater konnte noch abspringen, aber Bergung und Reparatur des Wagens verschlangen viel Geld. Kurz darauf kam es zum berüchtigten „Schwarzen Freitag", dem Zusammenbruch der New Yorker Börse am 24. Oktober 1929. Für unsere Fahrzeuge gab es kaum noch Arbeit, und das elterliche Geschäft kam, bisher unverschuldet, ganz schnell in die roten Zahlen. Um es überhaupt noch erhalten zu können, mußten die Taxe und der schwere LKW verkauft werden.

So blieb uns nur der einigermaßen gute und moderne 3-Tonner, für den es aber nur wenige Aufträge gab. Um ihn besser auszulasten, wurde er im Sommer für die Sonntage, wie damals üblich und erlaubt, zu einer Art Behelfsomnibus mit Verdeck und Bänken ausgestattet. In der Zeitung schrieben wir Fahrten aus. Wir haben viele schöne Touren ins Erzgebirge, nach Thüringen, in die Sächsische Schweiz und in andere Orte unternommen. Es bildete sich sogar ein fester Kundenstamm von Fahrgästen. Natürlich waren die Fahrpreise niedriger als bei einem „richtigen" Bus, viel Geld hatten die meisten Leute zu dieser Zeit nicht übrig. Für das Geschäft waren diese Einkünfte sehr willkommen, aber für Vater bedeuteten die Sonntagsfahrten eine große zusätzliche Belastung.

Am 9. Juni 1931 bekamen wir einen Nachzügler, unser Brüderchen Dietrich. Nun waren wir vier Kinder.

Um das Jahr 1933 fand sich endlich ein Dauerkunde fürs Geschäft, der zwar den Fuhrlohn ziemlich drückte, aber immerhin an zunächst zwei Tagen der Woche feste Einkünfte brachte. Das war das Chemnitzer Sauerstoffwerk. Als die Wirtschaft später wieder anlief, konnte Vaters Wagen dort die ganze Woche fahren, und unsere Eltern konnten den Rest der in der Krise gemachten Schulden abzahlen. Einen Urlaub haben sie sich nie leisten können.

Damals, als wir noch in der Chemnitzer Oststraße wohnten, weckte mein Vater in mir die Liebe zum Auto. Sie bestimmte mein weiteres Leben: Ich erlernte den Beruf des Kfz-Handwerkers, fuhr während des Krieges einen Werkstattlastzug und nach Kriegsende für die Amerikaner in Heidelberg Holz. Später war ich Fernfahrer.

(Weitere ZEITGUT-*Beiträge dieses Autors sind im Autorenverzeichnis am Ende des Buches vermerkt.)*

Ernst Haß

Grünkohl-Weihnachten

Drei Jahre nach der Inflation ging es uns immer noch
schlecht. Ich war 13 Jahre alt. Mein jüngerer Bruder und ich
hatten eines gemeinsam: ständig Hunger! Mutter teilte uns
das Brot zu, am Brotkasten hing ein Schloß! Unser Vater
hatte 1924 bei der Reiherstieg-Werft in Hamburg angefangen zu arbeiten, aber jetzt, im November 1926, wurden alle
Hamburger Werften bestreikt. Ich denke nicht gerne an diese Zeit zurück, denn Mutter hat heimlich viel geweint, weil
es für uns nicht genug zu essen gab. So machte ich mir Gedanken, wie ich zum Haushaltsbudget beitragen könnte und
suchte in der Zeitung nach einem Job.

Ich hatte Glück! Hinter dem Rücken meiner Mutter schrieb
ich eine Firma an und bekam Antwort.

*Firma Henry Gabrielson-Papier Export AS, Spitalerstr. 12,
Semperhaus B* – stand als Absender auf der Karte.

Nun mußte ich Mutter mein Geheimnis offenbaren. Zuerst wollte sie nicht zulassen, daß ich dreimal in der Woche
jeweils zwei Stunden in der Stadt als Laufjunge und Bote
Geld dazuverdiente. Ich bettelte, bis sie einverstanden war.

Zum Vorstellungstermin in Hamburg kam Mutter mit. Au-
ßer mir bewarben sich fünf weitere Jungen um den Job. Vier
Mark pro Woche sollte es dafür geben – das war damals viel
Geld! Für eine Mark konnte man zum Beispiel vier Pfund
Rama-Margarine oder 20 Eier kaufen. Bei uns in Hamburg-

Wilhelmsburg gab es bei Bäcker Meier am Ernst-August-Kanal für 10 Pfennige eine Riesentüte voll Kuchenrändern. Mein Fahrrad, ein „Dauerpedder", auf Hochdeutsch: Dauerndtreter, hatte 28,50 RM gekostet. Ich war sehr stolz darauf, denn ich hatte vom Frühjahr bis zum Herbst bei Bauer Benthak geholfen und es mir von dem Lohn zusammengespart. Ein Fahrrad mit Torpedo-Freilauf und Rücktrittbremse war viel zu teuer.

Ich bekam die Botenstelle, vielleicht weil ich schüchterner als die anderen Jungen war. Gleich am Montag sollte ich anfangen. Nach Schulschluß um 14 Uhr lief ich rasch nach Hause, damit ich pünktlich um 15 Uhr meine Stelle antreten konnte. Ich mußte meinen Sonntagsanzug anziehen, damit ich anständig aussähe, verlangte Mutter. Dann bin ich mit meinem Dauerpedder losgesaust. Von 15 bis 17 Uhr hatte ich Briefe und Prospekte auszutragen. Die Lauferei war ja zuerst ungewohnt, weil ich mich in der Gegend um den Hauptbahnhof nicht auskannte. Am zweiten Tag klappte alles schon viel besser. Ich kam mit den Fahrstühlen und Paternostern gut zurecht, das machte mir Spaß.

Als ich die ersten vier Mark nach Hause brachte, war die Freude groß. Mutter fiel mir um den Hals und drückte mich. „Mien groot'n Jung'n", sagte sie. Dabei wischte sie sich mit dem Schürzenzipfel über die Augen. Ich war stolz, daß ich Mutter helfen konnte.

Es ging auf Weihnachten zu. Der Chef und seine Sekretärin hatten Vertrauen zu mir, ich mußte auch Geld und Schecks zur Bank bringen. Einen Tag vor Heiligabend bekam ich nicht vier, sondern zehn Mark!

Mir kamen die Tränen vor Freude – so viel Geld! Die Sekretärin merkte es und nahm mich in den Arm. „God Jul", sagte sie und gab mir einen Kuß auf die Wange, was mich ganz durcheinander brachte. Auf der Rückfahrt nach Hause hat mich kein Auto überholt, so schnell fuhr ich, um Mutter das Geld auf den Tisch zu legen. Mutter lobte mich und sagte: „Du lieber Gott, ich danke dir. Ist die Not am größten, so ist der liebe Gott am nächsten."

Bei Bauer Rheders erstand ich einen Sack Grünkohl und half Mutter, das Gemüse abzustrubbeln. Der Kohl war noch voll Schnee und Eis und meine Finger wurden ganz klamm. Nach dem Putzen schütteten wir den Kohl zum Säubern in den Waschkessel und anschließend in Mutters größten Pott. Dann durfte ich mit Kienspan Feuer anzünden und Holz nachlegen. Mutter warnte: „Paß' schön auf, das Feuer darf nicht ausgehen!"

Während sie bei Kaufmann Münch in Niedergeorgswerder – der existiert heute noch! – einiges besorgen wollte, heizte ich weiter ein und schwitzte nicht wenig dabei. Mein Bruder holte von draußen Holz herein. Der dampfende Kohl hat mehr als gestunken! Nach einer Dreiviertelstunde war Mutter wieder da. Mit rotem Kopf und schwer bepackt mit zwei Körben kam sie den Deich herunter. Ich lief ihr entgegen und nahm sie ihr ab. Dabei fragte ich sie: „Warum stinkt denn der Kohl beim Kochen so entsetzlich?"

„Weil er Frost gehabt hat, das muß so sein, sonst schmeckt er nicht", erklärte sie mir.

Neugierig sahen wir zu, wie Mutter die Körbe auspackte. Dabei lief mir das Wasser im Mund zusammen. Mutter hatte eine große Schweinebacke und geräucherten Speck eingekauft. „So Jungs, dat kummt alln's in Greunkohlpott! Hier hab' ich noch 'n paar Tannenbaumkringel, die könnt ihr mit Zwirnsfaden in den Tannenbaum hängen", sagte sie. „Der Weihnachtsmann hat keine Zeit, is' nichts mit der Bescherung dieses Jahr. Nächstes Jahr will er bestimmt kommen."

Wir Jungen waren damit zufrieden.

Am nächsten Tag war Heiligabend. Wir freuten uns schon auf die Schweinebacke und den geräucherten Speck. Vormittags spielten wir auf dem Deich, wo wir uns eine Rutschbahn – bei uns sagte man Glitsche – angelegt hatten. Wir trugen Stiefel mit Holzsohlen, Schuhe mit Ledersohlen wa-

ren nur sonntags erlaubt. Das Glitschen machte richtig Spaß!
Der Postbüdel (-bote) kam und stellte sein Fahrrad oben am
Deich ab. Als er zum Haus hinuntergehen wollte, rutschten
ihm schon beim dritten Schritt die Beine unterm Hintern
weg. Wie ein Käfer auf dem Rücken liegend, schimpfte er:
„Düsse verdreihten Görn!"

Briefe und Päckchen lagen verstreut auf dem Deich, alles
war aus seiner Ledertasche herausgerutscht. Wir haben heimlich gelacht, halfen ihm aber beim Aufsammeln der Postsa-
chen. Schuld hatten wir ja. Unsere Mutter hatte alles mit
angesehen und wollte es auch Vater sagen. Mein Bruder und
ich hatten Angst. Aus der Strafe wurde aber nichts – Mutter
hatte es vergessen!

So verging der Nachmittag, es wurde schummerig und
schnell dunkel. Nach dem Waschen durften wir in die Küche
– sie war voller Überraschungen! Es gab Kartoffelsalat und
Knackwürste. Ich sah dankbar zu Mutter hin, die mich aber
schon beobachtet hatte.

Der Weihnachtsmann ist zwar nicht gekommen, aber wir
sind richtig sattgeworden, wofür wir unserem Herrgott dankbar waren. Die Lichter am Tannenbaum leuchteten in diesem Jahr besonders hell, so schien mir. Mutter stimmte ein
Lied an: „Oh Tannenbaum, wie grün sind deine Blätter ..."
Als wir das zweite Lied: „Oh, du fröhliche, selige gnaden-
bringende Weihnachtszeit" sangen, mußte mein Bruder laut
aufstoßen, so vollgefressen war er!

Vater sagte „Mahlzeit!" Mit dem Singen war es vorbei, wir
mußten alle lachen. Es war eine ärmliche Weihnachtsfeier
ohne Bescherung, aber trotzdem schön!

Das damalige Weihnachtsessen habe ich übernommen bis
auf den heutigen Tag, nur Kaßler und Kochwürste kommen
heute zusätzlich an den Grünkohl.

*(Weitere ZEITGUT-Beiträge dieses Autors sind im Autorenverzeichnis am
Ende des Buches vermerkt.)*

Willi F. Blaudow

„*Dei Olsch rookt!*"

Im Jahre 1929 zogen wir von Damgarten*) nach Hamburg-
Altona. Der Umzug von einer behäbigen, ruhigen Kleinstadt
in die Großstadt bedeutete für die Familie eine enorme Umstellung, auch für mich, der ich erst drei, vier Jahre alt war.
Das Alter ist eigentlich weniger von Bedeutung, vielmehr
die Tatsache, daß ich nur pommersches Platt, aber kein Wort
Hochdeutsch sprach. So gab es anfangs durch Mißverständ-
nisse oft Ärger.

Von einer Geschichte, die meine Mutter im Verwandten-
und Bekanntenkreis noch lange Zeit erzählte, will ich hier
berichten:

Eines Tages saß ich mit meiner Mutter in der Straßenbahn und schaute interessiert zu den männlichen und weiblichen Mitfahrern. Da sah ich doch eine ältere Frau eine dik-
ke Zigarre rauchen!

So etwas galt zu dieser Zeit für eine Frau als unschicklich,
zumindest hatte ich das bisher noch nie gesehen. Ich stieß
meine Mutter an und tönte im breiten Platt in voller Lautstärke: „Kiek mol, Mama, dei Olsch dor dröben ..., dei rookt
ne Zigarr! Dat gehürt sich doch nich!"

Da der Straßenbahnwagen gut besetzt war, bekamen die

---

*) 1950 entstand aus dem mecklenburgischen Ribnitz und dem pommer-
schen Damgarten Ribnitz-Damgarten.

Leute in meiner näheren Umgebung mein offensichtliches
Mißfallen natürlich mit. Nun begann das Rätselraten um
Ausdruck und Sprache, denn das hamburgische Plattdeutsch
weicht doch um einiges vom pommerschen ab.

„Wie spricht denn der Junge?" hörte ich tuscheln und:
„Deutsch ist das nicht, Englisch auch nicht, das würde ich
verstehen, und Französisch erst recht nicht! Was ist denn
das für ein Ausländer?"

Meiner Mutter war es sichtlich peinlich, so plötzlich in den
Mittelpunkt des Interesses gerückt zu sein. „Nu paß mal up,
Willi! Wenn dei Fru rooken will, kann sei dat daun! Dat geiht
di gar nix an", fuhr sie mich ziemlich barsch an – was sie sonst
nie tat – und ermahnte mich: „Du büst nu öber still, dei Lüd
kieken schon all her!"

Daß die Leute fast alle zu uns herüberschauten, störte mich
überhaupt nicht, ich wollte doch nur wissen, warum die Frau
rauchte und die anderen nicht. Also fragte ich weiter: „Jo,
öber worum rookt dei Olsch ... un ... un kiek mol, wat dat
dampt! Un ... un dei annern Frugens moken dat nich, wor-
üm nich?"

Die Raucherin war nun ebenfalls aufmerksam geworden,
sie schaute zu uns herüber und rief: „Daß sich so ein kleiner
Kerl für mein Rauchen interessiert, ist ja sehr interessant,
das ist bisher noch nicht vorgekommen! Ich habe leider nicht
alles verstanden, denn der Junge spricht doch Plattdeutsch,
nicht wahr? Aber den Unterschied zwischen Olsch und Frugens wüßte ich doch gerne!"

Meine Mutter mußte wohl erst überlegen, was sie der Frau
antworten könnte, denn der Ausdruck „Olsch" wird für eine
ältere Frau verwendet, die einem unsympathisch ist und mit
der man nichts zu tun haben will, und so schalt sie mich
wieder: „Süst du nu, wat du wedder anstellt hest? Nu büst
du öber still!"

Und an die Raucherin gewandt: „Ja, wissen Sie, wir sprechen im Familienkreise traditionell pommersches Platt-

deutsch, und da ist für meinen Sohn eine ältere Dame eine ‚Olsch' und die anderen Frauen sind ‚Frugens'. Das soll nun keinesfalls eine Abwertung sein, sondern nur eine kindliche Unterscheidung!"

Die Raucherin antwortete: „So etwas Ähnliches habe ich mir schon gedacht. Kann der Junge denn gar nicht Hochdeutsch sprechen?"

Das verstand ich nun doch und antworte keß: „Ne, gor nich, ick will ok nich! Un .... un ... de Rook stinkt so!"

Ehe die Raucherin antworten konnte, zerrte mich meine Mutter zur Ausgangstür, und da die Straßenbahn gerade anhielt, stiegen wir schnell aus. Ärgerlich meinte Mutter: „Wi möten jetzt loopen, dat hest du nu dörvon! Wenn du din Muul nich hölst, foarn wi nich mir mit dei Stratenbahn!"

Da hatte ich mir ja was Schönes eingebrockt, wo ich doch so gerne mit Hamburgs Straßen- und Hochbahn fuhr!

(Weitere ZEITGUT*-Beiträge dieses Autors sind im Autorenverzeichnis am Ende des Buches vermerkt.)*

Traute Siegmund

Das verflixte Ofenrohr

Meine Eltern heirateten im April 1923. Sie waren Österreicher. Vater stammte aus Wien, Mutter aus Bielitz-Biala in Österreich-Schlesien. Ihre Hochzeitsreise führte sie nach Hamburg, wo ein Onkel meines Vaters wohnte. Der hatte die Jungvermählten eingeladen. Hamburg gefiel meinen Eltern so sehr, daß der Wunsch aufkam, für immer in dieser Stadt zu leben. Vater war Gartenbautechniker. Dem Onkel gelang es, ihm eine Stellung als Gärtner zu beschaffen. Diese Erwerbsmöglichkeit war ein Glücksfall für Vater, denn Ausländer hatten zu jener Zeit kaum Aussichten auf Arbeit und Brot. Nach dem verlorenen Krieg lag Deutschland entmachtet am Boden und hatte schwer an den auferlegten Reparationen zu tragen. Eine Massenarbeitslosigkeit war die Folge und die Not war groß.

Obwohl Vater seine feste Anstellung hatte, mußten meine Eltern jeden Pfennig dreimal umdrehen, bevor sie ihn ausgaben, denn es waren so viele Anschaffungen nötig. Zwar wohnten sie in einer guten Gegend – in Eppendorf – doch der Schein trog, denn sie waren in einem Hinterhof der Eppendorfer Landstraße Nr. 106 zu Hause und hatten als vorübergehende Notlösung unter dem Dach eine Atelierwohnung gemietet. Schon bald stellte sich heraus, daß es sehr schwierig war, eine bessere, bezahlbare Wohnung zu finden. In diesem großen, lichtdurchfluteten Atelier wurde ich im

September 1924 geboren. Ich hielt mich gern im Atelier auf, sah durch die Glasscheiben des leicht abgeschrägten Dachs zum Himmel empor. Vorüberziehende Wolken und Vögel regten meine Fantasie an. In den Wolkengebilden entdeckte ich Gestalten und Dinge aus dem Märchenland, von denen mir Mutter Geschichten erzählte. Gleich neben dem Atelier lag mein kleines Zimmer mit dem weißlackierten Bett. Auf einem Bord standen Bilderbücher mit steifen Pappseiten.

Die Wohnküche war der einzige Raum, der heizbar war. In der kältesten Jahreszeit zog mir meine Mutter zum Schlafen eine dicke Gamaschenhose an, auch den Wintermantel und eine Pudelmütze. Ich sah aus, als wollte man mit mir bei minus 20 Grad spazierengehen. Mutter hatte Angst um mich. In den Zeitungen wurde berichtet, daß Kinder nachts in den Betten erfroren waren.

In der Wohnküche stand ein Kohleherd mit einem sehr langen Ofenrohr, das unter der Decke entlanglief, um irgendwo in der Wand zu verschwinden. Es kam immer wieder vor, daß dieses Rohr verrußte. Das waren für mich Tage, die von der Normalität abwichen. Der Küchenherd qualmte, Mama jammerte und Vater schimpfte auf die „saublöde Anlage". Die Küche wurde mit Zeitungspapier ausgelegt. Bevor das Rohr heruntergeholt und in zwei oder drei Teile zerlegt wurde, bekam ich striktes Küchenverbot. Ich heulte, denn jetzt wurde es doch erst interessant. Ab und zu wagte ich es, die Tür einen Spalt zu öffnen. Ich sah Vater mit aufgekrempelten Hemdsärmeln und einem Handfeger bewaffnet im Rohr herumfuhrwerken. Die Rußhaufen auf dem Zeitungspapier wurden immer höher. Natürlich blieben sie da nicht liegen – ständig wirbelte Ruß in der Küche herum, und Vater sah von Minute zu Minute einem Schornsteinfeger ähnlicher.

Aber irgendwann war es geschafft. Dann war Mutter an der Reihe, alle Gegenstände mit heißem Wasser zu reinigen. Auf dem Herd, in dem das Feuer wieder lustig brannte, wurden große Wasserkessel heißgemacht, und wenn Mutter fer-

tig war, die Zinkbadewanne aus dem Abstellkämmerchen her-
eingeholt. Nun bekam Vater sein wohlverdientes Bad.

Einmal war Ruß ins Atelier entwichen, und Mama blieb
nichts anderes übrig, als den gesamten großen Fußboden auf-
zuwischen. Es war Winter und sehr kalt. Plötzlich wurde
der ganze Boden zur spiegelglatten Eisbahn. Ich war begeistert, weil man da so herrlich rutschen konnte. Doch Mama
fand das überhaupt nicht lustig, denn einige Tage hatten wir
das Eis in der Wohnung.

1929 zogen wir in eine schöne Drei-Zimmer-Wohnung nach
Hamburg-Barmbek. Hier ärgerte uns kein verrußtes Ofenrohr mehr, hier gab es sogar ein richtiges Badezimmer, in
dem das heiße Wasser aus der Wand kam. Ich war jetzt fast
fünf Jahre alt und durfte endlich ohne elterliche Aufsicht
unten auf der Straße spielen. Die Straße war sehr ruhig,
Autos fuhren kaum, es holperte höchstens mal ein Bierwa-
gen vorbei, der von zwei Gäulen gezogen wurde.

*Das bin ich mit meinem
Puppenwagen 1931 im
Hamburger Stadtpark.
Die Puppe mit der Haube
rechts ist immer noch heil.
Sie gehörte erst meiner
Mutter (1897 geboren),
dann mir und heute besitzt
sie meine Tochter.*

Bei den vielen Kindern in der Nachbarschaft fand ich schnell Anschluß, nach meiner Einschulung 1931 schloß ich weitere Freundschaften. Wir trafen uns täglich auf der Straße und wetteiferten, wessen Trudelreifen mit kleinen gezielten Schlägen eines Stöckchens am längsten lief. Auch das Seilspringen war sehr beliebt. Jedes Mädchen besaß ein Springseil. Der Gemüsehändler gleich um die Ecke war zu uns Kindern sehr freundlich. Wenn er eine Fuhre Apfelsinenkisten bekam, schenkte er uns immer das dicke, gelbe geflochtene Seil, mit dem die Kisten zusammengeschnürt waren. Damit konnten wir stundenlang spielen. Zwei Kinder mußten das Tau schlagen, die anderen hatten sich aufgestellt und liefen nacheinander in das Tau hinein, sprangen beim ersten Mal einmal darüber weg, beim nächsten Mal zweimal, dann dreimal – bis zu zwölfmal. Oder ein springendes Kind holte sich ein zweites hinzu und sie sprangen gleichzeitig. Sehr geschickt mußte man sein, wenn zwei Taue zur Verfügung standen. Diese wurden gleichzeitig, aber entgegengesetzt geschlagen. Schere nannten wir das.

Die Sonntage waren immer besonders schön, da unternahmen die Eltern mit mir ausgedehnte Wanderungen. Auf diesen Touren waren wir öfter durch Sasel gekommen. Damals war der Ort noch eine ländliche Siedlung mit strohgedeckten Bauernhäusern und einem Dorfteich, er gehörte zum Kreis Storman. Erst 1937 wurde Sasel in Hamburg eingemeindet. Einmal verkündete Vater meiner erstaunten Mutter und mir: „Wißt ihr was? Wir werden uns hier ein Grundstück kaufen und ein Haus bauen!"

Dieser Wunsch wurde 1932 Wirklichkeit.

Laufende Bilder

Das Landschaftsschutzgebiet Wühlberge, das gleich hinter unserem Haus begann, war für uns Kinder ein Paradies. Etliche Berge, wie große Maulwurfshügel aneinandergereiht, eigneten sich hervorragend zum Räuber und Gendarm- oder

Pfeiljägerspielen. Wir glucksten vor Lachen in uns hinein, wenn wir oben in einem der großen Kletterbäume hockten und unter uns die Jäger nach den in den Sand gezeichneten Pfeilen suchten.

Doch heute waren wir nur zu dritt und wußten nichts Rechtes anzufangen. Bei unserem Herumstromern waren wir bis an die Bergstedter Chaussee zum Gasthaus Hack gekommen. Hier verschwand die Saselbek, ein kleiner Nebenfluß der Alster, floß unter der Straße hindurch und dann am Rande des Bergstedter Waldes weiter. Unser Lehrer hatte uns erzählt, daß an dieser Stelle bis vor etwa 30 Jahren nur eine Furt existierte und alle Ochsengespanne und Pferdekutschen, die von Sasel nach Bergstedt wollten und umgekehrt, durch das Wasser fahren mußten.

„Guckt mal", wunderte sich Elke „da gehen aber viele Leute in das Gasthaus Hack hinein – ob da was los ist?"

„Das weiß ich nicht", entgegnete Käte, „aber heute ist Sonnabend, vielleicht ist wieder ein Wanderkino da." Käte wußte so etwas am besten; denn hinter dem Gasthaus begann die Saselbekstraße und da wohnte sie.

„Oh", sagte ich, „so richtige lebendige Bilder, wo die Leute laufen können?"

„Ich glaub schon", meinte Käte. Von uns dreien war noch keine im Kino gewesen. Ich stieß einen Stoßseufzer aus: „Ach, wenn man da doch reinkäme!"

„Geht nicht, Kinder dürfen da nicht rein", erklärte Käte, „und das kostet auch Geld."

Wir waren an das langgestreckte Gebäude herangeschlendert und schauten neugierig durch eine Tür. In dem großen Saal standen viele Stühle aneinandergereiht, und da saßen schon etliche Leute. Aber es waren noch viele Plätze frei.

Plötzlich wurde es im Saal dunkel, und wie verabredet schlichen wir uns hinein. Wir fanden auch Platz und harrten aufgeregt der Dinge, die da kommen sollten. Musik wurde gespielt und tatsächlich, vorne auf der Leinwand wurde

Gastwirtschaft und Pensionat Hugo Hack in Saselbek. Hier sahen meine beiden Freundinnen Käte, Elke und ich 1932/33 zum ersten Mal „laufende Bilder" – Kino.

es hell, und wir sahen zum ersten Mal voller Staunen „laufende Bilder". Es war unfaßbar!

Was ich gesehen habe, weiß ich nicht mehr. Ich kann mich nur an ein wunderschönes großes Schiff erinnern, an Wasser und Berge und an Menschen, die durch eine Stadt marschierten. Heute vermute ich, daß wir einen Kulturfilm und die Wochenschau sahen, mehr nicht; denn plötzlich stand Herr Hack, der Wirt, vor uns!

„So, Kinder, jetzt müßt ihr aber raus, nun habt ihr genug gesehen!" forderte er uns auf. „Ich glaube, ich habe lange genug ein Auge zugedrückt."

Zuerst bekamen wir einen großen Schreck, daß er uns entdeckt hatte. Aber seine Stimme klang kein bißchen böse. Als er uns nach draußen brachte, sah ich, daß er schmunzelte.

(Weitere ZEITGUT-Beiträge dieser Autorin sind im Autorenverzeichnis am Ende des Buches vermerkt.)

Anneliese Albrecht

„Kintopp"

Meine geliebte Mutter Charlotte, zwanzig Jahre älter als ich,
ihre „Große", hatte neben vielen Stärken und Fertigkeiten
eine Schwäche: die bewegten Bilder des Kinematographen.
Entstanden war diese Liebe in ihrer frühesten Kindheit. Im
Jahre 1905 tauchten in Berlin-Wilmersdorf die ersten Vor-
führungen auf, dürftig untergebracht in Zelten, auf geeigne-
ten Plätzen aufgestellt, bestückt mit Holzbänken oder Gar-
tenstühlen. Mit drei Jahren durfte die kleine Charlotte an
der Hand ihres eineinhalb Jahre älteren Bruders Erwin erst-
mals eine Sonntag-Nachmittagsvorstellung besuchen. Die
Kinder strömten erwartungsfroh herbei. Jedes hielt den Sech-
ser – Erwachsene bezahlten 10 Pfennige – fest in der Hand.
Hatte das Gedränge ein Ende, jedes Kind einen Platz gefunden, zog die flimmernde Leinwand alle in ihren Bann:
Da brillierte eine Tänzerin minutenlang beim Spitzentanz,
Boxer kämpften im Ring, am Ende zeigte sich der Sieger in
Pose mit erhobenen Armen. Auch zwei Clowns, die ihre Pos-
sen trieben, brachten die Zuschauer zu Jubel und Gelächter.
Für die kleine Charlotte wurde dieser Augenschmaus zu ei-
nem überwältigenden, unvergeßlichen Erlebnis.
Viel später, als ich mit Papa vom Besuch des ersten Micky-
mausfilms heimkam, erzählte sie uns von den damaligen
Gegebenheiten und ihren Eindrücken aus den Anfängen der
Filmkunst. Inzwischen gab es die ersten Zeichentrickfilme,

die Groß und Klein begeisterten. Walt Disneys „Mickey Mouse", 1928 in Amerika erstmalig gezeigt, tauchte nun auch in unserer Kleinstadt auf. Da besaß Herzogenrath schon einen „Roda-Palast". Die Zahl der Filmfreunde war gewachsen. Der alte Holzbau, der vorher dort gestanden hatte, mußte dem eleganten Prachtbau weichen.

Doch schon der primitive Saal hatte meine Mutter magisch angezogen, sehr zum Leidwesen meines Vaters. Deshalb nutzte sie Vaters Nachtdienst und wagte den Kinobesuch. Da sie mich nie allein ließ, nahm sie mich kurzerhand mit. 1927 war ich vier Jahre alt und ein ruhiges Kind.

Der Billettabreißer war ein riesiger Mann mit ausladender Leibesfülle und dunkelgrüner Schildmütze. Mutti lächelte ihn freundlich an – sie hatte ein hinreißendes Wangengrübchen, wenn sie lächelte –, während er die Eintrittskarte entwertete. Ich war hinter diesen Berg von Mann geschlüpft und lief, während er ihr höflich die Tür zum Vorführraum öffnete, flink und unbemerkt mit ihr ins einhüllende geheimnisvolle Dunkel.

Als mich meine Mutter 1927 das erste Mal mit ins Kino nahm, gab es den Roda-Palast in Herzogenrath noch nicht. Im neuen Filmtheater mit Platzanweiserinnen wäre das Durchschmuggeln eines Kindes sicher nicht möglich gewesen.

Drinnen fanden wir bald Platz, an Werktagen war weniger Betrieb. Der Klavierspieler auf dem Podest vor der Leinwand rückte seinen Stuhl zurecht. Gleich würde er den gezeigten Stummfilm akustisch mit seinem Spiel begleiten. Den Zuschauern den Rücken zugewandt, Blickkontakt zur Filmhandlung auf der Leinwand haltend, gab er die passende Untermalung. Bei unheilvollem Geschehen ertönte nachempfundenes Donnergrollen auf den unteren Tasten, bei Bedarf „das Gebet einer Jungfrau" oder „Frühlingsrauschen von Sinding", bei Todesfällen spielte er den Trauermarsch, aber auch Walzer, Märsche, Kinderlieder.

Mutti nahm mich auf den Schoß. Laut sprechen sollte ich nicht, nur flüstern durfte ich an ihrem Ohr. Ich wunderte mich, daß es auf der Leinwand immerzu regnete. Bei Filmen, die schon oft durch die Vorführapparate gelaufen waren, würden sich mit der Zeit Kratzer und Streifen bilden, erklärte mir Mutti ganz leise.

Jetzt intonierte der Mann am Klavier recht düstere Passagen: Ein Unheil bahnte sich an. Viele Soldaten mit Gewehren und finsteren Gesichtern erschienen auf der Leinwand. An Muttis Ohr flüsterte ich: „Warum binden sie dem Mann an dem Pfahl ein Tuch vor die Augen?"

Mutti schien es auch nicht zu wissen. Sie kramte aus ihrer Tasche einen Bonbon, drehte mich um, so daß ich ihrem Gesicht zugewandt saß und schob mir seelenruhig den süßen Tröster in den Mund. Als mich die Müdigkeit übermannte, bettete ich meinen Kopf an Muttis Brust und schlief bald fest bis zum Ende der Vorstellung. Danach trug sie mich sanft heim, es war ja nicht weit, bloß um die Ecke.

Mutti bewies ihr immenses Gedächtnis, wenn sie nach einsamen Kinobesuchen das Gesehene lückenlos und anschaulich erzählte. Meine jüngere Schwester Inge und ich hörten ihr atemlos zu. Manchmal hantierte sie dabei noch mit Schrubber und Aufwischlappen und hatte uns vorher zwischen die hochgestellten Stühle auf den Tisch gesetzt. So waren wir aus dem Wege und wurden dafür fürstlich belohnt. Schaute Papa durch den Türspalt, wurde er mehrstimmig abgeschreckt: „Mutti erzählt gerade einen Film!"

„Ihr mit eurem Kintopp", brummte er verächtlich, zog sich dann aber verständnisvoll für einige Zeit zurück.

Ein Leben lang hat ihre Faszination für das Kino angehalten.

Als wir 1936 nach Potsdam gezogen waren, durfte ich Mutti öfter ins „Charlott" am Bahnhof Charlottenhof in der Brandenburger Vorstadt begleiten. Gab es einen Film, der erst ab 18 Jahren freigegeben war, ich aber erst 16 oder 17 zählte, versteckte Mutti meine Zöpfe unter einem ihrer Hüte. Blieb ich unkontrolliert, freuten wir uns diebisch. Meistens passierten auf der Leinwand kaum unpassende Szenen. Da bekam höchstens mal eine unverheiratete Maid ein Kind. Vorher fiel sie in Ohnmacht, dann ahnte man schon ihr Problem. Verdorben haben mich diese Filme nicht.

[Gröditz bei Riesa/Elbe, Sachsen;
1930/31]

Margot Linke

Das Huhn „Tuck-Tuck"

Unsere Nachbarn hatten hinter dem Haus einen kleinen
Hühnerstall mit fünf bis sechs Hühnern und seiner Maje-
stät, dem Hahn. Der Bursche ließ niemanden in die Nähe
seiner Frauen. Also mußte ich mit vielen Tricks und gutem
Futter seine Gunst erobern. Das gelang mir auch sehr bald.
Allerdings jagte er seine Damen weg, sobald ich Leckerbis-
sen für alle brachte. Bei Regenwürmern war der Kampf groß.
    Als Küken ausschlüpften, war ich nicht mehr zu bremsen.
Frau Beck, die Nachbarin, erlaubte mir, die kleinen gelben
Wollknäuel in die Hand zu nehmen und zu streicheln. Ein
kleines Küken piepste immer, wenn ich in die Nähe des Hüh-
nerstalles kam. Sehr bald kannte es meine Stimme und begrüßte mich mit „Tuck-Tuck". Unsere Freundschaft war be-
siegelt. Es war ein besonders kluges Hühnchen. Auf meinen
Ruf hin lief es bald hinter mir drein ins Haus und hüpfte die
Treppenstiege hinauf. Kam ich mit dem Puppenwagen angefahren und rief: „Komm, Tuck-Tuck!", nahm es Anlauf
und flatterte in den Wagen. Manchmal setzte ich ihm eine
Pudelmütze auf und legte ihm einen Schal um. Es sieht lustig aus, wenn Hühner „feingemacht" werden. Das wagte
ich freilich nur, wenn kein Erwachsener in der Nähe war.
    Mein Vater fotografierte sehr gern. Er suchte sich immer
Motive aus, die uns Kinder zusammen mit Blumen und Tieren zeigten. Zum Geburtstag, zu Ostern, zu Weihnachten,

Als wir noch in Maltsch an der Oder in Schlesien lebten, ahnte ich noch nichts von meinem Huhn Tuc aber mein Vater fotografierte bereits leidenschaftlich gern. So enstand dieses Bild vom Neujahrsmorg mit Onkel und Tante, Vettern und Basen. Mein Bruder und ich sitzen auf dem zweiten Schlitten.

zu Hochzeiten und zu anderen Anlässen verschickte er an alle Verwandten und Bekannten seine Karten. Wir Kinder waren nicht begeistert, wenn es hieß: fünf Minuten lächeln und stillhalten! Auf der Osterkarte mußte mein „Tuck-Tuck" die liebevolle Kükenmutter spielen. Sie sah mir zu, als wollte sie sagen: „Ich bin zu Höherem berufen, als mich mit dem kleinen Volk herumzuärgern."

Im Herbst suchte ein kleiner Wanderzirkus für sich und seine Tiere ein Winterquartier. Hinter unserem Garten war ein ehemaliger Sportplatz, der dem Zirkus zur Verfügung gestellt wurde. Alle Nachbarn halfen der Zirkusfamilie. Oft fragte meine Mutter: „Wo ist denn schon wieder das Brot geblieben, heute morgen war es doch noch da?"

Aus unserem und den Kellern der Nachbarn holten wir gelbe Rüben und Gemüse, das zur Überwinterung in Sand gelagert wurde. Mein Bruder sägte ein Loch in unseren Gartenzaun, damit wir schnell zu den Tieren gelangen konnten. Wir durften sie füttern, bürsten, mit ihnen spazierengehen und sogar darauf reiten. Ich erzählte dem Herrn Zirkusdirektor, daß ich eine besonders kluge Henne hätte und sie

Mein Bruder Werner und ich beim Ausritt mit den Zirkuspferden.

Ein besonders kluges Hühnchen war mein Spielgefährte. Auf dem Osterfoto „Tuck-Tuck" und ich im Partnerlook.

ihm unbedingt zeigen müsse. Voller Stolz führten wir die Kunststücke vor. Wenn ich ihr noch einiges beibrächte, könnte ich im Frühjahr bei ihm auftreten, meinte er. Ich war fest entschlossen, einmal Frau Zirkusdirektorin zu werden.

Der Frühling kam und meine Tuck-Tuck war die Schönste, ja die allerschönste Henne auf der ganzen Welt. Nachbars Tochter rüstete für ihre Hochzeit. Der Bräutigam oder ein Verwandter sollte für die Hochzeitssuppe ein Huhn schlachten. Am nächsten Tag lagen vor unserer Tür „Tuck-Tucks" Kopf, die Füße und zwei Federn! Das war für mich ungeheuerlich, und ich habe lange getrauert.

Die Jahre vergingen, den kleinen Hühnerstall gab es nicht mehr. Beide Söhne hatten sich im Nachbardorf eine Hühnerfarm gekauft. Als der Krieg begann, gab Mutter Beck alles auf und zog allein in das Anwesen. Mit aller Kraft wollte sie den Söhnen, die jetzt Soldaten waren, die Existenz erhalten. Ein Sohn fiel in Rußland, der zweite war vermißt. Frau Beck hoffte lange, daß der verschollene Sohn wiederkommen würde. Ihre drei Töchter fuhren täglich mit dem Fahrrad zur Mutter. Sie wurde still und stiller. Als keine Aussicht auf eine Heimkehr mehr bestand, starb sie.

[Wilsdruff – Freital-Potschappel – Dresden-Löbtau;
1928 – 1930]

Gisela Schröder

Mit der kleinen Bimmelbahn ...

Während meiner frühen Kinderjahre begann und endete jede
Reise mit der Fahrt in der Kleinbahn von Wilsdruff nach
Freital-Potschappel, wo dann in die „richtigen", die großen
Züge, umgestiegen wurde. Umgekehrt war der Reiseabschluß
im Bummelzug Ausklang und Vorfreude auf daheim, so auch
nach Besuchen bei meinen Dresdner Großeltern.

Die heißgeliebte Schmalspurbahn war damals die Lebens-
ader des Ackerbürgerstädtchens und die Brücke zur großen,
weiten Welt. Das Personenauto blieb für „Otto Normalver-
braucher" noch lange undenkbar, weil unerschwinglich. Seit
1923 gab es zwar eine Busverbindung vom Markt über die
Dörfer nach Dresden, aber die Fahrt war teuer und nicht
beliebt. Man hatte sie wohl auch nicht so heiß erkämpft wie
die gemütliche Bimmelbahn.

Nachdem 1839 die Eisenbahnstrecke Leipzig-Dresden mit
der Dampflok „Saxonia" eröffnet worden war und sich das
Eisenbahnnetz in Windeseile in ganz Sachsen verbreitete,
wollten auch die Wilsdruffer am dampfgetriebenen Fortschritt in Sachsen teilhaben und träumten von direkten Ver-
bindungen nach Dresden und zur Messestadt Leipzig. Man
hielt es aber bei der Landesregierung nicht für nötig, kleine
bäuerliche Gemeinden rasch ans sächsische Eisenbahnnetz
anzuschließen. Schließlich gab es seit langem Pferdewagen
und Postkutschen, an die in Wilsdruff heute noch eine Post-

1886 wurde das kleine Ackerbürgerstädtchen Wilsdruff ans Eisenbahn-netz angeschlossen. Die Aufnahme aus dem Jahr 1912 zeigt den Markt noch mit den Telegrafenmasten, die erst nach 1930 abgebaut wurden.

meilensäule erinnert. Die Wilsdruffer gaben keine Ruhe, gründeten 1863 einen Verein, das „Wilsdruffer Eisenbahn-komitee". Es dauerte zwar noch zwei Jahrzehnte, aber allen Schwierigkeiten zum Trotz wurde die 750-mm-Schmalspur-bahn 1886 mit einem großen Volksfest eröffnet und sogleich in Betrieb genommen.

Täglich brachte diese fauchende, bimmelnde kleine Eisen-bahn nun viele Berufstätige zu ihren Arbeitsstätten außer-halb von Wilsdruff, Kinder zu den höheren Schulen in der „Residenz", Güter zu ihren Verbrauchern und Händler hin und her. Darüber hinaus bestimmte sie im Städtchen und in den mit der Eisenbahn verbundenen Dörfern geradezu den Tagesablauf, denn sie war so pünktlich, daß man die Uhr nach ihr hätte stellen können: Pfiff der Frühzug in der Fer-ne, dann war es Zeit, die Milchkannen herauszustellen, bim-melte der Mittagszug vorüber, kam die Zeit zum Ausspan-nen. Beim Eintreffen des Nachmittagszuges war die Vesper

zeit herangerückt, und nach dem vertrauten Pfiff des Abend-
zuges legte man sich in der Regel zur Ruhe, um Petroleum
für die Lampen und im Winter Kohlen für die Öfen zu spa-
ren – es sei denn, man traf sich noch, um die Freizeit gemeinsam zu verbringen. Dazu brauchte man Ideen, denn ein
eigenes Radio zur Unterhaltung besaßen nur wenige Bast-
ler-Familien.

Für uns war die kleine Eisenbahn besonders wichtig, denn
unser Vati verdiente hier unser „täglich Brot". Zum anderen
war sie für meine reisefreudige Familie das Bindeglied zwischen der kleineren und der größeren Welt, insbesondere
wenn Vati mit mir seine Eltern in der Malterstraße in Dresden-Löbtau – der Einheimische sagt „Dresden-Löbde" – besuchte. An solch einem freien Sonntag hatten seine blaue

*Die Kleinbahn mit einer Spurweite von 750 mm, die acht Jahrzehnte
zwischen Freital, Wilsdruff, Nossen und Meißen verkehrt und Wilsdruff
den wirtschaftlichen Aufschwung gebracht hatte, wurde 1972 stillgelegt.
Im Hintergrund der Wilsdruffer Bahnhof. Er galt als der zweitgrößte
Schmalspurbahnhof in Europa. (Vgl. hierzu auch: Peter Wunderwald,
Das ehemalige Wilsdruffer Schmalspurbahnennetz, Wilsdruff 1985.)*

Diese Aufnahme vom 1. Mai 1933, dem neu eingeführten „Tag der Deutschen Arbeit“, zeigt das Personal des Wilsdruffer Bahnhofes vor einer geschmückten Lokomotive. Der Dritte von links, der längste Eisenbahner, ist mein Vater Kurt Jacob.

Uniform und die schmucke rote Dienstmütze, sonst trug er wie alle anderen eine blaue, die ihn als Aufsichtsbeamten auf dem Bahngelände auswies, einmal Pause. Ob mein Vater ahnte, daß ich sie mit größtem Vergnügen manchmal heimlich aufsetzte und meinen Spielgefährten vorführte? Wie die mich beneideten!

In feiner Sonntagsgarderobe nahmen wir als Fahrgäste Platz, selbstverständlich in der dritten Klasse, also auf hölzernen Bänken. Damals gab es noch vier Klassen, die 1. und 2. Klasse waren für wohlhabendere Popos gepolstert.

Mit Vorliebe bummelte ich während der Fahrten durch den Zug. Im Traglastenabteil war es wochentags besonders interessant. Da stiegen Landfrauen mit hohen Tragekiepen ein und aus. Hühner gackerten und Enten schnatterten in Drahtkörben, Ziegenlämmer meckerten kläglich, Gänse reckten ihre langen Hälse aus den Behältnissen und machten ein mächtiges Spektakel. Alle waren unterwegs zu den Bauernmärkten. Sonntags hingegen duftete es nach Kuchen und Blumensträußen, Mitbringsel für die städtische Verwandtschaft und Bekanntschaft, zu denen auch sorgsam eingepackte frische Eier, Butter, Quark, Gemüse und manch saftiger Braten gehörten.

Für Kinder war es verboten, auf der „Bühne" zu stehen. So hießen die kleinen Plattformen vor den Abteilen, die zugleich als Ein- und Ausstieg dienten. Aber gerade von hier war die Aussicht auf die vorbeigleitenden Wiesen und Felder besonders schön. Mich störten die Rußflocken, die mich umflatterten, nicht, aber sie hinterließen ihre Spuren auf meinem Sonntagsstaat, was Mutti gewiß nicht freute.

Alles ging schön langsam. Im Frühling und Sommer riefen mir die bunten Blumen zu: „Ach, pflück' uns doch!" – aber das war streng verboten und gefährlich. Ob verboten oder nicht, so mancher sprang einfach ab, wenn der Zug in der Nähe seines Dorfes oder seines Hauses vorbeifauchte. Es war nicht einmal nötig, die Notbremse zu ziehen, die es damals auch schon gab.

Und im Winter? Natürlich wurde geheizt. Der Schaffner hatte viel zu tun, die Fahrkarten der Fahrgäste mit seiner großen Zange zu knipsen und gleichzeitig die eisernen Öfen zu versorgen, was zumeist mit Kohlendreck, Gestank und durch schwelende Stein- oder Braunkohle verursachte Nebelwolken verbunden war, die die Wagen durchzogen und empfindliche Schleimhäute reizten. All das tat dem Fahrvergnügen keinen Abbruch. In Freital stieg man um. Bald waren wir in Dresden-Hauptbahnhof und fuhren mit der „Elektrischen", der Straßenbahn, weiter zu den Großeltern.

Stippvisite in Dresden-Löbtau

Kamen wir sonntagsvormittags überraschend, saß mein vogtländischer Großvater Karl August gewöhnlich mit einigen

Nachbarn ganz vorn am Fenster in der langen, schmalen, immer ein wenig dunklen Küche bei einem Spielchen. Sie droschen auf dem großen weißgescheuerten Küchentisch einen Skat, daß er nur so bebte. Und immer stand ein Kasten Wernesgrüner, vogtländisches Bier, griffbereit in der Nähe.

Großmutter lehnte in einer Ecke des abgewetzten Plüschsofas neben einem weißgekachelten Ungeheuer und legte ab und zu Kohlen in sein gefräßiges Maul. Es war ein altsächsischer Küchenofen, der damals in nahezu jeder Dresdner Küche den meisten Platz einnahm. Dafür kochte, buk, briet, wärmte er und hielt ständig warmes Wasser bereit.

Während die Kartenrunde emsig spielte, saßen Vati und ich artig auf den harten Küchenstühlen gegenüber von Großmutter und warteten. Mutti verwöhnte ihre Schwiegereltern lieber, wenn sie zu uns zu Besuch kamen und fuhr sehr selten mit. Hier fühlte sie sich bei allen wechselseitigen Sympathien doch ein wenig fremd. Ich dagegen nicht!

Diese Wärme und Heiterkeit, das Gefühl, dazuzugehören als Augusts Enkelin, berührten mich, und natürlich gab es viel Neues zu beobachten. Hier wohnten Arbeiter, die sich offensichtlich prächtig verstanden, jedenfalls in Großvaters Wohnküche. Da schienen manchmal von anhaltenden Lachsalven nach deftigen Witzen die Wände zu wackeln. Schlimm können sie nicht gewesen sein. Das hätte Großvater nicht geduldet.

Großvaters Spielleidenschaft war übrigens der Grund dafür, daß es bei uns daheim keine Kartenspiele gab. Vati hatte seine Erfahrungen damit gemacht: Sie störten das Familienleben und raubten Zeit für viele andere interessante Dinge.

Die andere Welt begann schon hinter der Wohnungstür, wenn ich den nur spärlich erleuchteten Korridor betrat. Mit meiner empfindlichen Nase schnupperte ich Gasgeruch. Kein Wunder! Rechts hinter der Tür befand sich der Gasautomat. Elektrisches Licht gab es Ende der Zwanziger Jahre in den Arbeitervierteln noch nicht. Einen Schritt weiter roch es aus einem großen, dunklen Kleiderschrank nach sorgsam eingemotteten „besseren" Kleidungsstücken, die ihre Träger bei den höchst seltenen Gelegenheiten noch eine ganze Weile mit dem besonderen Flair der runden weißen Mottenkugeln umgaben. Aber schon zwei Schritte weiter im Gang dominierte in diesem Geruchsgemisch der gemütliche Duft von Kathreiners Malzkaffee sowie Großvaters Stumpen und lockten in die rechts gelegene Küche. Bohnenkaffee gab es nur an hohen Feiertagen. Verschwendung war eine Sünde.

Geradeaus lag die kalte Pracht, die kaum benutzte „gute Stube", eigentlich ein Durchgangszimmer zur Kammer, der Schlafstube, wie man in Sachsen sagt.

In dieser Zweizimmerwohnung sind also mein Vater und seine beiden Brüder herangewachsen. Wie das wohl zugegangen sein mochte?

Während ich meinen Gedanken nachhing, war Großmutter glücklich, daß ihr Ältester, das „Kurdel", bei ihr war. Sie strahlte ihn an und streichelte ihn ab und zu ganz vorsichtig. Gesprächig war sie nun einmal nicht, aber die beiden verstanden sich auch so.

Manchmal begann in dieser Wartezeit das Licht zu flakkern, das in der hinteren Küche immer brannte. Rasch steckte mir Großmutter einige Groschen zu, und ich rannte zum Gasautomaten. Klick – schon erholten sich die Glühstrümpfe im weißen Lampenschirm mit Glasperlenrand und spendeten wieder helles, freundliches Licht.

Den Luxus eines Badezimmers konnten sich meine Großeltern natürlich nicht leisten. Ein rundes eisernes Gestell mit einer weißen Emailleschüssel und der Seifenschale darunter ersetzte es die Woche über – zugegeben – sehr unvollkommen. Das Wasser kam auch nicht etwa „aus der Wand". Draußen, im Treppenhaus, befand sich die Zapfstelle für die ganze Etage und auch der Abfluß, die „Gosse". Auf dem Treppenabsatz war das Plumpsklo, immerhin für jede Familie ein separates Örtchen. Das Heranschaffen des reinigenden Ele-

Pfingsten 1930 verlebten die Dresdner Großeltern bei uns in Wilsdruff.
Hinter ihnen steht meine Mutter, rechts meine Cousine Lisa und links
ich im Alter von sechs Jahren.

ments für das „Bad am Samstagabend" muß recht anstrengend gewesen sein. Wie auch bei uns in Wilsdruff, wo es allerdings mit fließendem Wasser und elektrischem Licht kom-
fortabler zuging, wurde die große Zinkbadewanne zur ge-
nußreichen Einstimmung auf das Wochenende herbeigeholt
und mit gewärmtem Wasser gefüllt, das in den größten vor-
handenen Töpfen schon den ganzen Nachmittag sämtliche
Kochstellen blockierte.

Das kostete Kräfte! Kein Wunder, daß Badewasser als kost-
bar galt. Der Seifenschaum wurde nach dem ersten, dem Fa-
milienoberhaupt gebührenden Gang, mit einem großen
Schöpflöffel „abgeschöppt", ein paar Töpfe frisches Wasser
hineingeschwappt, und der nächste konnte ins Bad steigen.
Schließlich blieb ja alles in der Familie!

Den meisten Spaß machte mir bei meinen Besuchen der
Kreuzschnabel, Großvaters gefiederter Liebling, der während
des Sonntagsspiels ganz ruhig auf der Gardinenstange saß,

als wüßte er, daß er ausnahmsweise nicht stören durfte. Sonst flog er ständig krächzend in der Küche herum, zupfte Großvater am Ohrläppchen, setzte sich auf Großmutters Schulter und kümmerte sich überhaupt nicht um die für seine „Scheißerchen" ausgelegten Zeitungen. Er ließ sich nur zu gern über dem Spiegel beim Waschbecken nieder, in dem er sich ab und zu – Kopf nach unten – spiegelte und Selbstgespräche führte. Mit Vorliebe zog er mit seinem gekreuzten Schnabel die Reißzwecken aus der Gardinenstange, bis die weiße Zierde zu Boden schwebte. *Er* durfte das. Geduldig befestigte sie Großvater immer wieder und pfiff mit ihm um die Wette – es sei denn, Besuch war da. In diesem Fall mußte der Kreuzschnabel, für den es nicht einmal ein Vogelbauer gab, stillsitzen.

Manchmal hatte ich das Gefühl, daß mein Vater schon zum Besuch zählte. Er war ja Beamter, etwas „Besseres" geworden und hatte eine Bürgerliche geheiratet. Sie achteten sich alle, aber besonders stolz war der Drucker und Metteur*) Karl August Jacob, tätig bei der „Sächsischen Zeitung", bestimmt nicht über den „Aufstieg" seines begabten Sohnes. Das hatte er gar nicht nötig. Geradlinigkeit und Selbstbewußtsein strahlte er aus und kernige Gesundheit: „Ich bin Arbeiter. Wer ist mehr?"

Großvater, geboren 1866, hatte während seiner langjährigen Walz durch Europa, das er vor allem mit seinen Füßen eroberte, viel von der Welt gesehen. Schließlich war er Sozialdemokrat geworden, kämpferisch und einsatzbereit. Er ließ nicht zu, daß sein Kurt „auf Lehrer" studierte, wie es von der Schule immer wieder vorgeschlagen worden war. Sie sollten alle ein gutes Handwerk erlernen, ordentliche Arbeiter werden. So wurde Rudi Schlosser, Erich ein guter Drucker,

---

*) aus dem Französischen stammende Fachbezeichnung für einen spezialisierten Schriftsetzer, der die Druckseiten für Zeitungen und Bücher in Blei zusammenstellte.

Kurt, mein Vater, der als Jugendlicher zarter gebaut war als seine Brüder, erlernte den Kaufmannsberuf.

Endlich eine Spielpause. Großvater besann sich auf uns und erhob sich zur stattlichen Größe von 1,85 m, ein lieber Riese aus dem Märchenbuch. Er packte mich, wirbelte mich hoch in die Luft, daß ich nur so jauchzte. Dann durfte ich auf seinem Knie Platz nehmen. War meine Cousine Lisa da, nur wenig älter als ich, hatte sie auf dem anderen ihren Sitz. Dann ging es los mit „Hoppe, hoppe, Reiter", die Köpfe zusammengerammelt und wieder auseinander. Wir kreischten vor Aufregung, Großmutter hielt sich die Ohren zu: „Alter, nun treib's nicht gar so arg!"

„Ach Alte, sie sind doch so glücklich!" Diese schnurrige Anrede hatte sich, wie mein Vater erzählte, schon eingebürgert, als er noch nicht zur Schule ging, die Großeltern noch junge Leute waren.

Schön war es, sich an den starken, warmen Großvater zu kuscheln, ihn an seinem grauen Schnurrbart zu zupfen und über seinen „Igel", die kurzgeschnittene weiße Haarbürste, zu fahren, die ganz weich war. Bei ihm fühlte ich mich geborgen, ohne große Worte.

War die Spielpause vorbei, mahnte Vati zum Aufbruch. Der Zug wartete nicht, und er wollte mir noch etwas in der Stadt zeigen. Zufrieden verabschiedete ich mich und freute mich schon auf das nächste Mal. Vielleicht durfte ich dann ein wenig länger bleiben und mit Großvater in die große Dresdner Heide wandern. Dann zeigte er mir Bäume und Pflanzen, wußte spannende Geschichten zu erzählen und lauschte mit mir dem Zwitschern der Vögel. Freilich durfte ich nur leise sprechen, damit ich die Tiere nicht erschreckte oder die Hexe in dem Hexenhäuschen „da vorne" nicht weckte. Aber ich fürchtete mich nicht und wußte, daß er mich mit einer Tasse Schokolade im „Heidekrug" belohnte.

Als ich ein wenig älter geworden war, durfte ich mir die Bilder in seinen herrlichen Kinderbüchern anschauen, konnte bald die Texte entziffern und vorlesen. Großvater war ein Bücherfreund und hatte sie wohl extra für uns angeschafft. Den „Struwwelpeter", „Max und Moritz", illustrierte Märchen und viele andere Geschichten lernte ich bei ihm kennen. Auch die ersten Ausgaben der „Gartenlaube" fand ich bei ihm und sah mir mit Begeisterung die romantischen Bilder an.

Großmutter blieb im Hintergrund, und ich fürchte, ich blieb ihr Zuneigung schuldig, obwohl sie mich mit Naschwerk verwöhnte. Mein Herz gehörte meinem einzigen Großvater. Wie beneidete ich Lisa und Inge, meine Cousinen, weil sie oft in Löbtau sein durften.

Daß Großmutter und Großvater, damals Anfang sechzig, auch einmal Kinder waren wie wir, war mir unvorstellbar. In jenen fernen Tagen erschienen sie mir wie etwas Unveränderliches, Bleibendes. Ein Leben lang, so stellte ich mir vor, hatten sie in dieser langen schmalen Wohnküche miteinander ihre Tage verbracht. Ganz bestimmt würde es immer so bleiben ...

Auszüge aus den noch unveröffentlichten Erzählbänden „Kindheitsparadies" und „Sächsische Familiengeschichten".

(Weitere ZEITGUT-Beiträge dieser Autorin sind im Verzeichnis am Ende des Buches vermerkt.)

[Konikow bei Köslin*), Hinterpommern;
Dezember 1930]

Gisela Schoon

Die Puppen im Schrank

Meine zwei Jahre ältere Schwester Annelie und ich gingen
noch nicht zur Schule. Wir wohnten in einem kleinen Dorf
in Hinterpommern. Weil unsere Eltern immer viel Arbeit
hatten, waren wir uns häufig selbst überlassen, was unserer
fantasievollen und frohen Kinderzeit nicht schadete, im Gegenteil. Die Wochen vor Weihnachten waren besonders schön,
geheimnisvoll und voller Vorfreude.

Eines Tages winkte mich Annelie in die gute Stube, die
wir sonst nur zu Festtagen betraten. Der hohe Schrank, in
dem unsere Eltern ihre Sonntagskleidung aufbewahrten,
stand offen. „Komm, Gila, guck bloß mal!" flüsterte sie mit
dem Finger auf dem Mund.

Ich sah in den Schrank und entdeckte hinter dunklen Mänteln zwei wunderschöne Puppengesichter. „Oh! Och!"

Wir standen ganz still vor freudigem Erschrecken und trauten uns nicht, sie zu berühren, und schon gar nicht, sie her-
vorzuholen. Wie kamen die Puppen da hinein? Ob sie wohl
für uns waren? War etwa der Weihnachtsmann schon bei uns
gewesen, und Mama hatte die Puppen verstecken sollen?

Etwas schuldbewußt ob unserer Entdeckung schlichen wir
zurück in unsere Spielecke in der Eßstube. Am nächsten Tag
zog es uns wieder zum Schrank. Der Schlüssel steckte, und
wir standen wieder andächtig schauend vor unseren Puppen hinter den Mänteln. „Meine" Puppe, ich hatte mir die

---

*) heute Konikowo bei Koszalin in Polen

mit dem blonden Bubikopf ausgesucht, lächelte mich mit ihren strahlend blauen Augen schelmisch an. Ach, war ich glücklich! Ich taufte sie in Gedanken auf den Namen Susi.

Am dritten Tag standen wir vor einem verschlossenen Schrank ohne Schlüssel. Eifrig suchten wir nach ihm, jedoch vergeblich. Ob er wohl oben auf dem Schrank lag?

Das aber konnte Annelie auch mit einem herangezogenen Stuhl nicht nachprüfen, obwohl sie sich sehr streckte, sie reichte nicht hinauf. Enttäuscht gaben wir auf. Darüber zu sprechen wagten wir natürlich nicht.

Endlich war es Heiligabend. Als wir aus der Kirche kamen, liefen wir unseren Eltern voraus. Der Schnee knirsch-

Meine Schwester Annelie zieht mich auf dem Rodelschlitten. Im Hintergrund ist Opas Bienenhaus zu sehen.

Die Weihnachtspuppen bekamen ein Jahr später Sportkarren, in denen wir sie hier vorführen. Meine Schwester Annelie, links, und ich vor dem Giebel unseres Elternhauses.

te unter den Stiefeln. Aber alle Eile half nichts, wir mußten warten. Der Weihnachtsmann brauchte in der guten Stube noch einige Zeit. Endlich, endlich öffnete Mama die Tür!

Der brennende Lichterbaum, buntgeschmückt, reichte vom Boden bis zur Decke. Und darunter lagen mit glänzendem Papier verpackte Pakete und Päckchen. Doch dafür hatte ich keinen Blick. Ich suchte die Puppen unter dem Baum und sah sie nicht. Tiefes Erschrecken erfaßte mich. Kaum gelang es mir, mein Gedichtchen aufzusagen. Dann durften wir die Geschenke auspacken. Ganz versteckt unter buntem Papier fand ich, was ich so sehnsüchtig gesucht hatte. Ich schloß meine Susi in die Arme, um sie den ganzen Abend nicht wieder loszulassen.

Unsere Eltern sahen uns lächelnd zu. Heute denke ich, daß sie aufmerksam beobachtet haben, ob wir richtig überrascht waren. Die zufällige Entdeckung der Puppen im Schrank blieb unser Geheimnis.

[Weimar, Thüringen;
1929]

Hildegard Kupko

Unser erstes Radio

Mein Vater war ein recht geschickter Bastler, er reparierte sogar Uhren. Leidenschaftlich gern besohlte er Schuhe. Er paßte seinen klobigen Arbeitsschuhen dicke Ledersohlen an, auf die Zwecken genagelt wurden. Sie sahen aus wie Reißzwecken, waren aber viel derber. Die Absätze erhielten Eisen in der Rundung, zirka einen halben Zentimeter breit. So war er für seine Arbeit als Zugabfertiger bei der Bahn auf seinen Wegen, die meistens aus grobem Schotter bestanden, bestens gerüstet. Auch wir zwei „Weiberleit", Mutter und ich, bekamen auf unsere Schuhspitzen Eisen genagelt. So ausgestattet, hielten sie wesentlich länger.

Vater hantierte auch mit Farbe, besonders gern mit Ölfarben. Mit Streichen und Tapete kleben hatte er allerdings nichts im Sinn. Bei Bedarf mußte der Henner Helbig aus der Nachbarschaft geholt werden.

Im Sommer 1929 nahm sich Vater ein paar Tage Urlaub, um seine Eltern und Geschwister in Berlin wieder einmal zu besuchen. Sein Bruder Erich hatte sich einen Radioapparat bauen lassen. Eine industrielle Produktion war noch nicht so verbreitet, doch geschickte Bastler nutzten die beginnende Nachfrage, um in Heimarbeit in das lukrative Geschäft einzusteigen. Vater interessierte sich sehr dafür. Onkel Erich gab Hinweise und Tips, so daß Vater schließlich ganz besessen war von dem Gedanken, solch ein Gerät selbst zu bauen.

Er hörte sich um und fand in der Weimarer Sophienstraße den Ingenieur Zeyß, der Schaltpläne und Zubehör anbot. Also kaufte er dort alles Nötige ein und begann zu sägen, zu hämmern und vor allem zu löten – es war fürchterlich! Der Tisch in der Küche war mit den verschiedensten Utensilien belegt, nichts durfte berührt oder gar verändert werden. Die Familie aß nebenan am Abwaschtisch.

Wenn Vater vom Dienst kam, mußte das Essen abgekühlt bereitstehen. Sodann stürzte er sich förmlich auf seine Arbeit. Fast verbissen werkelte er, es wurde nicht gesprochen, durch nichts durfte er gestört werden. Ich flüchtete, sooft ich konnte. Es war nicht auszuhalten. Meine Mutter hielt stumm aus – einmal würde das Drama ja ein Ende haben.

Es kam der Tag, an dem mein Vater sein Kunstwerk gut verpackt in den Rucksack steckte und zu Herrn Zeyß ins Bahnhofsviertel ging, um es ihm vorzustellen. Das Gerät wurde an Akku und Anodenbatterie angeschlossen, ein Lautsprecher angeklemmt – und es dudelte auf Anhieb! Riesenfreude und Stolz erfaßten ihn: Ein einfacher Eisenbahnarbeiter hatte ein Rundfunkgerät zustandegebracht.

Nun hatten wir alles Zubehör beisammen – bis auf die Antenne, noch war kein Empfang im trauten Heim möglich. Sie mußte nach Berechnung von Herrn Zeyß 30 Meter lang sein. In der Nachbarschaft wurden Helfer organisiert, die die Antenne sowie ihren Anschluß hoch über die Straße legten. Mit einem Bananenstecker wurde sie an den Apparat angeschlossen. Über einen Schalter konnte man die Antenne nach Benutzung erden. Ich entsinne mich, daß der Ansager abends bei Programmschluß den guten Rat gab: „Und nun, liebe Hörerinnen und Hörer, vergessen Sie nicht, Ihre Antenne zu erden."

Vater sagte darauf prompt: „Nein, wir vergessen die Beerdigung nicht", und betätigte den Schalter. Am Ende jedes Tages wurde das Deutschlandlied gespielt.

Schön war das Äußere des Radioapparates im Vergleich

Um 1925. Der Rundfunk erweckte ein neues Hobby: Überall entstanden Bastlergruppen, die sich mit zum Teil einfachen Mitteln ihre Empfangsgeräte selber bauten.

zu heutigen Geräten nicht. Alle elektrischen Bauteile waren in einem Kasten aus Kunststoff, etwa 35 mal 25 Zentimeter groß, unter einer Platte angebracht. Diese Platte war mit drei Röhren bestückt. Mir erschienen sie wie Glühlampen, innen mit Silber überzogen. Links daneben befanden sich drei runde Spulen, aus feinem grünen Draht gewickelt, auf Stiftsockeln. Die mittlere war unbeweglich, die beiden anderen ließen sich drehen, um die Sender abzustimmen und die Lautstärke zu regulieren. Zu diesem Zweck betätigte man eine Schraubvorrichtung an einer kleinen Stange. Kam man bei der Lautstärkeregelung der großen Spule zu nahe, quietschte es ganz fürchterlich. Der Lautsprecher, ein trichterförmiges Gerät der Firma N & K, wie man ihn heute noch bei nostalgischen Grammophonen sieht, war separat auf einer Eckkonsole befestigt. Ein Detektor, ein kleines Glasröhrchen mit einem Stück Metall und einem dünnen Draht darin, war ebenfalls auf die Platte montiert worden. Man sah dem Apparat an, daß er in reiner Handarbeit entstanden war – aber er erfüllte hundertprozentig seinen Zweck!

Zwei Mark betrug damals die monatliche Rundfunkgebühr, zwei Sender konnten wir empfangen: Leipzig und Berlin, glaube ich, oder Königs Wusterhausen. Auf unserer Gebührenquittung war eine niedrige Empfängernummer eingetragen, wir waren wohl weit und breit die einzigen Hörer, außer bei uns sah man im Stadtviertel nirgends eine Antenne.

Meine Eltern stellten das Gerät nur ab und zu an, eine Programmzeitschrift gab es noch nicht. Die einzelnen Darbietungen wurden durch kurze Hinweise angekündigt. Viel Musik hörten wir und noch öfter Nachrichten, das war schon angenehm. Wurde der Empfang schlechter oder unklar, Sprache und Musik verzerrt, so lag es entweder an einer verbrauchten Anodenbatterie oder am Akku. Die Batterie kostete 4,50 RM, den Akku brachte man zum Aufladen. Sein Gehäuse bestand aus dicken Glasplatten, innen waren Bleiplatten angebracht, in verdünnte Salzsäure versenkt. Oben befanden sich ein Schraubverschluß aus Porzellan sowie ein Minus- und ein Plus-Pol.

Die Gefahr, sich bei geöffnetem Verschluß die Haut mit Salzsäure zu verätzen oder sich die Kleidung zu beschädigen, war ziemlich groß. Nach jeder Berührung war Händewaschen nötig.

Unser selbstgebautes Radio war viele Jahre unser bestes Stück. Einen Volksempfänger kauften wir nicht, Ende der Dreißiger Jahre schafften wir den Radioempfänger Nora an. Nora – der mit dem „magischen Auge", das als grünes Licht die richtige Einstellung anzeigte. Das Gerät war der letzte Schrei und erlaubte eine weitaus größere Senderauswahl.

[Unterschwaningen, Mittelfranken;
Sommer 1932]

Elsbeth Backofen

Bettelmusikanten

„Elsbethle", sagte meine Mutter, „du mußt heut dein Spiel-
zeugschränkle aufräumen. Das ist so vollgestopft, da fallen
einem ja die Sachen entgegen, wenn man's aufmacht."

Mir fiel zwar auch schon seit einiger Zeit recht unangenehm auf, daß mir die Spielsachen entgegenpurzelten, wenn
ich den Schrank nur einen Spalt öffnete, doch wollte ich daraus nicht den Schluß ziehen, ihn aufräumen zu müssen, schon
gar nicht an einem wunderschönen sonnigen Sommertag.
Die Mutter sprach von einem „Schränkle". Im Fränkischen
hängt man an jedes Ding ein „le" dran. So klingt alles gefäl-
liger. Es handelte sich aber um einen größeren Schrank, dessen Tiefe ich noch gar nicht erforscht hatte.

Mit der Mutter konnte man nicht verhandeln. Sie sagte
einfach: „Tu das jetzt!" oder „Das ist so". Doch ein bißchen
beschwindeln konnte ich sie schon. Ich würde nur die Sachen im vorderen Bereich zurechtrücken, so daß sie auf ihrem Platz blieben, wenn man die Schranktüren öffnete. Die
Mutter war keine Ordnungsfanatikerin. Wenn ich sagen würde: „Schau, Mutterle, jetzt schaut's wieder schön aus", würde auch sie mit einem flüchtigen Blick feststellen: „Jetzt ist
es wieder gut" und mich in die Freiheit entlassen.

Zuerst mußte ich die Schranktüren ganz öffnen. Die Spielsachen kullerten auf den Fußboden vom Hausgang, so nennt
man bei uns den Hausflur. Was nicht freiwillig herausfiel,

mußte herausbefördert werden. Aber nur den vorderen Schrankinhalt! Das war eine rechte Bescherung.

In dem Moment schellte es. Meine drei Freundinnen standen an der Tür: Dollingers Elsa, Geudenbergers Elsa, und Rosabauras Elsa. „I kann net mit eich naus, i muß do aufraima", sagte ich, und daß das schrecklich war, konnte man an meinem Gesicht sehen.

Die Elsel sahen aber nur mit leuchtenden Blicken die vielen Spielsachen, und Dollingers Elsa, die immer alles am schnellsten überschaute, guckte in die hintere Schrankecke, die ich übersehen wollte, und sagte: „Do is doch a Ziacheri drin, hol die mol raus!"

Es war eine richtige Ziehharmonika! Ich zog sie auseinander und preßte sie zusammen, das war anstrengend, aber sie quietschte wirklich, und wir strahlten alle.

„Do sind doch aa no Knepf dro, dricke mol drauf!"

Ich drückte auf die Knöpfe und zog und preßte wieder. Sie quietschte jetzt anders.

Da kam uns eine Idee, eine großartige Idee. Wir spielen Bettelmusikanten!

„Aber wir misse doch erscht aufraima", gab ich zu bedenken.

„Des hammer gleich", sagte Dollingers Elsa und tatsächlich: Sie schichtete die Sachen rasch und fest aufeinander wie die Scheite auf einem Holzstoß. Meine Mutter war zufrieden.

Schon bald standen wir mit der Ziehharmonika auf der Straße und entwickelten erst einmal unsere Ideen. „Ane vo uns spielt und die andern singa."

Die ane war natürlich ich, ich fühlte mich als Besitzerin dieses Instruments. Ob die anderen damit einverstanden waren oder nicht, weiß ich heute nicht mehr. Für uns Kinder war es eine naheliegende Idee, Bettelmusikant zu spielen. Viele Leute waren arbeitslos und bettelten. Die Bettler kamen an unsere Haustür, und wenn sie ihr Lied gespielt hat-

ten, gab ihnen die Mutter zwei oder drei Zehnerle. Manche
aßen dann auch noch einen Teller Suppe, die die Mutter ihnen anbot. Viele Menschen schämten sich, betteln zu müssen, darum wollten sie als Gegenleistung ein Lied auf der
Geige, mit der Mundharmonika oder Ziehharmonika spielen. Als Kind habe ich noch nicht begriffen, daß Arbeitslosigkeit hart ist. Ich habe, was ich um mich herum wahrnahm,
gespielt. Und jetzt hatten wir die Möglichkeit, Bettelmusikant zu spielen, wir besaßen ja eine Ziehharmonika.

Die nächste Frage entstand: „Was singa mir eigentlich?"
„Ach, mir kenna viel Lieder", sagte ich fröhlich beschwingt.
Das stimmte. Wir probten kurz „Hört ihr Herrn und laßt
euch sagen ..." Dabei standen wir mitten auf der Straße, auf
der nur ab und zu ein Kuhfuhrwerk fuhr. Das Lied klappte,
sogar der zweite Vers. Die Ziacheri war schwierig zu bedienen, aber wir wollten nicht auf das kostbare Stück verzichten. Nachdem die Hauptprobe gelungen war, jubelten wir:
„Jetzt kriagn wir Geld!" „Wenn ma viel singen und spieln,
kriagn ma viel Geld!" „Und für das Geld kenne ma uns was
kafn."

Aber – halt – zu wem gehen wir denn?

Die Elsel waren nicht dafür, daß wir zu ihren Eltern gingen: „Mei Leit senn net daham, die senn aufm Acker."

Wir entschlossen uns, ins Hirtenfeldla zu gehen. In diesem Ortsteil wohnten die ärmsten Leute, die keinen Bauernhof besaßen, höchstens ein paar Ziegen und Hühner. Daß
wir ausgerechnet bei den Armen bettelten, fanden meine Eltern, als wir es ihnen später erzählten, merkwürdig.

Beim Kirchhoffen Fritz fingen wir an. Wir sangen das Lied
laut und vernehmlich. Aus der Ziehharmonika preßten wir
ab und zu einen Ton heraus. Der Fritz blieb vor uns stehen,
solange wir sangen. „Schea habt ihr gsunga."

Wir schwiegen und bewegten uns nicht von der Stelle.

„Was bleibt'rn standa?"

„Ja, mir wella a Geld. Weil mr gsunga ham."

„Oh liabe Leit!" rief der Fritz aus und schlug sich mit der Hand an die Stirn. „Frieda!" rief er in die Küche hinein, „hoscht des ghört? Die Pfarrersmadli wella vo uns a Geld."

Ich hätte ihm gern gesagt, daß nicht alle vier, die da standen, vom Pfarrer sind, bloß ich, aber ich traute mich nicht. Ich habe bei Erwachsenen immer nur ganz leis protestiert, so leis, daß es keiner hören konnte.

Die Frieda, dem Fritz seine Frau, trat aus dem Haus heraus und wischte sich die Hände an der Küchenschürze ab.

Eine Ziehharmonika brachte uns auf die Idee, Bettelmusikanten zu spielen. Mit meinen drei Elsen zog ich los ins Hirtenfeldla.

Sie musterte uns ruhig und sagte dann zu ihrem Mann: „Ha, stell di doch net o, gib denna Kinder zwa Pfennig, dann genga's wieder."

Wir nahmen die zwei Pfennige in Empfang, dankten und dachten im stillen, es hätte ein bißchen mehr sein können. Für zwei Pfennige kriegt man einen Bonbon. Kann man einen Bonbon auf vier Kinder aufteilen?

Noch mehr wurden wir enttäuscht, als wir beim Huberten Schorsch auftraten. Wir kamen gar nicht zum Singen. Er sagte: „Gebt amol die Ziacheri her, mol gucka, ob die überhaupt geht." Er verstand wohl etwas von Ziehharmonikas, so wie er sie behandelte. „Die taugt nix, die kennt ihr wegschmeißen!", sagte er und warf sie tatsächlich ins Gras.

Das fanden wir gemein. Ich hob sie wieder auf, wir zogen still davon und sagten, als wir weit genug entfernt waren, daß wir nie mehr zum Huberten Schorsch gehen wollten.

Eine Frau fragte uns, wieviel Geld wir denn verlangten. Das brachte uns in Verlegenheit. Durften wir denn sagen, daß wir viel Geld wollten?

Die Blicke gingen hin und her, dann sagte Dollingers Elsa tapfer: „Drei Pfennige." Drei ist immerhin mehr als zwei.

Schließlich hatten wir sieben Pfennige verdient. Da wir noch nicht zur Schule gingen, konnten wir noch nicht bis zehn rechnen, es war uns nicht ganz klar, ob sieben Pfennige für vier Bonbons, „Bomberli", reichen würden. Vier Bomberli sollten es schon sein für vier Kinder.

Auf dem Weg zum Lebensmittelladen gab es noch eine Hürde zu überwinden: Wir mußten an der Polizeistation vorbeigehen. Eine von den Elsen wußte, daß die Polizei das Betteln und Hausieren verboten hatte. Wenn jetzt ein Polizist zum Fenster herausschaute oder gar in dem Moment zur Tür herauskäme, sähe er natürlich sofort, daß wir Bettler sind. Elsa empfahl mir, die Ziehharmonika unter der Schürze zu verstecken. Wir schlichen an der Polizeistation vorbei.

Geschafft! Keiner hat uns gesehen. Keiner hat uns verdächtigt.

In Löw's Laden bimmelte die Glocke, als wir die Ladentür öffneten. Wir standen eine Weile allein im Laden, weil die Löwi nicht gleich kommen konnte. Sie hatte nicht immer sofort Zeit für die Leute, die etwas kaufen wollten. Das machte aber nichts. So konnten wir die Bonbongläser betrachten und in Ruhe eine Entscheidung treffen.

Sollten wir vielleicht die Eisbomberli kaufen? Sie waren weiß, in blaues Papier gewickelt und sahen wirklich aus wie ein Stückchen Eis, und sie schmeckten so schön sauer. Die roten Himbeerbomberli wären natürlich auch nicht schlecht.

Die Löwi war stämmig, freundlich und wollte zuerst wissen, wieviel Geld wir hatten. „Da braucht ihr aber acht Pfennige, wenn ihr vier Bomberli wellt."

Wir schauten uns betroffen an. Der fehlende Pfennig war wirklich eine unüberwindliche Schwierigkeit. Fast konnte man sagen: Das ganze Unternehmen war gescheitert.

Schließlich meinte die Löwi: „I geb eich halt vier Bomberli, weil ihr's seid."

Wir strahlten!

Denkt aber nicht, daß wir uns lang daran hätten freuen können, denn nun erschien die Babett, unsere Hausgehilfin, in Löw's Laden. Sie lachte nicht, sie schimpfte: „Elsbeth, Elsa, gangt ihr ham! Herrschaftseiten, eich muß mer immer suacha! Mir ham schon z'Mittag gessa und dei Vater schimpft!"

Zuerst haben die Eltern geschimpft, dann aber haben sie gelacht und wollten genau wissen, was wir angestellt hatten.

[Ravensburg, Baden-Württemberg;
1923 – Frühjahr 1930]

Ludwig Eberbach

Mina

Wir waren fünf Geschwister, drei Mädchen und zwei Buben. Ich war der Jüngste. Wilhelmine, meine zweitälteste Schwester, war im Juli 1906 geboren, sie war also fast acht Jahre älter als ich. Mina war gerade im richtigen Alter, um mich zu bemuttern. Zu ihr hatte ich besseren Kontakt als zu den anderen Geschwistern. Wenn die Großen mich ärgerten – „Das kannst du nicht, dazu bist du zu klein!" – und auch bei anderen Kümmernissen hat Mina mich getröstet. Ich denke heute, daß sie durch ihre Krankheit sensibler war als die anderen Geschwister. Deshalb nenne ich sie im Nachhinein meine Lieblingsschwester. Sie trug dunkle Zöpfe und sang gern und gut. Im Kreis ihrer christlichen Jugendgruppe begleitete sie mit der Mandoline oder mit der Klampfe die Lieder. Als ich größer war, spielte ich Mundharmonika dazu.

Leider war Mina fast nie ohne Husten. Die Erinnerung daran schmerzt noch heute. Es hieß, meine Schwester sei lungenkrank. Nach dem Ersten Weltkrieg litten infolge der Unterernährung viele Kinder im Wachstumsalter an dieser Krankheit. Es fehlte am Nötigsten, um sie nach einem überstandenen Infekt wieder aufzupäppeln. Meine Schwester war oft im Krankenhaus und einige Male im Sanatorium. Nach ihrer kaufmännischen Lehre saß Mina in einem Eisenwarengeschäft an der Kasse. Jedesmal, wenn die Ladentür aufging, war sie der Zugluft ausgesetzt. Das war Gift für ihren

Gesundheitszustand. Mina erkrankte fast in jedem Frühjahr. Sie fuhr zwar meistens zur sogenannten Erholung, doch die Krankenkasse zahlte nur eine bestimmte Anzahl von Wochen. Danach mußte meine Schwester, auch wenn sie noch nicht gesund war, wieder zur Arbeit, um erneut ein Anrecht auf Erholung bei der Kasse zu erwerben.

So ging es über Jahre, bis sich ihr Zustand so verschlechtert hatte, daß sie vielfach Blut hustete. Doch die Bestimmungen des Gesundheitswesens waren hart. Nach einem Kuraufenthalt in der Schweiz 1928 brachte man meine Schwester nur noch ins Krankenhaus in Ravensburg. Dort besuchte ich sie manchmal in der großen Pause, denn meine Schule, das Gymnasium, lag und liegt noch heute ganz in der Nähe des Kreiskrankenhauses.

Leider konnten meine Eltern meiner Schwester keinen privaten Kuraufenthalt bezahlen. Mein Vater, der früher in unserem Haus eine Werkstatt betrieb, hatte durch die Inflation 1923 sein gesamtes Vermögen verloren und wir waren

Wir fünf Geschwister 1917. Mina steht als zweite von rechts. Der Kleinste bin ich. Im Alter von drei Jahren bekam ich meinen ersten Bubenanzug.

völlig verarmt. Niemals hatte er geglaubt, daß es einmal soweit kommen könnte!

Nach Abschluß seiner Lehre als Kupferschmied in Heilbronn war Vater, wie üblich, auf die Walz gegangen. Durch halb Europa war er gezogen. 1881 aus Berlin kommend, hatte er in dieser Zeit soviel erspart, daß er in der Ravensburger Marktstraße 40 ein Haus mit Werkstatt erwerben konnte. Er bekam von der Stadt gute Aufträge für Kupferarbeiten an Gebäuden und führte auch Arbeiten für den Grafen Zeppelin bei den ersten Luftschiffen aus. Zudem stellte er für die Landwirte Anlagen zur Branntweinbrennerei her. Da das Geschäft gut lief, wollte er eine größere Werkstatt bauen und verkaufte seine bereits erworbenen Immobilien.

Der Ausbruch des ersten Weltkriegs durchkreuzte seine Pläne. Vater wurde als Sachverständiger bei der Metallsammlung eingesetzt. Dort, im kalten, zugigen Salzstadel hat er sich die Gicht zugezogen. Vater wurde sehr krank und muß-

Viele Städte druckten eigenes Geld. Millionen Menschen verloren durch die Inflation ihr gesamtes Vermögen, auch unsere Familie.

te mehrmals im Rollstuhl zu Badekuren gebracht werden. Das kostete einiges. Nun mußte er auch noch seinen Beruf aufgeben. Er lebte fortan als Privatier und meinte, für das Alter gut vorgesorgt zu haben – bis die Inflation kam! Von der Geldaufwertung nach der Inflation erhielt Vater etwas Rente, aber die reichte kaum für das Nötigste. Meine Mutter, die früher selbst immer eine Magd im Hause hatte, mußte als Wäscherin in anderen Haushalten hinzuverdienen. Wir konnten uns nichts Besonderes mehr leisten.

Ab 1923 besuchte ich die Oberrealschule. Im selben Jahr wurden mein Bruder Fritz und meine Schwester Paula konfirmiert. Neben Geschenken erhielten sie auch Geld. Die beiden haben leider viel zu lange überlegt, was sie sich davon kaufen könnten. Schließlich bekam mein Bruder für 13 000 Mark noch eine Holzsäge. Paula, die nicht so viel Geld hatte, konnte sich lediglich ein paar Schreibfedern kaufen.

Mein sechs Jahre älterer Bruder Fritz hat die Schule vorzeitig verlassen, um als Lehrling möglichst bald über eigenes Taschengeld verfügen zu zu können.

Wir bekamen niemals irgendwelche Schleckereien. Einmal habe ich deshalb ein „Verbrechen" begangen. Mutter hatte mich zum Einkaufen geschickt. Meistens schaute ich weg, wenn ich am Konditorladen vorbeigehen mußte und sagte mir: „Das ist nichts für mich, das ist alles Gift!"

Aber dieses eine Mal konnte ich doch nicht widerstehen und ging hinein, um mir ein kleines Schokoladennestchen mit drei winzigen Zuckereiern zu kaufen. Das gab eine schlimme Beichte. Ich hatte Mutter 10 Pfennige unterschlagen! Sie hatte mich nämlich beobachtet. Vom Schlafraumfenster konnte man die ganze Marktstraße hinuntersehen.

Ein regelmäßiges „Einkommen" hatte ich im Frühjahr, wenn in der Nachbarschaft der Brennholzsäger am Werk war. Das Sägen und Hacken mit der Maschine ging so schnell, daß man viele Hände brauchte, um die Körbe zu füllen. Diese wurden dann von den größeren Buben per Seilzug auf

den Dachboden gezogen und dort ordentlich aufgeschichtet.
Für die oft stundenlange Arbeit bekam ich 10 Pfennige.

Die finanzielle Situation überschattete meine Schulzeit.
Wenn ich einen Bleistift oder ein Schulheft brauchte, sagte
mein Vater immer: „Ich habe kein Geld!"

Dann mußte ich jedesmal im Rektorat der Schule um solche Dinge betteln. Bei Schulausflügen sammelten die Klas-
senkameraden die 30 bis 50 Pfennige Fahrgeld, damit ich
mitfahren konnte. Ich hatte Rachitis wegen Unterernährung,
was ich aber nicht wußte. Oft wurde ich zu Schulkameraden
zum Mittagessen nach Hause eingeladen oder wir machten
zusammen die Hausaufgaben. Daneben gab es ein schönes
Butterbrot, einen Apfel oder eine Tomate. Einmal habe ich
für einen Botengang sogar eine Orange bekommen. Das war
damals eine Rarität.

*Nach dem Ersten Weltkrieg waren die knappen Lebensmittel noch
lange Zeit rationiert. Auf diese Mehl- und Brotkarte vom Ober-
amt Ravensburg, gültig ab 1. Dezember 1923, gab es jeweils für
fünf Tage 750 g Mehl und 1000 g Brot.*

Elf Jahre später, im März 1928: die letzte Aufnahme mit der gesamten Familie. Ich stehe zwischen den Eltern als Konfirmand, Mina ganz links, neben Mutter. Unser Vater war damals schwer gichtleidend und schon 75 Jahre alt.

Gerade in dieser Zeit wurde unsere Mina sehr krank. Als die Kasse für sie nicht mehr zahlte oder die Ärzte nicht mehr helfen konnten, lag sie zu Hause im Bett meiner Mutter, weil es da wärmer war als im Kinderschlafzimmer.

Im Frühjahr 1930 wurde es ganz schlimm, der Husten wollte kein Ende nehmen. Nur sehr schwer konnte sie noch etwas Atem holen. Da bekamen wir es mit der Angst zu tun. Ich rannte, so schnell ich konnte, die lange Marktstraße Richtung Rathaus hinunter zum Seifenladen, dessen Besitzer zugleich Leiter des Roten Kreuzes war. Er drückte mir ein Sauerstoff-Beatmungsgerät in die Hand und alarmierte einen Rot-Kreuz-Helfer, der nachkommen sollte. Ich beeilte mich, so gut es mit dem schweren Gerät ging, wieder den Berg hinauf nach Hause zu gelangen. Kurz nach mir traf auch der Sanitäter ein und setzte sofort das Beatmungsgerät in

Gang. Ab diesem Zeitpunkt erhielt meine Schwester nur noch reinen Sauerstoff zum Atmen.

Die Flasche war bald leer. Jetzt half uns Vaters Nachfolger in der Werkstatt unten im Haus, denn er hatte große Flaschen Sauerstoff vorrätig, die er zum Schweißen benötigte. Ständig mußte einer von uns bei Mina am Bett sitzen und die Beatmungsmaske an ihr Gesicht halten. Drei Tage ging das so. In der dritten Nacht liefen meine andere Schwester und ich zum Haus der Diakonisse, die die Jugendgruppe leitete, und baten sie um Beistand. Telefone waren damals noch selten und außerdem Luxus. Obwohl der Weg bis zu uns ziemlich weit war, kam sie sofort.

Zuletzt nützte auch das Beatmungsgerät nicht mehr. Mina bäumte sich auf, spuckte Blut und schlug mit den Armen um sich. Es dauerte sehr, sehr lange, bis sie noch einmal versuchte, nach Luft zu ringen. Mit einem Schrei sackte sie zusammen. Es war vorüber.

Ich hatte ihren Todeskampf mit ansehen müssen, ohne helfen zu können. Ich kann mich nicht erinnern, daß an diesem Tag ein Arzt bei uns gewesen wäre. Die Tote mußte so schnell wie möglich eingesargt und ins Leichenhaus gebracht werden, wo wir sie wegen der Ansteckungsgefahr nicht mehr sehen durften. Der Alkoven und das angrenzende Wohnzimmer wurden desinfiziert. Erst nach drei Tagen durften wir die Räume wieder betreten. Später wurde ich vom Arzt untersucht, immer wieder abgehorcht und abgeklopft. Gott sei Dank hatte ich mich nicht angesteckt.

An die Beerdigung meiner Schwester kann ich mich eigenartigerweise nicht mehr erinnern, obwohl ich fast 15 Jahre alt war. Die Trauer schmerzte unendlich. Minas Tod hatte eine große Lücke in unsere Familie gerissen.

(Weitere ZEITGUT-Beiträge dieses Autors sind im Autorenverzeichnis am Ende des Buches vermerkt.)

[Groß Margsdorf – Kreuzburg*), Oberschlesien;
1931 – 1933]

Paul Misch

Stiefelproduktion auf Pump

Mein Vater setzte die Schuhmacher-Tradition unserer Familie fort. Die Väter gaben ihr handwerkliches Können und Wissen stets an ihre Söhne weiter. Auch die Brüder meines Vaters waren Schuhmacher.

Nachdem mein Vater seine erste Frau durch Krankheit verloren hatte – er war nun allein mit zwei schulpflichtigen Töchtern –, heiratete er 1923 meine Mutter und zog von der Kreisstadt zu meiner Großmutter mütterlicherseits aufs Land, nach Groß Margsdorf in Oberschlesien. Nach meiner Schwester Else, die 1924 und meinem Bruder Ernst, der 1926 geboren wurde, kam ich dort 1927 als viertes Kind dieser Ehe zur Welt. Schwester Trudel war 1925 im Alter von nur zwei Monaten an Milchschorf gestorben. 1930 zogen wir vom Dorf an den Rand der Kreisstadt Kreuzburg.

In der wärmeren Jahreszeit schoben die Leute Schuhreparaturen hinaus. Kinder und auch Erwachsene liefen, sobald es die Witterung erlaubte, viel barfuß. Wenige nur konnten sich Schuhe oder Schaftstiefel nach Maß vom Schuhmacher anfertigen lassen. Es lag in der Tradition meiner Schuhmacher-Vorfahren, daß sie in den beschäftigungsarmen Monaten Nebentätigkeiten nachgingen. Mein Vater pachtete von Gutsbesitzern oder Gemeinden Kirschalleen und verkaufte die gepflückten Kirschen auf den Märkten der umliegenden Städte. Das Einkochen war für Haushalte günstiger, als Kon-

---

*) heute Markotów und Kluczbork in Polen.

*Als mein Vater 1923
meine Mutter heiratete,
brachte er zwei Töchter
mit in die Ehe, Berta
und Martha.*

serven zu kaufen. Ohne Pferd und Wagen wäre der Handel
mit Obst nicht möglich gewesen. Mit Pferd und Wagen wurden auch die selbstgefertigten Schuhwaren auf Märkte gefahren. Dabei halfen sich die Brüder untereinander.

Das Grundstück meiner Eltern lag zwischen Stadt und
Dorf. Es war 2 300 Quadratmeter groß, etwas kleiner als ein
preußischer Morgen*). Die Lage an einer Landstraße war
für das Handwerk günstig, denn es kamen viele Bauern vorbei, die ihre Milch zur städtischen Molkerei fahren mußten,
in der Stadt einkauften und die Märkte besuchten.

---

*) Altes deutsches Feldmaß, ursprünglich das Stück Land, das man an
einem Morgen pflügen konnte; regional verschieden groß, zwischen.
0,255 ha in Preußen u. 1,25 ha in Oldenburg; häufig 0,25 ha = 2 500 m².

Anfangs wohnten wir drei Kinder und die Eltern in sogenannten Alleehütten, die auf dem Grundstück der Schmard-
ter Straße aufgestellt waren. Eine dieser Hütten wurde tagsüber als Schuhmacherwerkstatt genutzt. Später hat unser
Vater das Behelfsheim immer mehr ausgebaut und vergrö-
ßert. Der Magistrat der Kreisstadt war aber mit der Ansied-
lung meiner Eltern vor der Stadt nicht einverstanden und
monierte, daß wir dort auf Ackerland, nicht auf Bauland
wohnten. Ein von meiner Mutter gemaltes Werbeschild, das
die vorbeifahrenden Bauern auf den „Schuhmachermeister"
zwischen Stadt und Dorf aufmerksam machen sollte, mußten meine Eltern wieder entfernen. Mein Vater, der sein
Handwerk zweifellos beherrschte, besaß nämlich keinen Mei-
sterbrief. Meine Eltern entfernten das Schild, obwohl sie das
Wort „Meister" hätten einfach überpinseln können. Es hatte seinen Zweck erfüllt: Nach der Roggen- und Kartoffelern-
te testeten viele Bauern sein Können. Einige ließen sich Maß
nehmen für Arbeitsstiefel.

Meine Eltern versuchten, die Behörden der Stadt freundlicher zu stimmen, indem sie ein Schmuckstück von Gemü-

*Meine beiden kleineren
Schwestern Helene, links,
und Luise haben
Kaninchenfutter geholt.
Hier, an der Grundstücks-
einfahrt, wurden am
1. Mai 1933 die beiden
beflaggten Bäumchen
aufgestellt.*

segarten um ihr Behelfsheim anlegten: Beete nach preußischer Ordnung mit Meßlatte und Schnur. Kein Unkraut durfte sich dort breitmachen. Es wurde vieles gebraucht und
manches verwertet. In den kleinen Ställen und im Hühner-
hof wurden Haustiere gehalten. Wir Kinder waren für das
Kaninchenfutter zuständig, mußten Gänse an Wegrändern,
am Bach oder im Straßengraben hüten. Selbst meine kleinen Hände blieben nicht untätig. Was geerntet und nicht
frisch verbraucht werden konnte, wurde eingeweckt. Aus
Kürbis wurde nicht nur Kompott, sondern mit Ziegenmilch
auch Suppe zubereitet. So mußte weniger Brot gekauft werden. Krautköpfe wurden zu Sauerkraut verarbeitet, eingelegte Salzgurken gab es den ganzen Winter über.

Für die Versorgung im Winter ernteten wir ein Bierfaß
voll weißer Buschbohnen. Wir Kinder palten sie im Herbst
aus den trockenen Schoten. Jahre später verlegten wir uns
auf die ertragreicheren Stangenbohnen. Wochentags gab es
fast immer Eintopf, angereichert mit Fleisch von unseren
selbstgeschlachteten Kleintieren. Manchmal wurden auch
nur Knochen darin mitgekocht. Wenn es im Winter zu oft
Weiße-Bohneneintopf gab, sehnten wir uns nach einer Schei-
be Brot mit Landbutteraufstrich. Solche Wünsche konnten
nicht immer erfüllt werden. Aber wir hatten satt zu essen,
da ging es uns besser als vielen Arbeiterkindern in der Stadt,
deren Väter oft arbeitslos waren. Sonn- und feiertags aßen
wir meistens sogar Polnische Klöße mit Soße und Fleisch
und Kompott; nach 1933 hießen sie Schlesische Klöße.

Am Martinstag gab es die leckeren Martinshörnchen in
verschiedenen Größen beim Bäcker. Ich stand einmal lange
vor dem Schaufenster, während meine Mutter nebenan im
Kohlen- und Futtermittelhof Kirsch einkaufte. An den lek-
keren Hörnchen konnte ich mich nicht satt sehen. Da öffnete sich zu meiner Überraschung die Ladentür, und die Bäk-
kersfrau Frau Passek reichte mir ein mittelgroßes Martinshörnchen. Ich bekam wohl einen roten Kopf, freute mich dann

Die Schule begann für mich nach Ostern 1934. Die drei Kilometer zur Schule in der Stadt liefen wir vier Geschwister bei jedem Wetter zu Fuß. Wir wohnten am Rand der Kreisstadt Kreuzburg in Oberschlesien.

ungeheuer. Kaufen konnte ich mir solch ein Hörnchen nicht. In der kalten Jahreszeit halfen wir Kinder beim Federnschleißen und Schneeschaufeln, natürlich nicht, ohne Schneemänner und Schneeburgen zu bauen. Wir trugen vom Vater gefertigte warme Schuhe.

1932 waren wir sieben Personen im Haushalt. Halbschwester Martha lebte „in Stellung" in Breslau. Halbschwester Berta war dort 1930 an Tbc verstorben. Bei dem sehr schwankenden Einkommen meines Vaters war es für meine Eltern nicht einfach, uns satt zu bekommen und ordentlich zu kleiden. Während der Zeit der großen Arbeitslosigkeit liefen Bauernknechte barfuß hinter dem Pflug her und trugen auch bei anderen Arbeiten oft keine Schuhe. Hinzu kam, daß fabrikgefertigte Schuhe die Handwerksarbeit zunehmend verdrängten. Mein Vater wollte aber nicht untätig herumsitzen und verlegte sich darauf, während der beschäftigungsarmen Zeit Schaftstiefel für ein Schuhgeschäft anzufertigen. Zum Ledereinkauf fehlte ihm jedoch das Geld. Die Sparkasse gewährte keinerlei Kredit. In dieser Situation half ihm schließlich ein jüdischer Geschäftsmann. Süssmanns kleiner Laden befand sich unweit der Kreuzburger Synagoge. Dort kaufte

mein Vater üblicherweise ein, was er für die Ausübung seines Handwerks benötigte. Wir Kinder bekamen dort manchmal Süßigkeiten. In dem jüdischen Geschäft konnte mein
Vater anschreiben lassen, was anderswo nicht möglich war.
Übrigens hatte er niemals Grund, sich über zu hohe Zinsen
seines jüdischen Kreditgebers zu beklagen.

Wenn eine solche Menge Schaftstiefelpaare fertig war, daß
sie auf den großen Gepäckträger eines Damenfahrrades in
Kartons gerade noch aufgepackt werden konnte, strampelte
meistens meine Mutter mit dem Rad bis ins Städtchen Pit-
schen unweit der Grenze zu Polen. Das dort ansässige Schuhgeschäft Scholz nahm vereinbarungsgemäß die neue Ware
ab. Auf diese Weise wurde ein Teil der handgearbeiteten
Schaftstiefel über den „kleinen Grenzverkehr" exportiert.

Wohl auf Betreiben einer Diakonissenschwester sollte meine Mutter dringend einmal zwei Wochen zur Erholung fahren. Dafür benötigte sie aber bessere Kleidung. Als die Frau
des kleinen jüdischen Geschäftsmannes davon erfuhr, schenkte sie meiner Mutter guterhaltene schöne Kleider. Die beiden Frauen hatten etwa die gleiche Figur und Größe. Wir
freuten uns sehr. Mutter konnte nun sonntagsfein vierzehn
Tage lang im Schlesischen Bergland ausspannen.

Im Frühjahr 1933 warf ein Bauer, der Waldbesitzer und
Kunde meines Vaters war, an unserer Grundstückseinfahrt
zwei kleine Fichten von seinem Pferdewagen. „Weihnachten ist doch längst vorüber", dachten wir Kinder verwundert. Meinem Vater erklärte er: „Stellt die Bäumchen am
Eingang sichtbar auf und schmückt sie mit den Papierfähn-
chen, die ich euch gebe!"

Das war für mich die erste Begegnung mit dem Hakenkreuz der Nationalsozialisten, das der Welt und mir viel
Unheil bringen sollte.

*(Weitere ZEITGUT-Beiträge dieses Autors sind im Autorenverzeichnis am
Ende des Buches vermerkt.)*

[Gröditz bei Riesa/Elbe, Sachsen – Hirschberg*) im Riesengebirge; 1931]

Margot Linke

Die erste große Reise allein

1931, ich war noch nicht acht Jahre alt, wurde mir der Wunsch, allein zum Opapa nach Hirschberg im Riesengebirge zu fahren, erfüllt. In dieser Zeit war die Bahn schon recht fortschrittlich. Die Zugbegleiter würden wir heute Steward nennen. Alle Formalitäten waren schon sehr bald vom Vater brieflich erledigt.

Endlich kam der Tag meiner ersten großen Reise, ganz allein. Ich bekam ein großes Schild mit Namen, Reiseziel, Adressen und anderen Angaben um den Hals gehängt. Ich haßte es! Für die Heimfahrt lernte ich alles auswendig und ließ das Schild verschwinden. Meine Eltern übergaben mich auf dem Bahnsteig in Gröditz bei Riesa/Elbe dem Schaffner, der mich mit in sein Abteil nahm. Ein zweiter Zugbegleiter fuhr mit. Nun konnte die Fahrt beginnen. Wenn Kinder mitfuhren, packten die Frauen der Schaffner ihren Männern besonders viele gute Dinge ein. Oh, was da alles aus der Tasche kam! Rote und gelbe Limonade, Obst, Kuchen, Bonbons und Spiele. So verging die lange Fahrt wie im Fluge und blieb unvergessen. Am Ziel angekommen, stand Opapa auf dem Bahnsteig und nahm mich in Empfang.

Nun begann eine aufregende Zeit. Die Spaziergänge mit meinem Großvater führten meistens am Haus von Gerhard Hauptmann vorbei. Damals konnte ich mit seinem Namen und auch mit dem eines anderen schlesischen Dichters, Jo-

*) heute Jelenia Góra in Polen.

seph von Eichendorff, von denen Großvater erzählte, noch nichts anfangen. Heute wohne ich sogar in einer Straße, die nach letzterem benannt ist.

Großvater erzählte mir, daß er bei seinen Wanderungen auf die Schneekoppe den Rübezahl gesehen hätte, der den armen Menschen hilft. Über das Riesengebirge wußte er gut Bescheid. Es bildet den höchsten Teil der Sudeten, und die Schneekoppe ist mit 1603 Metern die höchste Erhebung. Bis zur 1000-Meter-Grenze sind Mischwälder, bis zur Waldgrenze bei 1300 Metern ist die Fichte ausgeprägt. Gebiete mit reicher Flora nennt man poetisch „Gärtchen" (Teufels- oder Rübezahlgärtchen). Früher soll es hier auch viele Bären gegeben haben. Leider konnte mein Großvater nur davon erzählen, denn er ging am Stock. Er bat deshalb seine Tochter Lenchen, meinen Bruder Werner, der schon längere Zeit bei meiner Tante zu Besuch war, meine Cousine Traudel und ihren Vater, mir das Riesengebirge zu zeigen.

Mit Rucksack und Wanderstock ausgerüstet, zogen wir im Morgengrauen in Richtung Schneekoppe los. Bei der ersten

Unterhalb des Gipfels der Schneekoppe. Vorn links: mein Bruder, dahinter unsere Cousine Traudel, und ihr Vater, vorn im geblümten Kleid stehe ich.

Kraft sammeln für den Aufstieg. Rast an einem See.

Rast oberhalb eines Sees zauberte Tante Lenchen etliche Überraschungen aus ihrem Rucksack. Es gab Kuchen, Äpfel, Wurst- und Käsebrote, Bonbons und Tee. Singend und pfeifend ging es weiter. Wie ich es mir vorgenommen hatte, erreichte ich als erste den Gipfel des Berges*). Als Belohnung erhielten wir in einem Wanderheim rote Brause und Lakritzstangen. Wir genossen die herrliche Aussicht.

Voller neuer Eindrücke fiel ich abends ins Bett. Den Rübezahl hatte ich zwar nicht gesehen, aber ich verstand jetzt, warum Großvater von „seinem Riesengebirge" schwärmte.

---

*) Über den Gipfel der Schneekoppe verläuft heute die polnisch-tschechische Grenze.

Mein Großvater in Hirschberg, Riesengebirge, im Kreise seiner Töchter und Enkelkinder. Ich sitze in der Mitte.

Es regnete schon ein paar Tage und die Langeweile beschlich mich. Großpapa hatte eine tolle Idee: „Wir bauen ein Glashaus mit Treppen, zwei Räumen zum Schlafen und Spielen. Wenn es fertig ist, kaufe ich dir zwei weiße Tanzmäuse."

Gesagt, getan. Mit großen Augen betrachtete ich die vielen verschiedenen Tiere, die in der Zoohandlung zum Kauf angeboten wurden. Besonders angetan hatte es mir ein Papagei. Ihn hätte ich am liebsten ebenfalls mitgenommen.

Das Mäusehaus war planmäßig zur Abfahrt fertig. Bereits im Zug kamen die ersten Jungen zur Welt. Ich war im Glück, meine Mutter nicht! In kürzester Zeit haben sich die Mäuse so vermehrt, daß meiner Mutter der Kragen geplatzt ist. Sie verschenkte im ganzen Dorf Mäuse: große, mittlere und ganz winzige. Natürlich handelte sie sich auch Ärger ein. Dafür schnurrten die zufriedenen Katzen. So gut ist es ihnen noch nie gegangen, denn einen solchen Gruß aus Schlesien hatten sie nicht erwartet.

[Herzogenrath bei Aachen;
1931]

Anneliese Albrecht

Muttis große Überraschung

Friseur Laschet hatte Mutti zu einem Kurzhaarschnitt, einem hochmodernen Bubikopf, geraten oder hatte er sie gar
dazu überredet? Wie mag ihr Herz geklopft haben, als sie im
Spiegel sah, wie er ihren spärlichen Zopf abschnitt und das
übrige Haar mit der Brennschere ondulierte und in kunstvollen Wellen um den Kopf legte!
Mutti hatte als jüngste Zöllnersfrau den Mut aufgebracht,
diesen Schritt endlich zu wagen. Strahlend, doch recht spät,
ich war schon von der Schule zurück, kam sie heim und stürzte in die Küche an den Kochtopf; jedoch nicht, ohne vorher
in den Garderobenspiegel gesehen und die neue Frisur überprüft zu haben. Die an beiden Schläfen zur Sechs aufgebogenen „Herrenwinker" ließ sie geschickt im übrigen Haar verschwinden.
„Mutti, du siehst schön aus!"
„Findest du?" fragte sie glücklich lächelnd. „Deck' schon
mal den Tisch!"
Zum Mittagessen erschien Papa mit finsterer Miene. Er
sah so aus, als hätte es im Amt Ärger gegeben. Meine junge
verschönte Mutti glaubte doch tatsächlich, ihr Anblick, die
große Überraschung des Tages, könne seine Stimmung heben. „Na, Oskar, was sagst du nun?" machte sie ihn auf sich
aufmerksam.
Papa hob gereizt den Blick. „Ich sehe wohl nicht recht?"

polterte er los. „Dir ist es gewiß zu wohl geworden in deiner Haut, wie?"

Arme Mutti!

„Soll ich etwa so mit dir unter die Leute gehen? Schämen müßte ich mich für dich! Ist dir überhaupt klar, wie du aussiehst?" schnaufte er.

„Sag' es mir!" rief sie lauter als beabsichtigt.

„Wie ein leichtes Mädchen, jawohl!" schrie er wutentbrannt. „Ich ahnte es längst. Das kommt von deiner leidigen Kinolauferei. Ist doch klar, da siehst du ständig solche überkandidelten Frauenzimmer. Sag mir bitte, warum hast du diese völlig sinnlose Aktion gestartet?"

Ich zog den Kopf ein. Immer, wenn er sehr wütend war, bediente sich Papa solcher gestelzten Formulierungen.

Mutti widersprach ihm: „Du bist ungerecht! Du freust dich nicht mit mir! Möchtest du wirklich, daß ich wie Aschenputtel herumlaufe?"

Beide stocherten lustlos im Essen herum.

Schließlich spielte Mutti ihren Trumpf aus: „Das mußt du noch wissen: Die unsinnige Aktion, wie du sie nennst, habe ich von meinem eigenen selbstverdienten Geld bezahlt! Und es sind *meine* Haare!"

Ja, Papas „Lottchen" war keine Neunzehnjährige mehr wie bei der Eheschließung, und inzwischen war sie viel selbstbewußter geworden.

Nach dieser gewitterträchtigen Mittagsstunde blieben die Eltern noch geraume Zeit zerstritten und begegneten sich einsilbig und zurückhaltend.

Mutti traurig zu sehen, schmerzte mich.

[Clausthal-Zellerfeld, Harz – Großen-Buseck
bei Gießen, Hessen;
1931–1936]

Sibylle Mews

Mit Schiefertafel und Griffel

Bei uns in Clausthal gab es einen Nachtwächter. Er ging mit
einer Laterne, begleitet von seinem Hund, durch die Straßen, und jede Stunde ertönte sein Ruf:

„Hört ihr Leut' und laßt euch sagen,
die Uhr hat eben zwölf geschlagen,
verwahrt das Feuer und das Licht,
damit kein Unglück euch geschieht."

Dabei nannte er natürlich immer die zutreffende Uhrzeit.
Jeder konnte sich beruhigt aufs Ohr legen. Einer wachte darüber, daß alles ruhig und friedlich blieb.

Meine Eltern waren 1926 hierher gezogen, mein Vater arbeitete als Chemiker an der Clausthaler Bergakademie. Die
Winter im Harz waren schneereich, für Rodler und Skiläu-
fer ein Paradies. Im ersten Winter im Harz kauften Vater
und Mutter sich Schneeschuhe, wie die Skier hier hießen.
Damit unternahmen sie sonntags gern ausgedehnte Wanderungen durch den verschneiten Wald. Eine besondere Kleidung war seinerzeit noch nicht üblich. Man zog an, was praktisch und warm war.

Mein jüngerer Bruder und ich wurden in einem Kinderwagen mit sehr hohen Rädern gefahren. Sogar mein Vater
schob den Wagen. Das war damals sehr ungewöhnlich für
einen Vater, da Männer all den Dingen um Haushalt und

*Die Aufnahme aus dem
Jahr 1928 zeigt meine
Großmutter, die mich
in dem damals übli-
chen hohen Sportwagen
spazierenfährt.*

Kinder meist aus dem Weg gingen. Wir wurden in Windeln
aus Mull und Moltonstoff gewickelt. Sie konnten noch für
weitere Geschwister genutzt werden. Auch die Kinderklei-
dung unterschied sich sehr von der heutigen. Man erkannte
schon von weitem, wer ein Junge und wer ein Mädchen war.
Mädchen trugen auch im Winter keine Hosen, sondern ge-
strickte Gamaschen, die den heutigen Leggins ähnelten.

Ich mußte also stets ein Kleid tragen und lange Strümpfe,
die an einem Leibchen befestigt waren. Das war ein kurzes
Hemdchen aus festem Stoff, hinten zum Knöpfen. Am unteren Rand hielten vier größere Knöpfe, zwei vorn, zwei hinten, Gummibänder mit Schlitzen, an denen die langen
Strümpfe angeknöpft wurden. Oft sprang einer der Knöpfe
ab, und die Strümpfe zogen unansehnliche Falten.

Meine Eltern waren sehr modern. Mein Bruder wünschte
sich eine eigene Puppe, und sie schenkten sie ihm. In einer
Zeit, in der Jungen nur mit Bauklötzen, Bauernhöfen, Ei-

senbahnen und Baukästen spielten, war auch das außergewöhnlich.

Autos sah man selten. Die Bauern brachten ihr Gemüse, Kartoffeln, Eier und frische Butter mit Pferdefuhrwerken auf den Markt.

Als ich etwa vier Jahre alt war, verlor mein Vater seine Arbeit als Chemiker. Wir zogen zu meiner Großmutter nach Gießen. Hier wohnten wir in einer Drei-Zimmer-Wohnung. Wenn Großmutter ihren Küchenschrank öffnete, roch es fein nach Zimt, Kakao und Kaffee. Bohnenkaffee leisteten sich meine Eltern und Oma nur an Sonn- und Feiertagen. Da es noch keinen gemahlenen Kaffee zu kaufen gab oder gar eine elektrische Kaffeemühle im Laden, begann jedesmal vor dem Kaffeekochen folgende Prozedur: Man füllte die Kaffeebohnen oben in eine Mühle, klemmte sie sich zwischen die Knie und drehte kräftig die Kurbel. Der gemahlene Kaffee rieselte in die kleine Schublade darunter.

Ich habe oft beobachtet, wie meine Großmutter bügelte. Das schwere eiserne Bügeleisen mußte erst auf dem Küchenherd erwärmt werden, dann schob sie mit einer Zange ein glühendes Brikett in seine Öffnung, die mit einer Klappe verschlossen wurde. Nun hieß es, flink zu bügeln. War das Brikett abgekühlt, wurde es gegen ein glühendes ausgetauscht. Außerdem mußte Großmutter aufpassen, daß die Wäsche keine Rußflecken bekam.

Auch das tägliche Heizen der Kachelöfen war mühevoll. Zentralheizung gab es nur in neuen modernen Häusern. Krochen wir morgens aus dem warmen Bett, war es in der Wohnung kalt und ungemütlich. Am unangenehmsten aber war das Waschen mit kaltem Wasser. Stand der Wasserkessel gerade auf dem Herd, hatte Großmutter Erbarmen und goß mir etwas heißes Wasser in meine Waschschüssel.

Meine Großmutter war sehr sparsam. Mittwochs und samstags ging sie sehr früh auf den Markt, um sich das Frischeste zu holen, was angeboten wurde. Oft machte sie den

Weg ein zweites Mal. Mittags, wenn die Marktstände abgebaut wurden, verkauften die Händler Waren, die sie nicht mehr bis zum nächsten Tag aufheben konnten, weitaus billiger. Im Sommer war das Aufbewahren von verderblichen Lebensmitteln ein Problem. Wir aßen nur einheimisches Gemüse, also Möhren, Kohlrabi, Erbsen, Bohnen, Salat und die verschiedenen Kohlsorten. Einmal brachte meine Tante aus Bad-Nauheim zu Weihnachten eine Pampelmuse mit, die wir genüßlich auslöffelten. Solch eine exotische Frucht gab es sehr selten.

Mit dem elektrischen Licht mußten wir sehr sparsam umgehen. Großmutter hatte auf alles ein waches Auge. Im Winter, wenn es früh dunkel wurde, erlaubte sie uns nicht, in der Dämmerstunde das Licht anzuschalten. Für meinem jüngeren Bruder und mich war das die Märchenstunde. Mutter kannte sehr viele Märchen von Grimm, Andersen und Hauff, und sie konnte zudem spannend erzählen. Auf diese anheimelnde Atmosphäre freuten wir uns jeden Tag. Wir lauschten den Schicksalen und Abenteuern der über alles geliebten Figuren, wenn Mutter ihrer Stimme ein geheimnisvolles Flüstern oder ein boshaftes Kichern gab:

„Heute back ich, morgen brau ich,
übermorgen hol' ich der Königin Kind!"
oder aus der „Gänsemagd" rezitierte:
„Oh Fallada, da du hangest ..."

1933 hatten nur wenige Familien ein Radio. Um die Hörer an das neue Medium zu gewöhnen, wurden Radioapparate auf Zeit verliehen. Meine Großmutter überraschte uns eines Tages mit einem Riesenkasten. Welch ein Erlebnis! Wir saßen gemeinsam davor, lauschten in den Apparat hinein und staunten über die Stimme, die uns aus dem Lautsprecher entgegenschallte.

Abends vergnügten wir uns mit Gesellschaftsspielen, klebten Bilder in Hefte oder lasen einander vor. An schönen Som-

mertagen verbrachten wir die Nachmittage oft in der Badeanstalt an der Lahn. Vater war ein ausgezeichneter Schwimmer, das waren nur wenige Männer seines Jahrgangs, aber
daß sogar meine Großmutter, geboren 1874, schwimmen
konnte, war schon eine kleine Sensation!

Meine Großmutter war bei meiner Geburt 53 Jahre alt.
Sie sah, wie alle Frauen ihres Jahrgangs, viel älter aus als
Gleichaltrige heute. Ihr graues Haar war aufgesteckt. Ihre
etwas mollige Figur blieb unter einem weit geschnitten Kleid,
das fast bis zu den Knöcheln reichte, versteckt, während die
jungen Frauen, wie meine Mutter und meine beiden Tan-

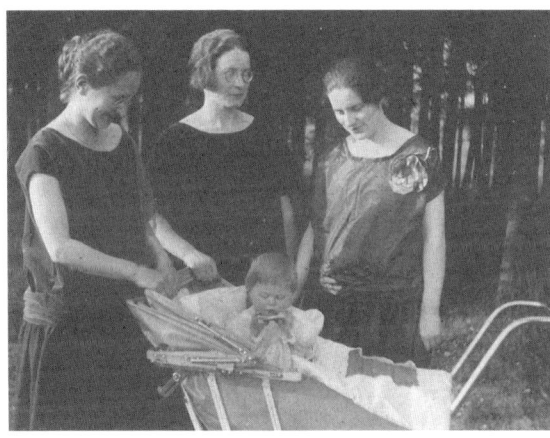

*Meine Mutter
und meine bei-
den Tanten klei-
deten sich nach
der neuesten
Mode.*

ten, recht kurze Kleider mit einer langen Taille trugen und
anfingen, ihr Haar sehr kurz zu schneiden.

Während die älteren Leute damals älter aussahen, als sie
waren, war das bei den Kindern genau umgekehrt. Sie sahen jünger aus und blieben sehr viel länger Kinder als heute
und spielten länger mit Bauklötzen, Puppen und Holzautos.

Ich war noch nicht sechs Jahre alt, als ich 1933 in die Schule
kam. Schulanfang war im April. Stolz ging ich mit meiner
Schultüte und meinem neuen Schulkleid, über das eine

Schürze gebunden wurde, und dem Schulranzen aus braunem Leder zur Einschulung. Alle Kinder trugen solch einen Schulranzen, nur daß die der Jungen eine längere Klappe hatten. Kein Mädchen hätte einen Jungenranzen und kein Junge einen Mädchenranzen haben wollen. Sie waren stabil und mußten bei vielen Kindern über die gesamte Schulzeit halten.

In den ersten Schulklassen schrieben wir mit einem Griffel auf einer Schiefertafel, deren eine Seite Linien, die andere Seite Karos hatte. Sie war mit einem festen Rahmen aus Holz eingefaßt, damit sie nicht so leicht zerbrach. Zum Leidwesen der Eltern mußte sie dennoch ab und zu ersetzt werden, denn wir waren recht lebhafte Kinder. An einer Ecke hing an einem Band ein Lappen zum Abwischen der Tafel. Gründlicher geschah das mit einem feuchten Schwamm, der in einer Dose aufbewahrt wurde. Die Griffel lagen in einem Griffelkasten, denn auch sie waren leicht zerbrechlich.

Wir lernten die Sütterlinschrift. Das Schreiben fiel mir nicht schwer, auch wenn insbesondere die Großbuchstaben

Die von dem Grafiker Ludwig Sütterlin (1865–1917) geschaffene Schrift wurde bis 1941 an den Schulen als „Deutsche Schreibschrift" gelehrt.

kompliziert aussehen. War die Schiefertafelzeit vorbei, durften wir endlich mit Tinte schreiben, zunächst mit einem Federhalter. Die Tinte befand sich in einem Glastintenfaß, das in die Schulbank eingelassen war. Der Hausmeister hatte dafür zu sorgen, daß die Tintenfässer stets gefüllt waren. Allzu schnell passierte mit der Tinte ein Malheur, und man hatte irgendwo einen Tintenfleck auf der Kleidung. Deshalb schienen mir die Schürzen berechtigt. Die Finger waren ohnehin meist von der Tinte gezeichnet. Füllfederhalter waren den höheren Klassen vorbehalten.

Als ich sieben Jahre alt war, erhielt mein Vater zu unserer Freude wieder eine Stelle, und zwar im Institut in Gießen. Wir konnten eine eigene Wohnung mieten und zogen nach Großen-Buseck, einem Dorf ganz in der Nähe. Mein Vater fuhr jeden Morgen mit dem Zug nach Gießen und kehrte abends spät zurück. Natürlich wurde auch samstags gearbeitet, und zur Schule mußten wir an diesem Tag auch. Als notorischer Langschläfer erreichte Vater den Bahnhof stets in letzter Minute, wenn der Zug schon unter Dampf stand. War es schon sehr spät, hetzte er mit großen Sprüngen querfeldein über die Wiesen, damit ihn der Zugführer, der bereits angefahren war, von weitem sah. So wurde es beinahe zur Regel, daß der Zug an dieser außergewöhnlichen Stelle noch einmal hielt, um Vater aufspringen zu lassen.

Nach dem Umzug und den Ferien besuchte ich die Dorfschule in Großen-Buseck. Zwei Jahrgänge, etwa 50 Kinder, wurden in einer Klasse unterrichtet. Unsere Lehrerin war eine kleine zierliche Frau. Nie verlor sie die Nerven, wenn es mal laut zuging oder sie die eine Hälfte der Klasse lesen ließ, während die andere einen Text schrieb. Es fiel mir schwer, mich nicht ablenken zu lassen. Allzugern hörte ich, was die anderen vorlasen und vergaß dabei das Schreiben.

Die Nachmittage auf dem Dorf waren niemals langweilig. Soweit es das Wetter erlaubte, spielten wir Kinder im Freien. Gemächlich schaukelten die Ochsengespanne aufs Feld.

Wir durften aufspringen und mitfahren, wann immer wir wollten. Stelzen waren in Mode gekommen, auch wir bekamen welche, mit denen wir bald sehr behende umherliefen und jeden Erwachsenen überholen konnten. Am besten gefiel uns, daß wir beim Reden von oben auf sie herabschauen konnten.

An den Samstagen war großes Backen im Ort. In ihren weiten, gebauschten hessischen Röcken trugen die Frauen und Mädchen riesige Bleche auf dem Kopf balancierend ins Backhaus in der Dorfmitte und wieder nach Hause. Daß jemals ein Blech heruntergefallen wäre, habe ich nie erlebt.

Im Dorf gab es genügend Einkaufsmöglichkeiten: einen Fleischer, einen Bäcker, der sogar Schokolade verkaufte, ein Milchgeschäft, das Milch, Käse, Butter und Quark anbot;

Einmal im Jahr kam die Schneiderin ins Dorf. Sie wohnte und arbeitete dann einige Tage bei uns. Doch sie nähte nicht nur neue Kleidung, sondern erzählte uns Kindern auch allerlei Neuigkeiten und Klatschgeschichten.

außerdem den Kolonialwarenladen, der deshalb so hieß, weil er neben Zucker, Mehl und anderen Lebensmitteln auch Kaffee, Kakao, Zimt und Gewürze führte, also Dinge, die in Deutschland nicht wuchsen und deshalb eingeführt werden mußten. Früher wurden diese Produkte vielfach aus den ehemaligen Kolonien in Afrika herangeschafft, deshalb nannte man jene Läden noch sehr lange Kolonialwarenläden. Sie führten all das, was in einem Haushalt benötigt wurde.

Einmal im Jahr kam die Schneiderin für ein paar Tage ins Dorf und wohnte dann bei uns. Kleider, Mäntel und Kittel für uns Kinder, eine Bluse oder einen Rock für Mutter, auch Bettwäsche konnte sie nähen und Reparaturarbeiten ausführen. Die Schneiderin war gesellig und erzählte viele interessante Neuigkeiten. Da sie vorher bei anderen Leuten genäht und überall so manches erfahren hatte, war sie eine lebende Zeitung. Klatschgeschichten liebte sie, und wir hörten ihr begierig zu.

Wichtige Nachrichten verbreitete der Ortsdiener. Mit einer großen Glocke lief er durch die Straßen, blieb an markanten Stellen stehen, läutete mehrmals kräftig und verkündete dann lauthals seine Neuigkeiten. Wir Kinder liefen hinterher, wir waren die besten Nachrichtenüberbringer.

Zwei Jahre lebte ich in diesem mir vertrauten Dorf, bis wir 1936 in die Mark Brandenburg zogen.

[Konikow bei Köslin*), Hinterpommern;
1930–1934

Gisela Schoon

Pameln, Flunnern und Bibberspeise

Am Ostermorgen standen wir früh auf. Unser Vater hatte das Osterwasser vor Sonnenaufgang geholt. Es mußte aus einer Quelle geschöpft werden, und es durfte kein „Quasselwasser" sein, weder Kichern noch Lachen oder gar Worte durften dem Osterwasserholer auf dem Hin- und Rückweg über die Lippen kommen. Daß übermütige Dorfjungen gerade das verhindern wollten, kann man sich denken.

Meine Mutter stellte uns die Waschschüsseln in der Küche bereit, und meine Schwester Annelie und ich wuschen uns andächtig mit dem „Zauberwasser" Gesicht, Hals und Arme. Man sollte davon gesund bleiben und schön werden. Ein Osterapfel gehörte ebenfalls zum Ritual, er mußte auf nüchternem Magen gegessen werden. Dann durften wir Eier und Nester suchen, wie es überall gebräuchlich ist.

Den folgenden Osterbrauch gab es wohl nur in Hinterpommern: Jedes Kind erhielt eine Rute aus Stachelbeerzweigen, die stiekelten, oder eine aus Birkenzweigen. Derart bewaffnet zogen wir los zu den Nachbarn oder anderen freundlichen Leuten. Einer im Haus mußte noch im Bett liegen oder schnell hineinsteigen. Wir hieben kräftig auf das dicke Federbett mit dem Vers:

> *„Stiep, stiep, Osterei,*
> *gibst du mir kein Osterei,*
> *hau ich dir die Deck entzwei!"*

---

*) heute Konikowo bei Koszalin in Polen

Man durfte dabei die Bettdecke anheben und Po und Beine treffen. Der größte Spaß war, einen Erwachsenen im langen Nachthemd zu erwischen.

Der Brauch wurde nur den jüngeren Kindern zugebilligt. Meine Schwester und ich gehörten nicht gerade zu den Draufgängern. So war unser Auftritt eher vorsichtig und rücksichtsvoll. Aber Lachen und Schokoladenostereier waren immer unser Lohn.

Meine zwei Jahre ältere Schwester Annelie und ich wurden schon im Kleinkindalter, bevor wir lesen und rechnen konnten, zum Einkaufen geschickt. Der Laden lag nur etwa 100 Meter von unserem Elternhaus entfernt. Barskes, die Besitzer, die gleichzeitig eine Gastwirtschaft betrieben, kannten jedes Familienmitglied im Ort und genossen das Vertrauen aller. Mit Geld und Einkaufszettel zogen wir los.

Gern beobachtete ich, wie Herr Barske Salzheringe aus einer großen Heringstonne hob und sie abtropfen ließ. Die Papiertüten raschelten, sobald Zucker, Salz, Mehl oder anderes aus den Schubladen hineingeschaufelt und auf der Tellerwaage mit Eisengewichten abgewogen wurden. Das schönste Geräusch aber war für uns Kinder, wenn die kleine Schaufel in einem Bonbonglas herumstocherte und ein Spitztütchen gefüllt wurde.

Angst brauchten unsere Eltern um uns wegen des Straßenverkehrs nicht zu haben. Die wenigen Ackerwagen und Kutschen, im Winter auch Schlitten, die über unsere Dorfstraße fuhren, bedeuteten keine Gefahr. Einmal gerieten meine Schwester und ich in größte Aufregung. Vor der Ladentür stand ein Auto! Schnell weg, ein Auto!

Unverrichteter Dinge rannten wir nach Hause. Auf Mamas Frage: „Warum habt ihr denn nicht eingekauft?", konnten wir nur stammeln: „Da stand ein Auto vor der Tür!"

„Ihr konntet doch drumherum gehen", meinte Mama verwundert. Aber wir schüttelten darauf nur den Kopf: „Nein, es hätte ja losfahren können!"

Jeden Freitag lockte uns eine bimmelnde Glocke an die Straße. Aus einem Bäckerwagen wurden Brot und Brötchen verkauft. Beliebt waren bei uns „Pameln", flache, ganz helle, bemehlte Brötchen.

Im Sommer kam einmal in der Woche der „Fischerkerl", ich glaube aus Jamund, durchs Dorf gefahren und rief: „Stück Botterbrot un gebroren Flunner!"

Damit machte er uns Appetit auf Schollen. Kleine Breitlinge, die gebraten und danach sauer eingelegt wurden, schmeckten lecker zu Bratkartoffeln.

Bald hatte ich meine zwei Jahre ältere Schwester in der Größe eingeholt, so daß uns Fremde oft für Zwillinge hielten. Mama nähte für uns in späten Abendstunden – tags blieb keine Zeit – wunderhübsche Kleider. Diese hier waren für eine Hochzeitsfeier in der Nachbarschaft vorgesehen. Annelie und ich, links, wollten nach Grammophonplatten tanzen lernen. Strauß-Walzer gehörten zu Mamas Lieblingsmelodien.

In unregelmäßigen Abständen kam der Töpferwagen. Bunte Blechtöpfe, Krüge und Becher baumelten an Bögen auf einem offenen Leiterwagen. Die Bäuerinnen brachten Lumpen zum Tausch.

Der „billige Jakob" kehrte einmal im Jahr ein und bot allerlei nützlichen Kleinkram an, den er in seinem Bauchladen, einem um die Schultern gehängten aufklappbaren Koffer, mit sich führte. Sein Lieblingsspruch lautete: „Ick wunner mi allein, dat ick so billich bin!"

An einem heißen Sommertag erlebten wir etwas Einmaliges: Ein buntes Auto fuhr mit Lautsprecher über die Dorfstraße und weithin schallte es:

> *„Was ißt man in dieser Hitze?*
> *Doktor Oetkers Rote Grütze!"*

Auf Papptellerchen wurden Puddingproben mit Vanillesoße und einem Papplöffelchen verteilt. Auch Götterspeise in tollen Farben kannten wir noch nicht. „Bibberspeise" nannten wir sie. Von diesem Tag an gab es sonntags oft Oetker-Pudding als Nachtisch.

(Weitere ZEITGUT-Beiträge dieser Autorin sind im Autorenverzeichnis am Ende des Buches vermerkt.)

Marie Stade

Rotzerte fangen

Zu unseren bevorzugten Spielplätzen zählte im Sommer die
Gera und deren Ufer. Eigentlich ist die Gera ein Gebirgs-
flüßchen und im Sommer verhältnismäßig flach. Sie ist aber
sehr kalt und kann gelegentlich auch gefährlich werden. In
früheren Jahren war sie von den Anliegern sehr gefürchtet,
weil sie, besonders nach der Schneeschmelze, die Länderei-
en wegschwemmte und großen Schaden anrichtete. Im 18.
und 19. Jahrhundert wurde der Lauf begradigt und das Fluß-
bett vertieft, so daß der Schaden bei Hochwasser eingedämmt
werden konnte. Trotzdem erlebte ich noch einige Hochwasser, bei denen die Brücke überspült wurde und die angrenzenden Felder teilweise bis zu einem Meter hoch mit Sand
und Geröll bedeckt waren.

Wir wußten, daß wir bei Hochwasser und auch bei Gewitter oder starkem Regen nicht in die Nähe des Wassers gehen
durften, da die Gera auch bei uns schon Todesopfer geford-
dert hatte. Aber im Sommer war sie für uns der schönste
Spielplatz. Die Ufer waren mit Erlen, Weiden und Eschen
bewachsen und warfen Schatten auf das Wasser. An der ehemaligen Furth unterhalb der Brücke fanden wir ideale son-
nige Spielplätze. Hier konnten wir bequem durch das seich-
te Wasser in das etwas tiefere gelangen, und mit ausgedien-
tem Schuhwerk – wegen der Steine – begannen wir unser
Lieblingsspiel, wir nannten es „Rotzerte fangen". Bei uns

Siegelbach bei Arnstadt in Thürin-gen. Im Vordergrund ist die Gera mit der Furth und der Brücke zu sehen. Hier fingen wir im Sommer „Rotzerte", kleine Fischchen.

hießen die etwa 10 cm langen Fischlein mit einem großen Kopf, Glotzaugen und riesigem Maul eben „Rotzerte", viel-leicht, weil sie sehr klitschig waren.

Das Fangen der Fischlein war gar nicht so einfach. Ihr bevorzugter Standplatz befand sich unter handgroßen Stei-nen. Wir pirschten uns vorsichtig und leise und gegen die Sonne, damit wir keinen Schatten warfen, an den ausgewähl-ten Stein heran. Nun mußten wir geschickt mit einer Hand den Stein anheben und mit der anderen, die wir bereits un-ter die Wasseroberfläche geschoben hatten und etwas gewölbt an den Stein legten, blitzschnell zugreifen, bevor der Fisch die Helligkeit erfaßte und flüchtete. Das gelang mir nicht auf Anhieb, aber im Laufe des Sommers immer besser. Die gefangenen Rotzerte kamen in ein Gefäß und anschließend in kleine Deiche, die wir schon im flachen Wasser vorbereitet hatten. Nun ließen wir sie schwimmen und hatten daran unsere Freude. Später nahmen wir sie mit nach Hause. Sie wurden im Stoßtrog mit dem Stoßeisen zerkleinert und ergaben so ein gutes Fischfutter für die Enten.

Meine Schwester Dora, die auch Mäuse mit der Hand fangen konnte, begnügte sich nicht mit dem Rotzerte-Fang. Sie kannte die Forellenstandplätze und versuchte gelegentlich, eine mit der Hand oder mit einer alten Gabel zu fangen. Manchmal hatte sie Glück.

Das Fischrecht hatte seinerzeit der Fischer Heinemann aus Arnstadt. Von Zeit zu Zeit machte er entlang der Gera seine Runde und fischte ab. Dazu benutzte er ein kleines, auf einem Holzrahmen befestigtes Netz, das mit einer Stange versehen war. In seinen langen Gummistiefeln ging er mit diesem Netz im Fluß am Ufer entlang und schob es in Abständen unter den Uferrand, unter dem die Forellen standen. So konnte er sie ohne Angel fangen. Hatte der Fischer einige Fische im Netz, entleerte er es in einen Holzbottich, den ein Arbeiter auf einem Handwagen auf dem Uferweg hinterherzog.

Fischer Heinemann hatte verboten, daß wir in der Gera spielten. Wir paßten deshalb höllisch auf, wenn er in die Nähe kam. Dann verschwanden alle Kinder im Nu aus dem Wasser und sahen von der Brücke aus dem Abfischen zu bis – ja, bis der Fischer nicht mehr zu sehen und der Spielplatz wieder frei war.

(Weitere ZEITGUT-Beiträge dieser Autorin sind im Autorenverzeichnis am Ende des Buches vermerkt.)

[Brüssow, nahe Prenzlau, Uckermark – Berlin – Herford;
1930– 1933]

Ursula Meier-Limberg

Himbeerbrause im Speisewagen

Ich war noch keine sechs Jahre alt, als ich 1930 in Brüssow
eingeschult wurde. Welch eine Freude, welch ein Glück! Nun
wurde ich endlich losgelassen wie ein kleiner Hund. Ich tob-
te mit der Dorfjugend, kein Baum und keine Mauer waren
zu hoch. Puppen mochte ich nicht, wie schön sie auch aussahen, sie waren mir ein Greuel.

Mein kleiner Heimatort Brüssow ist zwar eine Stadt, 1259
gegründet, aber sehr dörflich. Im Sommer wie im Winter
spielten wir auf einem alten Friedhof hinter der Stadtmau-
er. Die Grabkreuze waren verrostet und zum Teil umgefal-
len, die Hügel waren eingeebnet. Das Gestrüpp war ideal
zum Budenbauen.

Wir lebten sehr intensiv mit den Jahreszeiten. Jede hatte
ihr wiederkehrendes Ritual. Den Frühling begrüßten wir in
der Caselower Heide, etwa 15 Minuten mit dem Fahrrad entfernt. Dort wuschen wir Hände, Füße und Gesicht mit eis-
kaltem Quellwasser, tranken es auch und aßen dazu Veil-
chenköpfe. Dies sollte uns das Jahr über gesund erhalten.
Der Sommer fing für uns bereits am 1. Mai an. Ob es kalt
oder warm war, an diesem Tag badeten wir im Großen Brüs-
sower See.

Unser Winterritual war das gründliche Einseifen mit
Schnee. Das wurde so gründlich gemacht, daß ich mich meistens hinterher umziehen mußte. Hände voll Schnee steck-

ten uns die Jungen unter heftigstem Wehren und Gebrüll in den Halsausschnitt. Die Erwachsenen schimpften heftig mit den Jungen: „Wollt ihr wohl die Mädchen in Ruhe lassen!"

Sie wußten ja nicht, daß es Spaß war und eine stille Übereinkunft gab. Bei Schnee fuhren die Milchwagen mit großen Pferdeschlitten. Man hörte die Glöckchen an den Pferdehälsen schon von weitem bimmeln. Für uns war es das schönste Vergnügen, auf die Kufen der Schlitten aufzuspringen und mitzufahren. Die Kutscher sahen das nicht gern, und zogen uns öfter eins mit der Peitsche über. Davon ließen wir uns aber nicht abschrecken.

In meiner Klasse saß Kurti Fischer. Er war erheblich kleiner als wir alle und häufig zu Späßen aufgelegt, ein Unikum. Einmal ließ er sich in den Klassenschrank einschlie-

1930 kam ich, zweite von links, in dem Städtchen Brüssow in der Uckermark zur Schule.

Der erste von links ist unser Klassenclown Kurti Fischer, der für eine Mark einen Regenwurm aß.

ßen und spielte während des Unterrichts den Heiligen Geist und polterte. Ein anderes Mal ließ er eine Spieluhr laufen. Zur Strafe schickte ihn der Lehrer oft vor die Tür. Auch dann machte er seine Späße, steckte Wunderkerzen durch das Schlüsselloch oder warf Stinkbomben. Das Allertollste war jedoch, daß er sich für eine Mark nackt in die Brennesseln legte und sich darin einmal herumdrehte. Dabei schrie er wie am Spieß, und wir lachten uns fast tot, denn nie hatten wir geglaubt, daß er dies tun würde. Genau so war es mit dem Regenwurmessen. Kurti aß ihn – wiederum für eine Mark! – und mir wurde schlecht.

Meine erste große Reise stand bevor. Mein Vater konnte nur im Winter, meistens im Februar, Urlaub nehmen. So erhielt ich vom Schulrat Sonderurlaub. Diese Reise und das Drum und Dran sprengten den Rahmen meiner Vorstellungskraft. Zunächst kam Fräulein Pfeiffer außer der Reihe ins Haus, um mir ein neues Kleid zu nähen – erdbeerfarben mit Plisseekragen und Plisseemanschetten – ein Traum, wie ich fand.

Endlich war es soweit und die Reise ging es los, zunächst mit dem Auto bis zur Kreisstadt Prenzlau, 23 Kilometer weit. Dort stiegen wir in ein Ungetüm von Zug, nicht zu vergleichen mit unserem gemütlichen Bimmelbähnchen. In Berlin fuhren wir mit einer Taxe zu einem anderen Bahnhof. Ich verstand überhaupt nicht, daß es einen weiteren Bahnhof gab. Und dann die riesige Bahnhofshalle! Unser ganzer Ort hätte da wohl hineingepaßt.

Wir stiegen in den Zug, der aus Warschau kam und nach Paris fuhr. Ich hörte viele fremde Laute, und fremd aussehende Menschen hasteten an uns vorbei. Ich klammerte mich

Dieses Foto zeigt mich etwa 1930/31 mit Cousine Hanna. Für die erste große Reise bekam ich ein neues Kleid – erdbeerfarben mit Plisseekragen und Plisseemanschetten.

fest an Mutters Hand, ich hatte Angst, hier verlorenzuge-
hen. Endlich kam der Zug nach Herford. Als wir einstiegen,
sah ich doch tatsächlich einen völlig schwarzen Mann! Ich
flüsterte meiner Mutter zu: „Siehst du, es gibt ihn doch, den
schwarzen Mann."
   Vater hatte mir einmal erzählt, daß man im Zug auch essen könne an Tischen mit richtigem Geschirr. Das habe ich
ihm nicht geglaubt. Und nun saß ich mit den Eltern im Spei-
sewagen und durfte sogar Himbeerbrause trinken. Die war
für mich viel köstlicher als Mutters selbstgemachter Erd-
beersaft. Das mußte ja ein Heidengeld kosten, dachte ich und
fragte meine Eltern flüsternd, ob sie das alles denn überhaupt bezahlen könnten?
   In der Schule durfte ich dieses Erlebnis vor der ganzen
Klasse in allen Einzelheiten erzählen. Man hat mir kaum
geglaubt.

Nach meinem neunten Geburtstag wurde alles ein wenig anders. Ich durfte auf einmal nicht mehr so viel herumtoben.
Vor dem Essen mußte ich meine Zöpfe nochmals flechten
und stets hieß es jetzt: „Das tut man nicht, das darf man
nicht, geh gerade und tritt nicht wie ein Trampel auf ..."
   Ich bekam Klavierunterricht auf einem musealen Klavier
aus dem Nachlaß der berühmten Sängerin Adeline Patti. Die
Lehrerin reiste extra aus Prenzlau an. Es war schrecklich.
Bei schönstem Wetter, wenn die anderen umhertollten, mußte
ich üben. Gleichzeitig wurde ich in Deutsch und Grammatik
auf die Umschulung für das Lyzeum in Prenzlau vorbereitet. Das machte Fräulein Labuda am Nachmittag. Diesen
Sonderunterricht erhielten alle Umschüler – nur in diesem
Jahr war ich die einzige.

*(Weitere ZEITGUT-Beiträge dieser Autorin sind im Autorenverzeichnis am
Ende des Buches vermerkt.)*

[Bad Pyrmont, Niedersachsen – Holzhausen;
Januar 1929 – 1933]

Ursula Sonnemann

Zu klein für die Schule?

Vor meinen Großeltern hatte ich Respekt, vor allem vor Großvater. Er war 20 Jahre älter als meine Großmutter und nannte sie immer „Kindchen", obwohl sie Emma hieß. Ich kenne meine Großmutter nur in langen, dunklen Kleidern mit weißen Blumenmustern. Weiße Spitzenkragen und eine goldene Brosche sorgten für gepflegtes Aussehen. Wenn sie ausging – und sie ging viel spazieren – trug sie stets einen Hut. Im Sommer war es einer aus Stroh mit Blumen. Als Sonnenschutz, wie sie sagte. Im Winter setzte sie zum Wärmen einen Filzhut mit einer Feder auf.

Großvater war ein kräftiger, stattlicher Mann mit Kaiserbart, breiten Schultern und tiefer Stimme. Die Leute sagten, er sehe wie Bismarck aus. Mir erschien er uralt. Großvater hatte als junger Mann bereits den Deutsch-Französischen Krieg 1871 mitgemacht und war zu Fuß von Bromberg, das jetzt zu Polen gehört, bis nach Sedan in Frankreich marschiert. Nur manchmal, erzählte er, saß er unterwegs auf einem Pferdewagen. Aus Frankreich hatte er wertvolle Vasen mit echtem Blattgold und eine reichverzierte, goldene Kaminuhr mitgebracht. Sie stand, unter einer Glaskuppel vor Staub geschützt, auf einer Konsole. Keiner durfte sie je berühren.

Als ich 4½ Jahre alt war, brachte mich meine Mutter für mehrere Tage zu meinen Großeltern. Mutter trug ein weites wunderschönes Seidenkleid, beige mit lustigen bunten Blumen. Ich hatte mich in dieses Kleid geradezu verliebt. Beim Abschied streichelte sie über meinen Kopf und sagte: „Sei lieb und artig bei Oma und Opa, ich komme bald wieder. Dann bringe ich dir etwas Schönes mit, vielleicht ein Schwesterchen oder ein Brüderchen. Du wirst es liebhaben!"

Dann ging sie fort. Ich überlegte, woher sie es holen wollte. Oma sagte, Mama müsse erst einmal verreisen, doch schon am nächsten Tag überraschte sie mich mit der Nachricht, daß ein Brüderchen für mich angekommen sei.

Während dieser Zeit ging meine Großmutter täglich mit mir spazieren, meistens in die Stadt. Obwohl ich immer schwarze Lackschuhe trug, beschloß Oma, mir Gummistiefel zu kaufen, vermutlich zum Spielen im Sand und auf der Schaukel, die mein Großvater für mich gebaut hatte. Sie kaufte mir außerdem einen weißen Pullover mit lila-rosa Muster, in das ein Goldfaden gezogen war. Der Gürtel besaß eine echte Hornschnalle. Weil ich beides so schön fand, behielt ich Pullover und Schuhe gleich nach dem Kauf an. Auf dem Nachhauseweg prägte mir Oma ein: „Du darfst aber Opa nicht erzählen, daß ich dir neue Sachen gekauft habe."

Dieses Verbot muß wohl auf mich einen besonderen Reiz ausgeübt haben, denn zu Hause angekommen, stellte ich mich vor meinen Großvater und fragte ihn: „Gefällt dir mein neuer Pullover? Und neue Gummistiefel habe ich auch."

Auf seine Frage „Von wem hast du denn die neuen Sachen?" antwortete ich unverdrossen: „Von Oma." Ich kann mir gut vorstellen, daß der Hausfrieden damals empfindlich gestört war, denn mein Großvater war ein sparsamer Mann. Großmutter hingegen kaufte gerne, von ihrem Taschengeld – wie sie immer sagte. Und nun hatte ich sie verpetzt!

Kurz nachdem mein Bruder geboren war, zogen wir um. Mein Vater besorgte sich vom Bauern einen Wagen und ein Pferd. Als alle Betten, Sessel, Sofas, Tische, Stühle, Stehlampen,

Spielsachen, Geschirr und Küchengeräte auf dem Wagen verladen waren, setzte sich mein Vater auf den Bock, nahm die Zügel in die Hand und kommandierte: „Hü!"

Das Pferdchen zog an, der vollbeladene Wagen schwankte, kippte jedoch nicht um. Meine Mutter schob das Baby im Kinderwagen, und ich lief hinterher. Für mich war das ein lustiger Tag. Staunend lief ich durch die neue Wohnung. Nun hatten wir sogar eine „gute Stube" mit herrlicher Blumentapete. Sie wurde nur an Festtagen benutzt oder zum Geburtstag. Ein grünes Plüschsofa mit eingewebten gleichfarbigen Blumenranken stand darin und davor ein ovaler Nußbaumtisch, dessen Fuß aus einer dicken gedrechselten Säule bestand. Unten am Sofa hingen die Fransen bis auf den Fußboden. Den Tisch zierte eine wertvolle rubinrote Kristallschale, darunter lag eine von meiner Mutter angefertigte Filet-Häkeldecke, ebenfalls mit langen Fransen. An ihnen lernte ich das Zöpfeflechten. Ich übte mich darin, wenn Besuch kam und ich lange stillsitzen mußte.

In der guten Stube befand sich auch ein Klavier. Es hatte einen recht hohen Aufbau aus Nußbaumholz. Links und rechts zierten Messingleuchter die Vorderfront. Bei besonderen Anlässen brannten darin weiße Kerzen. An jedem Weihnachtsfest spielte meine Mutter die schönen alten Weihnachtslieder auf dem Klavier, und mein Vater holte seine Geige dazu. Erst wenn meine Eltern „Ihr Kinderlein kommet" gespielt und wir dazu gesungen hatten, durften wir die Tür zur Bescherung öffnen.

Zum ersten Weihnachtsfest in der neuen Wohnung bekam ich eine große Porzellanpuppe mit einer echten Perücke geschenkt. Ellenbogen- und Kniegelenke sorgten für Beweglichkeit. Über ihrem entzückenden Kleid prangte eine Schürze mit viel Spitze. Sie war ein wunderschönes Puppenkind – und trotzdem mochte ich sie nicht so gern. Sie fühlte sich hart an, und ich mußte immer sehr vorsichtig mit ihr umgehen, um sie nicht zu zerbrechen. Ich glaube, ich war ihr kei-

*Weihnachten 1930 bekam
ich diese wunderschöne
Porzellanpuppe geschenkt.
Ich war fünf Jahre alt.
Meine Mutter hält das Brü-
derchen auf dem Schoß.*

ne besonders gute Puppenmutti. Manchmal vergaß ich sie
und ließ sie ganz allein in der kalten guten Stube sitzen.
Dann tat sie mir leid, und ich brachte sie zum Aufwärmen in
den Garten. Ich hätte lieber eine Puppe zum Knuddeln gehabt. Diese war zu vornehm dafür.

Brüderchen war noch zu klein zum Spielen. Es schrie, laut
und durchdringend. Es schrie von morgens bis abends, es
schrie auch in der Nacht. Wurde es auf den Armen getragen,
schlief es für kurze Zeit ein, um bald wieder zu schreien. Der
Kleine hatte Schwierigkeiten mit der Ernährungsumstellung.
Mutti wurde immer aufgeregter, denn sie hatte nicht mehr
genug Muttermilch und den Haferbrei vertrug er nicht. Da
es damals noch keine spezielle Babynahrung gab, verlor Brüderchen immer mehr an Gewicht und wurde täglich schwä-
cher. Mutter meinte, wenn nun nicht bald Hilfe „von oben"
käme, müsse Brüderchen sterben.

In unserem Ort gab es keinen Kinderarzt. Schließlich konnte mein Vater in der größten Not einen Kinderarzt auftrei-
ben, der jedoch ausschließlich in einem Kindererholungsheim
praktizieren durfte. Er kam aus Berlin, wo man über Säug

lingsernährung wohl schon mehr wußte als bei uns. Vater
überredete ihn, den Kleinen heimlich zu untersuchen.
Der Arzt empfahl eine neue Methode der Nahrungszube-
reitung. Mit dem Soxhlet-Apparat sollten die Babyflaschen
und die Babynahrung steril werden. Das Gerät war ein großer Kochtopf, wie man ihn zum Einkochen benutzte. Darin
standen sechs Babyfläschchen, die durch Abkochen sterili-
siert wurden. Nun mixte der Arzt eine Babynahrung und
füllte diese in die Flaschen. Der Inhalt der Flaschen sollte
immer die gleiche Zusammensetzung aufweisen. Tatsächlich
erholte sich mein Brüderchen und wurde schnell gesund. Uns
schien es wie ein Wunder.

Im Januar 1931 feierte ich meinen sechsten Geburtstag. Alle
sagten, dies sei ein besonderer Tag, denn bald beginne mit
der Einschulung der Ernst des Lebens. Meine Mutter aber
winkte ab: „Ich glaube, sie ist noch zu klein für die Schule."
Im März erhielten wir eine Vorladung zum Amtsarzt. Ich
war sehr stolz. Wieder warnte meine Mutter: „Freue dich
nicht zu früh! Du bist wirklich noch zu klein, kannst deinen
Ranzen gar nicht tragen." Zur Schuluntersuchung jedoch
mußte sie mit mir gehen. Als ich vor dem Arzt stand und
mein Kleid auszog, bekam ich plötzlich Nesselfieber – große,
rote Flecken auf der Haut, die mächtig juckten. Der Doktor
sah meine Mutter böse an und schimpfte: „Wie können Sie
mir ein krankes Kind schicken?"
Meine Mutter war verwirrt. Bis eben, so beteuerte sie, habe
das Kind kein Nesselfieber gehabt, sie könne es sich wirklich nicht erklären. Der Arzt glaubte ihr nicht und schickte
uns weg mit der Auflage, in einer Woche wiederzukommen.
Ich war sehr traurig und fühlte mich überhaupt nicht
krank. Als mir meine Mutter wieder vorwarf, ich sei doch
wirklich noch zu klein, wurde ich trotzig, weinte den ganzen
Abend und noch am nächsten Tag. Schließlich konnte sie die
Heulerei nicht mehr ertragen und ging mit mir zu ihrem

Onkel Werner, der Arzt war. Onkel Werner sah mich an, legte sein Hörrohr auf meine Brust und fragte am Ende der Untersuchung erstaunt: „Warum soll das Kind denn nicht in die Schule gehen, es ist doch kerngesund?"
Überglücklich verließ ich sein Sprechzimmer.
Nun konnten meine Eltern mich nicht mehr zurückhalten! Am nächsten Tag bekam ich eine rosa Schultüte mit Süßigkeiten und Obst. Einen Lederranzen und eine braunlackierte Butterbrottasche hatte man mir schon vorher ge-

Lange hatte ich mich darauf gefreut: Im April 1931 wurde ich mit drei Tagen Verspätung endlich eingeschult.

kauft – für alle Fälle. Ich zog meinen neuen blauen Mantel mit dem Pelzkragen an, setzte meine weiße Baskenmütze auf und los ging's zur Schule. Meine Mutter begleitete mich. Alle anderen Kinder gingen allein, sie hatten zu diesem Zeitpunkt immerhin schon drei Tage Schule hinter sich.
Ich war die 42. Schülerin der 1. Klasse. Meine Mutter, früher selbst Lehrerin, sprach den Lehrer wegen der Größe der Klasse an. Er sei jahrelang arbeitslos gewesen und mußte seinen Lebensunterhalt in einer Gummifabrik verdienen, erzählte er, da sei ihm auch ein 42. Kind nicht zuviel.

Mein Lehrer, ein großer schlanker Mann, kam freundlich auf mich zu und zeigte mir meinen Platz. Weil ich als letzte kam, mußte ich ganz hinten im Klassenraum sitzen, was sich später freilich änderte, weil ich tatsächlich zu klein war, um von dort etwas sehen zu können. Inzwischen hatte ich eine Freundin, die Anni. Wenn wir uns der Größe nach aufstellen sollten, mußte ich mit Auguste gehen, die noch kleiner war als ich. Dann bildeten wir den Schluß der langen Reihe. Oh, wie war ich stolz, daß ich nicht die Allerkleinste war!

Unser Lehrer gehörte den Wandervögeln an und trug deshalb immer ein weißes Hemd mit großem Schillerkragen und braune Bundschuhe. Er besaß keinen Rohrstock, prügelte nie und schimpfte selten. Trotzdem herrschte Disziplin in seiner Klasse. Erwin Brauß hatte alle kleinen i-Dötzchen lieb. Und wir wiederum verehrten und liebten ihn.

Bald hatte er Geburtstag. Ich beschloß, meinem Lehrer eine Freude zu bereiten. Lehrer, die im Winter Geburtstag feierten, erhielten als kleine Aufmerksamkeit meistens etwas Leckeres vom Selbstgeschlachteten. Auch mein Vater war Lehrer. Im November geboren, kam er an seinem Ehrentag mit kleinen Leberwürsten, Schmalz, Thüringer Mett oder auch mit Wurstbrühe nach Hause, sehr zur Freude der Familie, denn die selbsthergestellten „Spezereien" schmeckten viel besser als die beim Schlachter gekauften.

Unser Lehrer hatte aber im Sommer Geburtstag. Schließlich kam mir eine Idee: Du wirst des Lehrers Pult polieren, damit die vielen bunten Sommerblumensträuße, die wir mitbrachten, auf einer blitzblanken Tischplatte verteilt werden konnten. Mit Bohnerwachs und einem Wollappen „bewaffnet", betrat ich eine halbe Stunde vor Schulbeginn den Klassenraum. Ich bohnerte also – wie ich meinte –, bohnerte und bohnerte. Als ich eben fertig war, kamen die ersten Klassenkameradinnen und -kameraden mit ihren Dahlien-, Astern- und Sonnenblumensträußen. In Ermangelung passender Vasen stellten wir sie in Einweckgläser, die im Schulschrank standen. Eine Mitschülerin brachte zehn Eier, ein Mitschüler ein Stück Schinken, Anni legte eine Tafel Schokolade auf den Tisch. In die Mitte legten wir das dicke Klassenbuch. So, nun konnte unser Lehrer kommen. Alles war fertig.

Über den so schön angerichteten Geburtstagstisch war er sichtlich gerührt. An diesem Tage brauchten wir nicht zu lernen. Stattdessen las er uns eine schöne Geschichte vor. Dann griff er nach dem Klassenbuch, um seine Eintragungen darin zu machen. Doch was war das?

Das Buch klebte an der Tischplatte fest! Der Lehrer stellte entsetzt fest, daß ein dicker Fettfleck auf der Rückseite des Klassenbuches prangte. Seine gute Laune verflog im Nu. Mit ernster Stimme fragte er: „Wer hat mir denn den Tisch mit Fett beschmiert?"

Ich hätte in die Erde versinken können, so habe ich mich geschämt. Das Bohnerwachs war wohl doch nicht so gut verteilt! Sollte ich mich nun melden?

Keiner hatte mich bei meiner Bohneraktion gesehen. Jetzt war ich feige. Ich brachte es nicht übers Herz, ihn womöglich zu enttäuschen. Darum schwieg ich. Er hat nie erfahren, wer die Übeltäterin war.

Da das Haus, in dem wir wohnten, verkauft wurde und der neue Besitzer selbst einziehen wollte, zogen wir nach zweieinhalb Jahren wieder um, dieses Mal in einen Neubau etwas außerhalb des Ortes. Drei neue Zweifamilienhäuser standen an der Straße, die noch keinen Namen hatte.

Der Umzug vollzog sich in der gleichen Weise wie der erste: mit Pferdchen – mein Vater bemühte wieder dasselbe Tier – und spannte es vor den Wagen. Als ich das neue Zuhause betrat, fiel mir gleich der Fußboden auf. Die Dielen der neuen Wohnung waren schmal, hell lackiert und wunderbar sauber. Ich mochte zuerst gar nicht darauf treten. Wir zogen in die erste Etage. Dort verfügten wir nun über ein Wohn-, ein Herren-, ein Schlaf- und ein Kinderzimmer sowie über eine Küche. Eingebaute Badezimmer waren damals noch nicht üblich. Eine Wassertoilette genügte. Vom Küchenfenster aus erblickte ich zu meiner Freude Sand- und Kieshaufen zum Spielen. Doch das Vergnügen sollte nicht lange dauern. Mein Vater verwandelte das Gelände rechtschnell in einen gepflegten Gemüsegarten.

Im Erdgeschoß wohnten eine Mutter und zwei Töchter. Ging ich die Treppe hinunter – und das geschah wohl nicht immer sehr leise –, öffnete sich die Etagentür, und eine Hand reichte mir einen Bonbon oder Schokolade heraus. Heimlich verzehrte ich alles sehr genüßlich, denn zu Hause war mir Schokolade essen nur selten erlaubt. Wenn die erwachsenen Töchter abends von der Arbeit kamen, hatten sie immer ein liebes Wort für mich, und so war ich mit meinen Mitbewohnerinnen sehr zufrieden. Eines Tages im Jahr 1933 erhielt ich von der Nachbarin sogar drei Tafeln Schokolade. In der Nacht darauf hörte ich unten im Haus Schritte und Männerstimmen. Trotz angestrengten Horchens konnte ich nichts weiter verstehen als das Wort „Beeilung!"

Eine Tür schlug zu, ein Auto fuhr an. Dann wurde es völlig still im Haus.

Am nächsten Morgen waren die Mitbewohnerinnen nicht mehr da. Auf meine Frage, wo sie geblieben seien, antwortete meine Mutter, sie seien ausgezogen.

„Aber, Mutti, die Möbel sind doch noch alle da! Und wir sind doch auch nicht nachts ausgezogen!"

Doch meine Mutter sagte nur: „Ja, du hast recht. Mehr wissen wir aber auch nicht."

Viel später erfuhr ich, daß unsere freundlichen Mitbewohnerinnen Jüdinnen waren, die man nachts aus ihrer Wohnung verschleppt hatte. Die näheren Umstände, die 1933 dazu führten, sind mir bis heute nicht bekannt.

(Weitere ZEITGUT- Beiträge dieser Autorin sind im Autorenverzeichnis am Ende des Buches vermerkt.)

[Weddinghusen bei Heide im Dithmarschen,
Schleswig-Holstein;
1928–1935]

Martha Jenewein

Meine Zigeuner

In der Nähe meines Elternhauses in Weddinghusen führte
ein Feldweg ins Nachbardorf. Wir nannten ihn den „Zigeunerweg". Wenn Zigeuner in der Gegend waren, wurde ihnen
dieser Weg als Aufenthaltsort zugewiesen. Länger als drei
Tage und drei Nächte durften sie aber nicht bleiben, dann
mußten sie weiterziehen.

Wenn es im Dorf auch hieß: „Die Wäsche von der Leine,
die Zigeuner sind da!" – wir kümmerten uns nicht darum.
Im Gegenteil, sie kamen immer mal wieder zu uns auf den
Hofplatz und unterhielten sich mit Vater.

Eine Familie fuhr immer allein. Es waren noch junge Leute, Mann und Frau und ein kleines Kind. Sie hatten einen
kleinen grünen Wagen mit einem struppigen Pferd davor.
Ich bin oft zu ihnen gegangen, wenn sie im Zigeunerweg campierten. Das Kind lag im Gras unter der Weißdornhecke und
griff nach den Sonnenkringeln. Die Frau werkte im Wagen,
sie kam ab und zu heraus und rührte im Topf, der auf einem
eisernen Dreibein vor dem Wagen dampfte. Der Mann war
meistens unterwegs. Wenn er nach Hause kam, nickte er mir
kurz zu und gab der Frau ein kleines Paket, oder er hatte
Brennholz gesammelt, das er unter den Wagen legte. Sie sprachen kaum miteinander.

Obgleich ich es nicht in Worte fassen konnte, empfand ich
bei ihnen immer eine ungeheure Traurigkeit. Manchmal

dachte ich, selbst das Baby hat nur ein trauriges Lächeln.
Dann kam ich in die Schule und lernte, daß der Zigeunerweg offiziell „Grüner Weg" hieß, und wir mußten das Lied
„Lustig ist das Zigeunerleben ..." singen. Am liebsten hätte
ich hinausgeschrien, daß das überhaupt nicht lustig sei. Aber
ich habe es nicht getan.

Im nächsten Sommer kamen sie wieder. Auch diesmal allein, und das kleine Mädchen konnte schon laufen und spielte mit Steinen und Stöcken vor dem Wagen. Ich pflückte ihm
gelbe saftige Augustäpfel und gab sie der Frau. Bevor sie
weiterzogen kam die ganze Familie zu uns in den Garten.
Vater unterhielt sich draußen mit dem Mann, Mutter, die
Frau und das Kind gingen in die Küche. Mit Äpfeln, Mohr-
rüben, Tomaten und einem Igel zogen sie von dannen.

Als ich am nächsten Morgen in die Schule fuhr, war der
Weg leer. Daß sie einen Igel mitnahmen, fand ich nicht weiter schlimm. Vater hatte mir erklärt, daß Zigeuner die gerne
essen, und schließlich schlachteten wir ja auch unser Schwein
und unsere Hühner. Von Mutter wollte ich wissen, ob die
Frau ihr aus der Hand gelesen hätte. Mutter bejahte es. Nun
drängte ich zu wissen, was sie ihr prophezeit habe. Mutter
meinte, das wäre nur für sie. Aber ich ließ keine Ruhe. Da
nahm Mutter meine Hand, zog ein paar Linien darin und
sagte:

„Ik segg di wohr, op'n Kopp hess Hoor,
an de Been hesst keen, dat kannst wohl sehn."

Da lachten wir beide und ich begriff, daß mich das wirklich
nichts anging.

So verging ein Sommer nach dem anderen. Immer im Hochsommer war die Familie wieder da. Ich besuchte sie, spielte
mit dem Kind, und bevor sie weiterfuhren, machten sie uns
einen Besuch.

Als ich eines Morgens mit dem Fahrrad in die Schule fuhr,
sah ich sie wieder. Mittags beeilte ich mich sehr, um schnell

nach Hause zu kommen, aber der Weg war leer. Zu Hause fragte ich sofort, ob die Zigeuner dagewesen wären. „Ja, sie waren hier", war alles, was ich zu hören bekam.

Und dann wurde ich beschäftigt: ins Dorf geschickt, um etwas zu bestellen, in die nahe Stadt, um etwas zu besorgen, ich mußte Bohnen pflücken, dazwischen Schularbeiten machen und anschließend noch die Hühner füttern. Dabei stellte ich fest, daß unser stolzer Hahn fehlte.

Endlich saßen wir alle am Abendbrottisch. Ich hatte so viele Fragen. Als ich gerade loslegen wollte, stellte meine Großmutter fest, daß das Stück Speck im Keller so klein gewesen sei. Soviel hätten wir unmöglich in den drei Tagen, seit sie zuletzt ein Stück davon abgeschnitten habe, essen können. Mutter tat diese Feststellung achselzuckend ab. Vater meinte, in dem Schummerlicht da unten habe sie es wohl nicht so genau feststellen können.

Und plötzlich brachte ich dieses Stück Speck, den vermißten Hahn und den Zigeunerbesuch miteinander in Verbindung. Ich hielt alle meine Fragen zurück und wollte nur noch wissen, warum die Zigeuner so schnell weitergezogen seien. Mutter sagte: „Sie hatten es eilig."

„Wo wollten sie denn so schnell hin?"

Vater antwortete: „Nach Österreich oder Ungarn."

Fassungslos wiederholte ich: „Österreich oder Ungarn? Mann, das ist aber weit!"

Vater sah mich an, stopfte seine Pfeife und sagte: „Hoffentlich weit genug". Dann ging er in den Garten.

Es hat Jahre gedauert, bis ich begriffen habe, was er damit meinte.

[Wachtl bei Konitz, nahe Brünn, Land Mähren-Schlesien,
Tschechoslowakei*);
1931]

Leo Schuster

Die eigenwillige Kati

Hochsommer, Erntezeit, Arbeitsbeginn bei Tagesanbruch.
Um 4 Uhr sind Mutter und die älteren Geschwister auf dem
Feld, um Getreide zu mähen. Am Abend zuvor wurden Sen-
se und Sicheln gedengelt. Nicht nur bei uns, auch bei den
Nachbarn im Dorf hörte man das monotone Schlagen des
Dengelhammers auf Sense und Dengelbock.
Jetzt rauscht die Sense durchs Getreide und Halm um
Halm neigt sich, wird zur Seite an die noch stehende Getrei-
dewand gelegt. Einer der Schnitter nimmt das abgeschnitte-
ne Getreide mit der rechten Hand auf und legt es in den
linken Arm. Ist der Arm prallvoll, wird das Gelege auf dem
Stoppelacker ausgebreitet, damit es an den folgenden Tagen
trocknen kann. Solange noch etwas Feuchtigkeit im stehenden Getreide vorhanden ist und die Sense die Halme gut
abschneidet, wird gemäht. Gegen 9 Uhr ist für heute Schluß.
Nun werden andere Arbeiten verrichtet. Wenn die Sonne das
ihre getan und die am Tage zuvor geschnittenen Gelege getrocknet hat, geht es daran, diese wieder von den Stoppeln
aufzunehmen. Von je drei Gelegen wird eine Garbe gebunden, die in Mandeln aufgestapelt oder gleich auf den Leiterwagen geladen und in die Scheune gefahren wird.
Heute sollte ich zum ersten Mal den leeren Erntewagen
zum Feld bringen. In Begleitung eines Erwachsenen oder
eines der Geschwister war ich mit unseren Kühen oder auch

*) heute Skřipow bei Konice, nahe Brno in Tschechien

einspännig – also nur mit einer Kuh – schon des öfteren gefahren, das „Hüh!" und „Hot!" und „Brr!" waren mir seit frühen Kindertagen geläufig. Ich war acht Jahre alt. Mutter ging mit den Geschwistern gegen 10 Uhr auf Cechenhonsens*) Acker, ein gepachtetes Feld, auf dem tags zuvor Roggen gemäht worden war. Ich sollte eine Stunde später mit dem Leiterwagen folgen. Während einer Stunde konnte man so viele Garben binden, daß ein Leiterwagen vollbeladen wurde. Bevor Mutter und die Geschwister zum Feld gingen, hatten wir den Wagen vor die Scheune gefahren und das Kummet über die Deichsel gehängt. Da es meine erste Fahrt war, die ich alleine machen sollte, durfte ich nur mit einer Kuh fahren. Ich sollte unser gutes Stück, die alte Kati, einspannen.

Ungeduldig wartete ich darauf, daß die Zeiger der Uhr auf die elfte Stunde vorrückten. Nun holte ich unsere Kati aus dem Stall und spannte sie vor den Wagen. Abgesehen davon, daß das Kummet groß und für mich reichlich schwer war, ging alles ohne Schwierigkeiten vonstatten. Ich machte das ja auch nicht zum ersten Mal. Nachdem ich die Kuh ordnungsgemäß angeschirrt hatte, nahm ich die Zügel in die Hand und mit meinem Kommando: „Bji!" ging die Fahrt los.

In dem hügeligen Gelände war die Arbeit für uns und unsere Kühe eine große Plage. Schon bei unserem Haus fing die Steigung in der Mariengasse hinauf bis zur Marienkapelle an. Hier war dann die größte Anhöhe erreicht, und nach einigen Schritten ging es den Berg wieder hinunter. Damit die Geschwindigkeit des Wagens nicht zu groß wurde – die Kuh war bei dem Gefälle nicht in der Lage, den Wagen zu halten –, mußte gebremst werden. Unser Wagen hatte nur eine Hinterradbremse, die Schloaf. Um sie zu betätigen, mußte ich hinter dem Wagen gehen. Da die Zügel nicht lang

---

*) Da in unserem Dorf etliche Familien den gleichen Namen hatten, benutzte man zur Unterscheidung Spitznamen.

genug waren, befestigte ich sie an den Holmen des Leiterwagens und wartete, bis der Wagen bis zur Hinterachse an
mir vorbeigefahren war. Jetzt betätigte ich die Bremse und
bemühte mich, die Zügel wieder in die Hand zu nehmen.

Zu dieser Zeit hatten wir noch Linksverkehr und unsere
Kati ging lieber auf dem Lehmpfad daneben als auf der steinigen Straße. Während die Zügel am Holm des Leiterwagens
befestigt waren, merkte die Kuh, daß sie machen konnte,
was sie wollte. Das Gras am Wegesrand hatte es ihr wohl
angetan, und so fing sie zu grasen an. Als ich die Zügel wieder in die Hand nahm, machte Kati keine Anstalten, auf die
Straße zurückzugehen. Auch als ich sie am Halfter auf die
Straße zurückziehen wollte, gelang mir das nicht. Schritt
um Schritt ging sie weiter am Wegesrand und immer tiefer
zur Böschung hin. Wir waren nun schon am Bierronemusen-Grund, und die Böschung wurde immer steiler. Mit aller

*Mein Vater mit den Kühen Kati und Lore bei uns zu Hause in Wachtl nahe
Brünn etwa 1933.*

Macht versuchte ich, Kati wieder auf die Straße zu bringen, aber meine Kräfte reichten dafür nicht aus.

Es kam, wie es kommen mußte: Der Wagen hatte eine solche Schräglage erreicht, daß er Übergewicht bekam und umstürzte! Doch das störte Kati überhaupt nicht! Gemächlich graste sie weiter, den umgestürzten Wagen hinter sich herziehend. Sie jetzt loszureißen war für mich ganz unmöglich. Inzwischen befanden wir uns mitten in der Wiese im saftigen Gras.

Vor Angst und Aufregung zitterte ich am ganzen Leibe. Ich fing an, nach meiner Mutter und um Hilfe zu rufen. Ich konnte sie von weitem sehen und hoffte, daß sie oder eines von den Geschwistern mich hören würde. Der Acker, auf dem sie arbeiteten, lag auf der nächsten Anhöhe. Da stand ich nun und schrie und schrie, aber keiner von meinen Leuten reagierte auf mein verzweifeltes Rufen ...

Meine Hilferufe waren aber nicht umsonst. Auf der anderen Seite von Bierronemusen-Grund hatte sie der Wagner Hans aus dem Kohlgraben in seiner Wiese beim Futtermachen gehört. Mir schien es wie ein Wunder, daß plötzlich jemand kam, um mir zu helfen. Für den kräftigen Mann war es nicht allzu schwer, den Wagen wieder auf die Räder zu stellen. Nachdem er einige deftige Flüche gegen meine Mutter von sich gegeben hatte – „Unverantwortlich, den Jungen allein mit der Kuh loszuschicken" und ähnliches –, war ich froh, den Weg über die Wiese bis zur Ausfahrt auf die Straße fortsetzen zu können. Mit Verspätung erreichte ich das Feld und hörte hier, daß man wohl Rufe gehört hätte, aber nicht annahm, daß ich in Schwierigkeiten gewesen sein könnte.

Der Wagen wurde beladen, und ich brachte die Fuhre mit dem Getreide nach Hause. Nach dem Abladen mußte ich abermals aufs Feld, bis andere Arbeiten den Tag beendeten.

(Weitere ZEITGUT-Beiträge dieses Autors sind im Autorenverzeichnis am Ende des Buches vermerkt.)

[Versin, Kreis Rummelsburg*), Hinterpommern
1926–1933)

Ursula Wellner

Fast wie im Märchen

In einem idyllischen Dorf in Hinterpommern, in Versin, wurde ich als achtes Kind eines Gärtners und Jägers im Jahre 1926 geboren. Die Freude über ein Mädchen war bei meinen Eltern und Geschwistern besonders groß, denn außer einer älteren Schwester gab es nur Jungen in der Familie. So blieb es nicht aus, daß ich noch bis ins reifere Alter als Nesthäkchen der Familie galt.

Alle Verwandten aus der Stadt kamen sehr gern zu uns, um die schöne Landschaft mit viel Wald und Hügeln zu genießen. Mein Geburtshaus stand auf einer Anhöhe, von der man einen Blick auf das Dorf und den großen Park mit dem schloßähnlichen Gutshaus hatte. Einzelne Baumgruppen auf den großen, hügeligen Rasenflächen, durch die sich ein schmaler Bach schlängelte, und weiße Parkbänke luden zum Verweilen ein. Hinter dem Haus befand sich eine Art Schlucht, ein richtiges Kinderparadies. Im Frühjahr blühten dort Veilchen, Anemonen, Gänseblümchen und Gräser in voller Pracht. Schatten spendeten die buschigen Nußbäume, die im Herbst zur Freude aller Kinder große Haselnüsse abwarfen. Wir schüttelten die Bäume tüchtig, sammelten die reifen Nüsse auf und legten sie in eine flache Sandkiste, um sie zu Weihnachten auf den Weihnachtsteller legen zu können. Mit Hilfe einer alten Wäscheleine und eines Kistenbretts bauten wir uns eine feine Schaukel und hängten sie an ei-

*) heute Wierszyno, Kreis Miastko in Polen.

*Meine Mutter mit meinem
ältesten Bruder Johannes 1910.
Auf der Flucht im Frühjahr
1945 gingen leider alle anderen
Familienfotos verloren.*

nen besonders kräftigen Nußbaumast. Im Winter nutzten
wir die Abhänge zum Schlittenfahren. Zu jeder Jahreszeit
war es dort schön.

Ein besonderer Anziehungspunkt war der in einem Erd-
hügel erbaute Backofen. Davor befand sich ein von Gebü-
schen eingerahmter runder Platz. Ein Tisch und zwei lange
Holzbänke dienten als Ablage der heißen Brote, wenn sie
aus dem Ofen kamen. Erst nach dem Abkühlen wurden sie
nach Hause getragen. Uns Kinder interessierten jedoch weniger die Brote, sondern die süßen Stuten, die nach dem Brot-
backen in den Ofen geschoben wurden. Daneben stand meistens der Topfkuchen – wie der duftete! Wenn ich als kleines
Kind das Märchen von Hänsel und Gretel hörte, stellte ich
mir immer unseren Backofen vor, aus dem Hänsel den Finger heraussteckte.

Zur Zeit der Flachsernte wurde der Backofen nach dem
Backen zum Trocknen von Flachs genutzt, um ihn anschließend besser hecheln und spinnen zu können. Leinenstoff ist

sehr haltbar. Bettwäsche und Tischtücher aus Leinen webte jede Familie selbst.

Bei schlechtem Wetter und im Winter war der Hausboden unser Revier. Hier stieg uns der Duft von geräuchertem Schinken und Rauchwurst in die Nase, denn der gemauerte Schornstein diente gleichzeitig als Räucherkammer. So war es immer warm und gemütlich. Hier hatten wir genug Platz, sämtliches Spielzeug auszubreiten und phantasievoll zu spielen. Auf dem Boden des Nachbarn wurde Heu gelagert. Nur eine dünne Bretterwand trennte uns. Der Duft des getrockneten Heus ließ uns auch an kühlen Tagen von einer bunten Blumenwiese träumen.

Warm war es im Winter auch im Stall hinter dem Wohnhaus. Dort muhten die Kühe, grunzten und quiekten die Schweine. Ich holte mir aus der Futterküche oft ein Stück von den weiß-fleischigen Wrucken, wie man bei uns die Kohlrüben nannte. Sie schmeckten mir besser als Kohlrabi.

Wenn im Winter der Schnee besonders hoch lag, war das Dorf fast von der Umwelt abgeschnitten. Um unser hochgelegenes Haus bildeten sich hohe Schneeschanzen. Unter den großen Schneemassen hatten auch das Wild sehr zu leiden. In der Not wagten sich die Rehe, Hirsche und Hasen fast bis an unser Haus. Ich konnte sie vom Fenster aus oft bei der Äsung beobachten. Manchmal nahm mein Vater mich mit in den Wald, wo er Futterraufen aufgestellt hatte, um die Waldtiere zu versorgen.

Gemütlich war es zu dieser Zeit im warmen Zimmer. Meine Eltern probierten den selbstgemachten Wein. Zwei große Weinbehälter standen in der Kammer. Die Eltern wachten darüber, daß keines der Kinder den Schlauch am großen Weinballon berührte. Doch Verbotenes ist besonders verführerisch! Meine Brüder wollten den Wein auch einmal kosten, bevor er in Flaschen gefüllt werden sollte. Als die Eltern nicht zu Hause waren, saugten sie abwechselnd an dem Schlauch, bis sie sich so lustig fühlten, daß sie taumelnd und singend durch das Dorf marschierten. Da ihr Zustand nicht verborgen blieb, wurden sofort die Eltern benachrichtigt. Eine Tracht Prügel beendete das muntere Randalieren.

Ostern 1932 wurde ich in Versin eingeschult. Ich war die Jüngste der wenigen Schulanfänger. Es gab nur zwei Klassenräume für alle Schüler der Klassen 1 bis 8. Um sie auszulasten, wurde Abteilungsunterricht erteilt. Der Lehrer unterrichtete jeweils zwei bis drei Klassenstufen zur gleichen Zeit in einem Raum. Besonders schwer fiel mir das Stillsitzen und das Konzentrieren auf meinen Unterrichtsstoff. Mit einem Auge schielte ich immer auf die Aufgaben der 2. Klasse. So mußte ich oft ermahnt werden. Musik und Zeichnen wurden für beide Klassenstufen einheitlich erteilt.

Da ich durch meine Geschwister schon alle Lehrer kannte, sie auch teilweise mit meinen Eltern befreundet waren, wußte ich, was im Dorf getuschelt wurde: „Herr Siegmund geht auf Freiersfüßen!"

Als der Lehrer Siegmund uns in der Musikstunde fragte, ob wir schon allein ein Lied singen könnten, meldete ich mich. Ich trat nach vorn und sang:

„Was kann der Siegesmund dafür, daß er so schön ist,
was kam der Siegesmund dafür daß man ihn liebt?
Und daß er bei den Frauen ja so gern geseh'n ist,
was kann der Siegesmund, der Siegesmund, dafür?"

Das Schulgebäude in Versin, Hinterpommern. Es war noch gut erhalten, als ich 1974 zum ersten Mal nach dem Krieg in mein Heimatdorf kam.

Dieses Lied sangen meine älteren Geschwister alle nase-
lang. Sie musizierten häufig mit mir, so daß ich keine Angst
hatte, alleine vorzusingen. Meine Schwester Helene spielte
die Zitter und mein Bruder Herbert Geige. Alle Leute im
Dorf, auch Lehrer Siegmund, lachten über meinen Vortrag,
der sich schnell herumgesprochen hatte, und ich mußte das
Lied zum Vergnügen aller noch oft singen. Die Hochzeit wurde übrigens tatsächlich bald gefeiert.

Mein Bruder Günther war drei Jahre älter als ich und
kam in die vierte Klasse, als ich eingeschult wurde. Meiner
Mutter fiel damals auf, daß er sehr viele Hefte verbrauchte
und ständig neue kaufen mußte. Zu Beginn des Schuljahres
wurden sie ja auch benötigt. Allmählich wurde meine Mutter mißtrauisch. Sie sah die Schulsachen durch und fand einen ganzen Stapel unbeschriebener Hefte! Es stellte sich
heraus, daß Günther eine kleine Freundin hatte, der er die
bunten Bildchen schenkte, die als Beigabe in jedem neuem
Heft lagen. Früh übt sich ...!

Auf dem Heimweg von der Schule besuchte ich oft meine
Tante Liesbeth, die im Dorf wohnte. Sie war durch einen
Unglücksfall in der Kindheit zur Invalidin geworden und gezwungen, ständig mit einer hohen Krücke unter dem Arm
zu gehen. Ihr ausdrucksvolles schönes Gesicht mit den kla-
ren, blauen Augen war von Leid geprägt. Die gepflegten hell-
blonden Haare band sie straff zu einem Zopf. Da die karge
Rente für den Lebensunterhalt nicht ausreichte, saß sie täglich an der Nähmaschine und nähte Blusen, Röcke und Kleider für die Mädchen und Frauen des Dorfes. Doch an den
Wochenenden wurde die Nähmaschine zugeklappt; dann
besuchte Tante Liesbeth Verwandte und Bekannte. Wenn sie
zu uns „auf den Berg" kam, sah sie gewöhnlich zuerst nach
den Hühnern und fragte uns, ob diese auch genügend Wasser bekommen hätten. Das brachte ihr den Spottnamen
„Hühnerkapitän" ein!

Das Wochenende nutzte sie zum Kirchgang. In der Kirche

fand sie die Kraft, um ihr schwieriges Leben zu meistern. Diese tapfere Frau, die stets hilfsbereit war und andere tröstete, kam am Ende des Zweiten Weltkrieges während der Flucht vor den russischen Soldaten auf einem Feld grausam ums Leben. Tante Liesbeth hat mein Leben entscheidend mitgeprägt. Sie lehrte mich, alles Schöne im Leben zu pflegen und meinem Leben einen Sinn zu geben.

Nicht weit von Versin entfernt wohnten die Eltern meiner Mutter. Wenn wir Kinder mit dem Pferdewagen zu Großmutter und Großvater Venzke fahren durften, freuten wir uns riesig. Opa Venzke, geboren 1858, war Schäfer und für die Aufzucht von Schafen und Fohlen verantwortlich. Er war sehr humorvoll und ein rechter Schelm. Keiner konnte so viele Witze erzählen wie er! Klein und zierlich von Gestalt, mit einem langen Vollbart, der fast bis zur Hüfte reichte, stand er zwischen den Tieren. Hier fühlte er sich wohl. Besonders stolz war er auf seine Bienenzucht.

Großmutter Venzke, Jahrgang 1863, war groß und schlank. Wenn sie den Haushalt in Ordnung gebracht und das Vieh versorgt hatte, ging sie in die Webstube, in der ein großer Webstuhl stand. Dort webte sie Bettlaken, Tischtücher, Bettbezüge und Handtücher aus Leinen. Hin und wieder fertigte sie bunte Vorleger und Läufer für die Zimmer an. Hierzu verarbeitete sie in schmale Streifen geschnittene alte farbige Kleidung. Teppiche fand man zu dieser Zeit kaum auf dem Lande, allenfalls in den Gutshäusern.

Während mein Großvater Venzke in dem Ort, in dem er sein ganzes Leben verbracht und seine Tiere jahrelang versorgt hatte, auch verstarb, mußte die Großmutter, die später in einem Altersheim lebte, am 5. März 1945 flüchten. Sie starb auf der Flucht – mit 82 Jahren war sie den Strapazen nicht mehr gewachsen. Von den fünfzig Insassen des Heimes, in dem meine Großmutter untergebracht war, haben nach Aussage der Diakonissin nur drei die Flucht überlebt: eine blinde Frau und zwei Krüppel.

*Mein Geburtshaus
1974, beinahe
eine Ruine, aber
noch bewohnt.
Ein Teil des
Hauses war
bereits abgerissen.*

Sehr eindrucksvoll waren die Weihnachtstage. Mein Vater legte großen Wert auf eine besinnliche Feierstunde, bevor es die Geschenke gab. Er stellte sich an den geschmückten Baum, zündete die Kerzen an und erzählte stehend die Weihnachtsgeschichte: *„Es begab sich aber zu der Zeit, daß ein Gebot ausging von dem Kaiser Augustus, daß alle Welt geschätzet würde ..."*
Dabei drehte er manchmal an seinem kleinen Schnurbart, um die Bedeutung des Gesprochenen noch zu unterstreichen. Erst dann wurden die Geschenke verteilt, die auf der mit grünem Leder bezogenen Schreibtischplatte lagen. Ich erhielt meistens meine Puppe neu eingekleidet wieder und freute mich sehr. Die liebe Tante Liesbeth zauberte aus Resten die schönsten und buntesten Puppenkleider. Während die Großen ein Gläschen Wein tranken, wurde uns Kindern Saft eingeschenkt. Nur die ältesten Brüder durften schon einmal den Wein probieren.
Ich erinnere mich besonders an einen Heiligen Abend, an dem ich sechs Jahre alt war. Es herrschte klirrendes Frostwetter, etwas Schnee lag wie Puder über der Erde. Der Mond schien hell und beleuchtete die Landschaft wie eine winterliche Märchenwelt. Am Fuße unseres Abhanges, neben der alten Schmiede, hatte sich ein kleiner, flacher Teich gebil-

det, der nun fest zugefroren war und im Mondlicht glänzte. So kamen ein Nachbarskind und ich auf den Gedanken, dort am späten Abend auf dem Eis zu schlittern. Die Weihnachtsgeschichte meines Vaters noch im Sinn, suchten wir am Himmel den Stern von Bethlehem. Wir entdeckten tatsächlich einen ganz hellen Stern – und waren beide glücklich.

Die Erlebnisse zur Weihnachtszeit wirkten so nachhaltig, daß ich später auch bei meinen Kindern großen Wert auf eine weihnachtliche Atmosphäre legte, die viel wichtiger war als die Geschenke. Dazu gehörten Gedichte, Klaviermusik und Lieder. Da mein Mann am Heiligabend Geburtstag hat, ist auch immer ein „Christkind" dabei!

Im Sommer und Herbst durchstreifte ich mit meinen Eltern und Geschwistern oft den Wald, um Blaubeeren zu pflükken und Pilze zu sammeln. In den großen Wäldern hatten wir meistens einen recht großen Ertrag. Die vollen Körbe brachten wir zur Sammelstelle, denn bares Geld war auch in meinem Elternhaus rar. Doch blieben noch genügend Beeren für selbstgemachten Saft und Blaubeerklieben im Haus.

Sonntags spazierten wir bei schönem Wetter zur Mühle am Wald, die von Wasserkraft getrieben wurde. Das Wasser rauschte und erfrischte uns in der Hitze. Der Müller, ein guter Bekannter meiner Eltern, lud uns ein. Er zeigte mir die großen, runden Mahlsteine und erklärte mir, wie aus Korn Mehl entsteht. Das war für mich immer wieder faszinierend.

An den Wochenenden gingen meine Eltern aber auch gern ins Gasthaus, das einem Verwandten unserer Familie gehörte. Mein Vater, ein begeisterter Skatspieler, hielt sich in den kleinen Räumen bei seinen Skatbrüdern auf. Meine Mutter, die sehr gern tanzte, wenn die „Borken"-Kapelle aufspielte, war meistens im Tanzsaal und ließ keinen Tanz aus. Das Dorf war ja eine große Familie und alle kannten die Hobbys meiner Eltern.

Im Sommer wurden auf dem Tanzplatz im Park zu bestimmten Anlässen Vergnügungen veranstaltet. Da tanzten auch wir Kinder mit und freuten uns über die Buden mit Süßigkeiten und Getränken. Hinterher mußte der Platz wieder gründlich gereinigt werden, wobei meine größeren Brüder gerne mithalfen: So manches Geldstück – aus der Tasche gefallen – konnte aufgesammelt werden.

1932 sah ich das erste Radio im Dorf. Die Frau des Schweizers hatte mich zu einer Märchensendung eingeladen. Es schien mir wie Zauberei, daß in dem Kasten an der Wand gesprochen wurde und Musik ertönte.

Ein Jahr später besaßen auch wir solch einen Radioapparat und konnten das Geschehen in unserem deutschen Vaterland verfolgen. Am 30. Januar 1933 hörten wir, daß Adolf Hitler an die Macht gekommen war. Den ganzen Tag über wurde laute Militärmusik gesendet, unterbrochen von der Ansprache des „Führers" und den „Sieg Heil!"-Rufen des Volkes. Bald sah man auch in unserem Dorf Menschen in braunen Uniformen und mit der Hakenkreuzfahne in der Hand.

Zwölf Jahre später mußten wir mein Kindheitsparadies für immer verlassen.

(Weitere ZEITGUT-Beiträge dieser Autorin sind im Autorenverzeichnis am Ende des Buches vermerkt.)

[Herzogenrath bei Aachen;
1931]

Anneliese Albrecht

Wo steckt der Mann im Radio?

Auf dem Heimweg von der Schule war ich nie allein. Etliche Mitschülerinnen mußten in dieselbe Richtung gehen. Mein Weg war der kürzeste. Ursel, zum Beispiel, lief weiter bis zu den Glaswerken; die lagen zwischen Herzogenrath und Merkstein. Ihr Vater arbeitete dort. Sie war mitteilsam, und ich hörte ihr gern zu. Einmal erzählte sie mir von dem Radioapparat, den ihre Eltern angeschafft hatten. Sie schwärmte von der Kinderstunde des Westdeutschen Rundfunks. An einem Tag in der Woche gäbe es eine gemeinsame Bastelstunde mit Hörerkindern. Heute um 15 Uhr sei es wieder soweit. Wenn ich Lust hätte, könnte ich doch zu ihr kommen, um die Sendung gemeinsam zu hören.

Mutti war einverstanden. Begeistert machte ich mich nach Erledigung meiner Schulaufgaben auf den Weg. Ursel wartete schon vor dem Fabriktor an der Straße. Sie führte mich über viele Gleise, die zu allen Hallen liefen. Das Werk erschien mir riesengroß. Auf einem Emailleschild las ich: „Bureau", daneben zeigte eine schwarze Hand mit ausgestrecktem Zeigefinger auf weißem Grund die Richtung an. Dahinter wohnte Ursel. Ihre Mutter nahm mich freundlich auf. Sie freute sich, daß ich den weiten Weg nicht gescheut hatte.

Gemeinsam warteten wir gespannt auf die Sendung. Lange ertönte das Pausenzeichen. Es entzückte mich ebenso wie die folgende Bastelstunde. Bevor die Anweisungen gegeben wurden, konnten wir bei eingespielter Musik die benötigten Werkzeuge, wie Schere, Lineal, Bleistift, Farben, sowie einige Zeichenblätter herbeiholen. Weil Karnevalszeit war, wurde eine Maske gewerkelt. Wir setzten die Anleitungen aus dem Apparat schrittweise so um, daß wir mit dem Ergebnis hochzufrieden waren.

Ganz erfüllt kam ich heim und sprudelte meine Erfahrungen in allen Einzelheiten heraus. Mutti ließ sich begeistern. Als Papa beim Abendbrot die Neuigkeit erfuhr, meinte er: „So ein Radioapparat wäre doch auch etwas für uns! Ich spiele schon lange mit dem Gedanken. Gehen wir doch mit der Zeit!"

Unsere Familie 1931 beim Winterspaziergang in Herzogenrath bei Aachen, selbstverständlich alle gut behütet: meine kleine Schwester Ingeborg und ich, Mutti mit Bubikopf unter der modischen Kappe. Zu Papas Zöllneruniform gehörte eine Schirmmütze. Da fror er sicher sehr an den Ohren.

Einige Tage später holte Papa abends ein kleines Tischchen ins „gute Zimmer" und bat Mutti, doch auf dem roten Sofa Platz zu nehmen. „Was wollt ihr denn?" fragte er Klein-Inge und mich, „bleibt lieber in der Küche, denn wir brauchen jetzt absolute Ruhe!" Das war so ein Schlagwort von ihm. Die Schwurfinger erhoben, versprachen wir hoch und heilig, ganz leise zu sein, und so duldete er schließlich, daß Mutti auch uns aufs Sofa zog.

Bald darauf klingelte es an der Haustür. Herr Mohr, der Meister und Inhaber des Elektrogeschäfts „Elektro-Mohr" in Herzogenrath, kam herein, grüßte freundlich und setzte einen großen Karton auf unserem Tisch ab. Wir reckten neugierig die Hälse. Inge war kaum zu halten, wurde aber gleich wieder ruhig, als Mutti sie streng ansah.

Der Meister öffnete geschickt die Verpackung und hob ein Gehäuse aus der schützenden Hülle. Wir staunten. Es war aus hellbraunem polierten Holz. Eine Öffnung war mit gewebtem Noppenstoff verkleidet. Der Stecker wurde eingesteckt und der Kasten auf dem Tischchen plaziert. Meister Mohr betätigte die schwarzen Knöpfe und stellte den Zeiger der Skala auf den Sender Köln ein.

Plötzlich erklang herrliche Musik. Dann hörten wir die sonore Stimme eines Nachrichtensprechers. Wir schauten uns an und waren tief beeindruckt.

Herr Mohr verabschiedete sich und wurde von den Eltern zur Tür begleitet. Das nützte Ika, wie sich Inge nannte, aus. Sie war nun nicht mehr zu halten. Sie trippelte nahe an den neuen Apparat heran und inspizierte mit schief gelegtem Köpfchen die Rückseite des Kastens.

„Halt!" rief ich sie zurück, „was tust du denn da?"

„Ich will den Mann sehen, der da drin spricht!"

[Gröditz bei Riesa/Elbe, Sachsen;
1933]

Margot Linke

„Drei Aufgaben müßt ihr lösen!"

Von 1930 bis zum Flüggewerden lebten mein Bruder und ich
in Gröditz, Sachsen. Wir wohnten auf dem Gelände einer
großen Zellulosefabrik, in der unser Vater als Werkmeister
arbeitete. Der Holzplatz, auf dem die Holzstämme gelagert
und getrocknet wurden, hatte wohl die Größe von drei Fuß-
ballfeldern. Ganz wichtig war der Fluß, die Röder, die sich
durch das Fabrikgelände schlängelte. Ein Wehr querte das
fließende Gewässer, in dem wir gern badeten. Der Steg über
dem Wehr führte ins Birkenwäldchen. Neben anderen Ar-
ten gab es hier zur Pilzzeit vor allem Birkenpilze. An den
feuchten und schattigen Holzstapeln wuchsen Morcheln. Eine
große Wiese lockte zum Toben, Ballspielen und Drachenstei-
gen. Vater lehrte uns beizeiten, wie weit wir uns bewegen
durften und was absolutes Verbot hatte. Ganz brav versprachen wir es ihm. Großes Interesse fanden bei uns die langen
und wie Soldaten in Reih und Glied stehenden Holzstämme,
sie waren ideal fürs Versteckspiel. Das Gelände war durch
einen Zaun geschützt.

Nachbars Kinder waren bereits erwachsen, deshalb luden
wir uns gute Freunde und Freundinnen ein. Zur Ferienzeit
besuchten uns unsere Basen und Vettern aus der Stadt, einer nach dem anderen: Gretchen und Ernst aus Berlin,
Heinzrolf und Erwin aus Breslau, Walter und Manfred aus
Maltsch, Traudel und Hans aus Hirschberg. Die kleinen

Buben durften noch nicht allein verreisen. Die beiden großen Mädchen kamen lieber zu einem anderen Zeitpunkt. Also
waren die Jungen in der Mehrzahl. Glücklicherweise hatte
ich meine Freundin Lilo zur Verstärkung.

Einmal hatten sich die Jungen eine unterirdische Höhle
gebaut mit Sitzgelegenheiten und einem Tisch. Ein Toten-
kopf aus Kunststoff mit einer roten Kerze sollte uns das Gru-
seln lehren. Meine Mutter wunderte sich, wo die Zündhöl-
zer und die Kerzen geblieben waren. Natürlich plagte uns
die Neugier, aber die Jungen wollten uns nicht umsonst in

*In den großen
Ferien 1933 auf
dem Holzplatz.
Von rechts:
Walter aus
Maltsch an der
Oder, Ernst aus
Berlin, mein
Bruder Werner
und ich. Unter
dem Holzstapel
befand sich die
Höhle.*

die Höhle hineinlassen. „Gebt uns schwierige Aufgaben",
schlugen wir vor. „Sollten wir sie alle lösen, haben wir auch
Zutritt in die Höhle."

Als erste Mutprobe mußten wir einen Schilfkolben rauchen. Das schmeckte entsetzlich! Uns wurde schlecht, wir
hatten Tränen in den Augen und mußten stark husten.

Der zweite Auftrag lautete, mit dem Fahrrad durch den
Ort zu fahren und dabei Kunststücke vorzuführen. Wie immer in solchen Situationen brummelte Lilo ein langes:

„Mmmm." Sie überlegte kurz, dann kam der Zeigefinger, den sie nach hinten biegen konnte. Ihre Augen strahlten, als sie spitzbübisch lächelnd verkündete: „Lilo hat's!"

Sie setzte sich auf den Sattel, ich verkehrtherum auf die Lenkstange, einen Schirm aufgespannt und die Beine hochgelegt. So fuhren wir singend durch Gröditz.

Die dritte Bewährungsprobe bestand darin, bei „Hoffmanns Vatern" eine bestimmte Anzahl Äpfel zu klauen – ohne Korb, ohne Schüssel – und sie ohne Einschränkung der Beweglichkeit herbeizubringen. Hoffmanns Vater besaß eine große Apfelplantage, direkt neben unserem Obstgarten. Lilo war eine Meisterin im Klettern. Flink stieg sie über den Zaun.

Unser Hund Struppi war bei allen Schandtaten dabei. Auf der Rückseite des Waggons stehen neben ihm unser Neffe Udo aus Brasilien, ich und mein Bruder.

Ich stand Schmiere, und Lilo warf die Äpfel zu, die ich beiseite legte. Ihren Ruf „Noch mehr!" hörte leider auch der Besitzer und erkannte uns. Gott sei Dank konnte er mit Lilos Schnelligkeit nicht mithalten. „Ihr Saumädchen!", schrie er uns nach.

Lilos Rock war zerrissen. Jede steckte in die Puffärmel ihrer Bluse 12 Äpfel, die Unterhose, an den Beinen mit Gummi versehen, ergab eine große Tasche für ebenfalls 12 Äpfel. Gemeinsam brachten wir 48 Äpfel herbei und die Hände waren frei! Auch diese Aufgabe hatten wir gemeistert. Die Jungen mußten sich geschlagen geben. Das war doch ein Beweis dafür, daß wir Frauen pfiffiger sind. Oder nicht?

Vom Bahnhof führten Gleise zum Holzplatz, um die Güterwagen leichter entladen zu können. Dort wurden die Holzstämme auf kleine Loren verladen und auf Schienen kreuz und quer weiterbefördert. Wenn die Arbeiter nach Feierabend nach Hause gingen, schlichen Lilo und ich an die Wägelchen. Es war ganz leicht, die Loren anzuschieben. Rasch gewannen sie an Tempo. Wir rannten ein Stück nebenher, um dann in Windeseile aufzuspringen. Geschafft! War das ein Glücksgefühl, da oben mitzufahren! Natürlich hatte mein Vater auch diese Sportart streng verboten. Wenn mir das Folgen nur nicht so schwergefallen wäre ...

An manchen Tagen brachten wir meinem Vater nachmittags Kaffee und Kuchen ins Büro. Begegneten wir dabei dem Platzmeister, machten wir einen besonders schönen Knicks und grüßten freundlich lächelnd: „Guten Tag, Herr Schuster!" Das Kichern sparten wir uns für den Heimweg auf. Im Fabrikgelände gaben wir uns als besonders brave Mädchen. Ob man uns das nun glaubte oder nicht – jedenfalls hat sich bei allem, was wir angestellt haben, niemals jemand bei den Eltern beschwert.

(Weitere ZEITGUT-Beiträge dieser Autorin sind im Autorenverzeichnis am Ende des Buches vermerkt.)

[Ammensen im Hils*), Niedersachsen;
1933]

Anna Strube

Das Gedicht

Ich lebte mit meinen Eltern, meinen Geschwistern und meiner Großmutter in einem kleinen Dorf im Hils. Meine Großmutter war damals schon sehr krank. Sie hatte als Kulturfrau – so nannte man die Waldarbeiterinnen – im Wald in ständiger Nässe gearbeitet. Damals gab es weder Hosen für Frauen noch wasserdichte Arbeitskleidung. Als Folge dieser Arbeit war meine Großmutter halb gelähmt. Neben ihrem Bett stand immer ein Gehstock, mit dessen Hilfe sie mühsam ein paar Schritte zu ihrem Sessel gehen konnte.

Aus einem Fenster schaute sie in den Gemüsegarten. In diesem Garten wuchsen Johannis-, Stachel- und Erdbeeren. Wenn wir Kinder heimlich in den Garten schlichen und naschen wollten, wurde oben mit dem Gehstock heftig gegen die Scheiben geklopft und daran erinnert, daß wir Verbotenes im Sinn hatten. Trotzdem liebte ich meine Großmutter sehr. Mit allen unseren Sorgen konnten wir zu ihr kommen. An ihrem Bett ist wohl so manche Träne geflossen, und sie wußte uns immer zu trösten.

Eines Tages kam ich aus der Schule und erzählte ihr, daß wir in der Schule das Theaterstück „Hänsel und Gretel" einstudierten. Es sollte in der Gastwirtschaft aufgeführt werden. Ich weinte bitterlich, weil meine ältere Schwester eine

---

*) bewaldeter Höhenzug aus Kreidesandstein westlich der Leine.

Hauptrolle erhalten hatte und ich nur ein Gedicht aufsagen durfte.

„Nun weine doch nicht, Kind! Ich weiß ein wunderschönes Gedicht", tröstete Großmutter. Sie hatte es aus der Zeitung „Land und Garten".

Nachdem unser Lehrer sein Einverständnis gegeben hatte, verbrachte ich beinahe jede freie Stunde bei der Großmutter und lernte das Gedicht, bis ich es auswendig konnte.

Das bin ich als Zwölfjährige im Schuljahr 1934.

Der große Tag rückte näher, und das gesamte Dorf freute sich schon auf den Sonntag der Aufführung. Da wurde meinen Eltern und uns Geschwistern plötzlich alle Freude genommen: Unsere Großmutter hatte für immer die Augen geschlossen.

Nun wollten meine Schwester und ich auf keinen Fall mehr an der Aufführung teilnehmen, denn die Beerdigung war ebenfalls für diesen Sonntag angesetzt worden. Unser Lehrer war darüber ganz verzweifelt, weil in der Kürze der Zeit niemand mehr die Rolle meiner Schwester lernen konnte. So ließen wir uns doch noch überreden.

Damals gab es noch keine Leichenhalle, die Toten wurden
zu Hause aufgebahrt. Mein Vater, der von dem Gedicht wußte, bat mich, es zu Ehren meiner Großmutter bei der Trau-
erfeier aufzusagen. Aber ich wollte und konnte nicht. Erst
abends, bei der Aufführung des Märchens, gelang es ihm,
mich zu überreden. Unter Tränen sagte ich es auf.

Leis sinkt der Abenddämmerschein
und deckt des Tages Müh' und Lasten.
Ringsum ruht alles, nur allein
unsere Mutter kann nicht rasten.
Die nimmermüden Hände regen
zum Schaffen sich von früh bis spät,
sie ist des Hauses stiller Segen
und ihre Arbeit ein Gebet.
Gedankenvoll blickt auf ihr Tun
sie sinnend und bedächtig nieder,
vielleicht sieht sie beim Stricken nun,
vergangene Zeiten, frohe Bilder wieder.
Wie damals im Geschwisterkreise
mit kleiner ungeübter Hand
sie zaghaft noch auf Kinderweise
zum ersten Mal den Faden um die Nadel wand.

Und Jahre kommen und vergehen,
schnell rauscht der Lebensstrom vorbei;
das Alte muß dem Neuen weichen
und gibt den Weg der Jugend frei.
Nun trägt mit ruhevoller Würde
unsere Mutter fort und fort
des Lebenssorgen schwere Bürde,
bis sie einst ausruhen darf am stillen Ort.

Man erzählte mir später, daß an diesem Abend nicht nur
meine Tränen geflossen sind.

[Unterschwaningen, Mittelfranken; 1933]

Elsbeth Backofen

Suppe austragen

Die meisten Menschen hatten nicht viel Geld und Besitz in den Jahren zwischen den Kriegen. Sie waren arm. Meine Mutter besuchte gern die Leute im Dorf, auch die ganz armen im Hirtenfeldla. Die alt' Kappi war so arm, daß sie nicht einmal ein Bett besaß. Sie schlief auf einem Strohlager. Das Haus bestand nur aus einem einzigen Raum. Gekocht hat sie auf einem Spirituskocher hinter dem Holzverschlag. Der Fußboden war aus lehmiger Erde – wie die Straße. Wir Kinder konnten das nur mit einem flüchtigen Blick durch die Haustür feststellen, denn sie ließ niemanden in ihr Haus, schon gar nicht kleine Kinder. Kinder waren bös! Die wollten ihr was! Umgekehrt waren wir Kinder der Meinung, daß die alt' Kappi bös war. „Paßt bloß auf, daß die eich net derwischt!" warnten wir uns gegenseitig.

Meine Mutter schlug manchmal Warnungen in den Wind. Sie, die Frau Pfarrer, wurde auch von der alt' Kappi ins Haus gelassen. Meiner Mutter machte es nichts aus, daß die Alte sie anknurrte. Sie hatte verstanden, daß es ihr schlecht ging mit der Gesundheit und überhaupt. „Frau Kapp, ich koch Ihnen eine schöne kräftige Suppe, die tut Ihnen gut."

Die alt' Kappi knurrte wieder ein bißchen, und meine Mutter verstand das Knurren so, als ob sie gesagt hätte: „Dankeschön für die Suppe, ich freu mich drauf."

Nun war die Suppe gekocht. Sie wurde in die 2-Liter-Milch-

*Meine Schwester
Agnes füttert unsere
Gänse, daneben
hocke ich.*

kanne geschüttet und mit einem Deckel fest verschlossen.
„Agnesle, du bringst jetzt die Suppe zur Frau Kapp", sagte
meine Mutter zu meiner sechs Jahre älteren Schwester. Ich
selbst war noch nicht mal sechs Jahre.

Agnes warf der Mutter einen flehenden Blick zu, der besagte: Bitte nicht ich, ich fürcht' mich vor der alten Kappi!

Unsere Mutter nahm die Ängste ihrer sechs Kinder zu-
weilen nicht wahr. Sie hatte viel Arbeit und war auf unsere
Mithilfe angewiesen. Sie wollte, daß die Suppe frisch gekocht
und heiß der Frau Kapp guttue, warum sollte die Suppe nicht
durch ihre Tochter zu Frau Kapp gelangen?

Mit der Suppenkanne in der Hand suchte sich Agnes erst
einmal Verstärkung für das Unternehmen. Sie hatte viele
Freundinnen: Hubers Hilda, Schefflers Martha, Gauermanns
Paula. Ich wollte auch mitgehen und meine Elsel auch. –
„Aber nur, wenn wir ein Haufen Kinder sind, genga mir hin!"
– Wir waren jetzt eine ganze Meute, das stärkte uns sehr.

An diesem trüben Novembertag stand das Regenwasser
in den Pfützen auf der Straße. Wir wateten mit den Gänsen
durch die Pfützen, aber denen machte das ja nichts aus.

Agnes wußte, welchen Spruch sie bei der alten Kappi aufsagen mußte: „An schena Gruaß vo meiner Mutter, und do
schickt's eich a weng a Suppn." Sie sagte sich den Spruch

ein paarmal vor, sie wollte sich damit Mut machen. Alle wollten ihr Mut machen, darum standen sie jetzt als großer Haufen vor der Kappi ihrem Haus.

Daß so viele Kinder vor ihrem Haus versammelt waren,
mußte der Kappi große Unruhe bereiten. Sie redeten, warfen ihre Arme in die Luft, sie „wollten ihr was!" Und jetzt
klopften sie sogar an ihre Haustür. Die alt' Kappi riß die Tür
auf, ballte die Fäuste und fauchte wie ein Gänserich: „Haut
ihr ab, ihr Saubande, ihr elendige!"

Der Kinderhaufen stob auseinander, das Wasser spritzte
aus den Pfützen, im schlenkernden Suppenkännchen
schwappte die Suppe, und auch die Gänse stoben davon.

*Als die alte Kappi die Tür aufriß, stob die Kinderschar auseinander und
auch die Gänse flatterten aufgeregt davon. Zeichnung: E. Backofen*

Da standen wir, in sicherer Entfernung, wie uns schien und keuchten. „Hoscht gsehn, wia's die Faist ballt hot? Die Elsbeth hätt's fast derwischt. Du muscht des nächscht Mol a weng schneller wegrenna." Ich dachte über das „beinah derwischt" nach und was da alles hätte passieren können. Und auch die Agnes dachte über „des nächscht Mol" nach, sie wußte ja, daß sie ihren Auftrag erledigen mußte. Sie hatte in diesem Moment etwas begriffen: Sie mußte allein, schön still und sanft, sanft wie ein Wölkchen, vor der alten Kappi erscheinen, die Kanne leise hinstellen als wär's ein Geschenk vom lieben Christkindlein, und dann ebenso leise wieder verschwinden.

Der Gedanke war gut, aber der zweite Teil war nicht ausführbar, denn die Kanne sollte sie ja wieder nach Hause bringen. Also mußte die Kappi den Inhalt der Kanne in einen Topf schütten. Zu dem Zweck mußten Worte gewechselt werden und überhaupt: das Suppe-Umschütten bedeutete einen längeren Aufenthalt unter dem Dach der alten Kappi ...

Es half nichts. Der erste Teil der Überlegung war gut und brauchbar, und das mußte genügen, den Auftrag zu erledigen. „Bleibt ihr mol do schtanda", sagte die Agnes. „i gang allaa."

Meine tapfere Schwester ging allein, sie erinnert sich heute noch, daß sie den Weg durch die Hintertür wählte. Die Holztür hat geknarrt, im Rahmen hingen viele Spinnweben. Sie weiß noch, daß die alt' Kappi ganz leise „Danke" gemurmelt hat und sie auf dem Heimweg eine ungeheure Erleichterung verspürte. Das hat sie mir heute, am 18. November 1992, am Telefon erzählt.

(Weitere ZEITGUT-Beiträge dieser Autorin sind im Autorenverzeichnis am Ende des Buches vermerkt.)

[Zepkow – Röbel/Müritz – Waren-Ecktannen –
Neustrelitz, Mecklenburg;
1928 – 1944/1985]

Magda Riedel-Zehlke

Wir wollten neue Lieder singen

Wir wohnten in Zepkow, einem kleinen Dorf in Mecklenburg.
Meine Eltern waren Bauern. Als ich zehn Jahre alt war, beschlossen sie, daß ich in Röbel auf die Höhere Schule gehen
sollte. „Lernen schadet nichts", meinten sie, als sie mir ihre
Überlegungen eröffneten. Der tägliche Weg von Zepkow nach
Röbel wäre allerdings zu weit, ich müßte schon dort woh-
nen. Auch darum hatte sich mein Vater bereits gekümmert
und mit einem langjährigen Bekannten, dem Kaufmann Robert Beyer, alles geregelt. Dessen beiden Söhne Kurt und
Herrmann waren erwachsen, und Frau Beyer wollte nun gern
ein Mädchen als Pensionskind aufnehmen. Auch der Pensi-
onspreis war bereits ausgehandelt: monatlich 50 Reichsmark
und zusätzlich wöchentlich ein Pfund Butter.
    Robert Beyer kannte ich seit langem. Er war breitschul-
trig, mit kantigem Kinn, ein leutseliger Mann – und nicht
auf den Kopf gefallen. Wir erinnerten uns an seinen letzten
Besuch bei uns. Eines Sonntags war er unvermutet im Dorf,
stand plötzlich in der guten Stube, als die Familie gerade
mitten beim Essen war. Mutter hatte ihn nicht gleich be-
merkt, da erheiterte er die gesamte Tischgemeinschaft, indem er sich mit den Worten: „Wenn dat Nötigen denn nu gor
kein End nimmt, denn will ik man en bäten mitäten", unge-
zwungen selbst zum Essen einlud.
    Niemand sagte etwas, alle waren eifrig mit der Suppe be-

schäftigt. Mutter sprang vom Stuhl hoch wie von einer lmme
in den Po gestochen, ihr Kopf leuchtete puterrot. Schnell holte
sie für Robert Beyer ein zusätzliches Gedeck.
Sorgenvoll zog sie jetzt die Stirn kraus und gab zu bedenken: „Heinrich, es ist eine jüdische Familie!"
„Die Religion spielt keine Rolle", versetzte mein Vater mit
scharfem Unterton.
Nach Ostern 1928 kam ich also zum Schulanfang nach
Röbel/Müritz zu Familie Beyer in Kost und Logis. Herr Beyer vertrieb Dünger und Futtermittel. Der große Speicher im
Hof der Hanne-Nüte-Straße zeugte von gutgehenden Geschäften. Im Kontor in der Hohestraße arbeiteten zwei junge Angestellte, täglich korrekt mit Anzug und Schlips bekleidet. Frau Beyer, eine zartbesaitete, liebenswerte Dame
mit grauen Strähnen im dunklen Haar schien kränklich, aber
ihr Haushalt lief – auch dank einer gepflegten Hausdame,
Fräulein Ursula, und eines Dienstmädchens, das für die groben Arbeiten zuständig war, wie am Schnürchen.
Ich wurde wie eine eigene Tochter behandelt. Der einzige
Wermutstropfen: Jeden Abend stand zum Essen ein Glas Ziegenmilch neben meinem Teller. Ich ekelte mich davor. Nach
Auffassung der Hausfrau war die Milch gesund. Frau Beyer
bestand darauf, daß ich sie trank.
Meine Pflegemutter trug Kleider von unaufdringlicher Ele-
ganz und war musikalisch. Wenn Caruso im Radio sang, ermahnte sie mich mit erhobenem Zeigefinger: „Leise, bitte,
kein Laut, es singt ein Genie."
Herrmann Beyer, der jüngste Sohn, chauffierte Mutter
Beyer zu ihren Kaffeenachmittagen nach Waren/Ecktannen,
und ich durfte sie begleiten. Welche Seligkeit, wenn auch ich
ein Stück Torte erhielt!
Sonntags stand ein Besuch bei der Schwester des Haus-
herrn, Tante Rosa, auf dem Plan. Ihr Häuschen lag in der
Altstadt direkt am Ufer der Müritz. Ein fest verankertes Ru-
derboot schaukelte im Wasser. Ich pflückte im Garten Jo-

*Kinderfest in
meinem Heimat-
dorf Zepkow,
Mecklenburg,
etwa 1931.*

hannisbeeren und Stachelbeeren, die ich gleich aufaß – und genoß das Wochenende. Sonst fuhr ich am Samstag mittag mit dem Bus nach Hause. Dort mußte ich vom Frühjahr bis zum Herbst auf dem Feld, bei der Ernte und im Haushalt mithelfen. Jede Hand wurde gebraucht. Am Sonntagabend traf ich frohgemut wieder in Röbel ein.

1932 machten die Propagandamärsche der Nazis auch vor dieser idyllisch gelegenen Kleinstadt nicht Halt. Kinder und Jugendliche wurden in die als „Deutscher Abend" getarnten Versammlungen mit einbezogen. Zwei Klassenkameradinnen, Ursula und Lieselotte aus der Obertertia, hatten die elterliche Erlaubnis, in den Bund der Jungmädel einzutreten. Sie trugen einheitliche Kleidung, einen weißen Rock mit buntem Oberteil. Alle Schülerinnen fanden das todschick und waren insgeheim neidisch. Meine Eltern hatten mir den Eintritt in diese Jugendorganisation verboten.

Bald erschienen die zwei Jungmädel-Freundinnen mit einem neuen Liederbuch bei mir. „Wir wollen Lieder einstudieren, begleite uns doch auf Beyers Klavier", forderten sie

mich auf. Ich hatte nicht den Mut, sie abzuweisen, und so
schlichen wir uns in den Salon.

Lautstark klangen die Nazilieder durch den Raum. Alle
drei begriffen wir nicht den im Text unverhohlen zum Ausdruck gebrachten Haß auf die jüdischen Mitbürger, als wir
sangen: „... und wenn das Judenblut vom Messer spritzt,
geht es nochmal so gut ..."

In diesem Moment wurde die Verbindungstür zum Wohnzimmer aufgerissen, und Herr Beyer stand auf der Schwel-
le. Feuerrot im Gesicht schrie er wütend: „Verlaßt sofort mein
Haus!" Und zu mir gewandt: „Ich werde sofort deinen Vater
informieren."

Erbärmliches Schluchzen von Frau Beyer drang durch die
offene Tür. Ich spürte, ich hatte Unrecht getan. Mich beschlich ein ungeheures Angstgefühl, und ich versteckte mich
bis zum Anbruch der Dunkelheit in der Kirche.

Noch vor Schulbeginn stand am nächsten Tag mein Vater
vor der Tür. Ich bekam für meinen Ungehorsam, wie er es
nannte, zwei Ohrfeigen. Lautstark tönte sein Verbot: „Kinder haben in der Politik nichts zu suchen!"

Ich fand ihn damals ungerecht, mit veralteten Ansichten.
Ich wollte doch teilhaben an der neuen Zeit, die angebro-
chen war.

Nach einem klärenden Gespräch zwischen Herrn Beyer
und meinem Vater waren beide übereingekommen, daß ich
bis zum Abschluß meiner Schulzeit zu einer nichtjüdischen
Familie in Pension gehen sollte.

In den folgenden Jahren meiner Jugend- und Schulzeit wid-
mete ich mich in meiner Freizeit allerlei sportlichen Aktivi-
täten. Meine Gedanken kreisten überwiegend um Schwimmen, Tennis und Leichtathletik. Um meiner Leidenschaft
noch intensiver nachgehen und an noch mehr Wettkämpfen
teilnehmen zu können, trat ich 1933 in den Bund Deutscher
Mädel ein, der viele Sportveranstaltungen durchführte.

Ich nahm so gut wie keine Notiz davon, wie sich die antisemitische Haltung verstärkte und das Leben der Juden in der Umgebung immer schwieriger wurde. Sport treiben war alles, was mich wirklich interessierte. 1937/38 absolvierte ich mein Haushaltsjahr an der Zimmerschen Landwirtschaftsschule in Neustrelitz. Nur am Rande hörte ich davon, daß Frau Beyer und Tante Rosa noch vor Kriegsausbruch kurz nacheinander verstarben. Von meiner Mutter erfuhr ich, daß man die Beyers „enteignet" hatte – ein Begriff, mit dem ich nicht viel anfangen konnte. Trotzdem verharrten sie am gewohnten Ort und vegetierten weitgehend unbemerkt in einem Keller ihres ehemaligen Anwesens.

Immer wenn Mutter nach Röbel kam, um Besorgungen zu erledigen und mich zu besuchen, ging sie am Stadtgarten der Beyers vorbei und warf nach einem kurzen Blick nach allen Seiten heimlich ein Päckchen mit Lebensmitteln über den hohen Bretterzaun. Wenn sie zufällig einen der Beyers zu Gesicht bekam, sagte sie: „Schaut mal die Unordnung in euerm Garten an! Da müßte dringend etwas getan werden." Beyers schauten und wurden fündig. Dies ging einige Zeit unter sich verschärfenden Umständen so weiter. Eines Tages war das Anwesen verlassen. Herrmann Beyer war es inzwischen gelungen, über England nach Amerika zu emigrieren. Die anderen Familienmitglieder sah man nie mehr.

Bei einem Besuch in Mecklenburg anläßlich der 700-Jahrfeier des Örtchens Zepkow im Jahr 1985 brachte ich in Erfahrung, daß es kurz vor Kriegsende gewesen sein muß, als Robert und Kurt Beyer denunziert und nach Auschwitz deportiert worden waren, wo sie ums Leben kamen. Der überlebende Sohn Herrmann hat etliche Jahre nach Kriegsende unerkannt noch einmal seine alte Heimatstadt besucht.

(Weitere ZEITGUT-Beiträge dieser Autorin sind im Autorenverzeichnis am Ende des Buches vermerkt.)

[Hamburg-Altona – Holm-Seppensen bei Buchholz,
Lüneburger Heide;
1926–1933]

Hans Friedrich

Zwischen Kohlenhof und Heidehaus

Als mein Vater 1918 aus dem Krieg in seine Heimatstadt
Hamburg zurückkehrte, nahm er seine alte Tätigkeit als
Büroangestellter bei seiner Lehrfirma, der Tochtergesell-
schaft eines rheinischen Kohlenzechen-Unternehmens, wieder auf. Im selben Jahr plante das Unternehmen in der damals preußischen Nachbarstadt Altona – heute ein Stadtteil
Hamburgs – einen großen Kohlenhandelsbetrieb aufzubau-
en. Er hieß: „Kohlenlager Glückauf". Ein Hauptgebäude,
oben die Wohnung des Leiters, unten das Büro und zwei weitere Wohnhäuser, kombiniert mit Schuppen und Pferdeställ-
len, gehörten dazu, außerdem eine große neuartige Krananl-
lage, die laut scheppernde Koksbrechermaschine, ein Gleis-
anschluß mit eigenen Schienen und einer kleinen, preß-
luftbetriebenen Rangierlokomotive. Etwa zehn Büroangestellte, die Leiter der eigenen Tischlerei-Werkstatt und der
Schmiede, Kutscher sowie etwa 50 Kohlenarbeiter sorgten
für den reibungslosen Ablauf des Betriebs. Als Chef des ganzen Unternehmens wurde mein gerade erst 30 Jahre alter
Vater, der kurz zuvor geheiratet hatte, eingesetzt. Zu dieser
Zeit kam mein Bruder Klaus auf die Welt, und am 29. Januar 1923 folgte ich.

Unsere Wohnung befand sich im ersten Stock des Haupt-
gebäudes, darunter lagen die Büros, in denen die Angestell-
ten an Stehpulten, teils stehend, teils auf hohen runden Hok-

kern sitzend, unter grünen gläsernen Lampenschirmen schrieben und telefonierten. Mit Kunden verhandelte man in einem Raum mit Theke. Draußen passierten die Fahrzeuge den Platz über eine Waage, wobei mittels eines speziellen Systems ihr jeweiliges Gewicht ermittelt wurde. Der Kontakt meines Vaters zu den Arbeitern war eng, er kam selbst aus einfachen Verhältnissen, und er sprach mit ihnen das typische Hamburger Platt.

Die Wände im Büro meines Vaters war mit schwarzem Holz getäfelt, es hatte einen „normalen" Schreibtisch und als Wandschmuck das Porträt des Seniorkonzernchefs.

Zu unserer Wohnung gehörten ein kleiner Garten sowie ein Hühnerstall mit Hühnern, auf die mein Vater immer großen Wert legte. Ein in unseren Augen uralter Mann – wohl

Am Sonntag gehörte der Kohlenhof uns. Mein Bruder Klaus betrachtet skeptisch meine Reitkünste. Im Hintergrund ist vor dem Kran die Koksbrecheranlage zu sehen.

Stämmige Pferde zogen die mit Kohlen, Koks oder Briketts beladenen Kastenwagen.

weil er einen weißen Vollbart trug – fungierte als eine Art Faktotum. Herr Schnabel war für die Hühner zuständig und half im Haus und im Büro. Wir Kinder ärgerten ihn oft, was er gutmütig zur Kenntnis nahm.

Besonders interessant war für mich der Kohlenplatz. Hier tobten mein Bruder und ich herum, später auch Schulfreunde, für die dieser Platz mindestens ebenso interessant war wie die Straße, und auf dem es so viel zu entdecken gab. Vor allem nach Feierabend gehörte das ganze Reich uns – nicht ganz, denn Herr Kruse, eine Art Hausmeister, der auch für die Pferde zuständig war, wohnte in einem der Gebäude und achtete darauf, daß wir im Stallgebäude oder im Heuschuppen nicht allzuviel Unsinn anstellten.

Stämmige Pferde zogen jeweils zu zweit die hölzernen, mit Kohlen, Koks oder Briketts beladenen Wagen. Bei Fahrten über den Platz selbst durften wir oft mit hoch auf den Bock klettern und die Zügel halten. Alle Pferde hatten Namen, die im Stall über den Heuraufen angebracht waren. Zwei waren nach meinem Bruder und mir benannt, zwei weitere hießen „Max" und „Anny", nach dem populären Boxer Max Schmeling und seiner Frau Anny Ondra.

Gern sahen wir in der Schmiede dem Schmied Uhlig zu, wenn er den Pferden neue Eisen verpaßte. Noch heute erinnere ich mich an den Geruch des verbrannten Horns an den Hufen, der sich beim Anpassen entwickelte. Die eigene Schmiede war nicht nur praktisch für das Behufen und die vielen Ausbesserungsarbeiten an Fahrzeugen, Krananlage und Lokomotive, sie bewährte sich auch bestens beim Reparieren unserer Spielzeugeisenbahn, während für das kaputte Holzspielzeug der Tischler zuständig war. Schmied Uhlig bediente außerdem die besagte Rangierlok und aushilfsweise den großen Kran. Die von der Reichsbahn außerhalb des Geländes abgestellten Kohlenwaggons wurden auf dem Platz in Reichweite der schaufelartigen Greifer des Krans rangiert.

Der Kran, die Rangierlok und der „Vize" Herr Scheel. Er gestattete uns Kindern häufig das Mitfahren.

Im Winter beheizte man den kleinen Lokomotivschuppen durch einen von außen zugänglichen Ofen. Am Spätnachmittag, nach Betriebsschluß, tobten wir vor dem Ofen besonders gerne herum, rissen glühende Kohlen heraus und stülpten Kohlenkörbe, die herrlich loderten, darüber. Freilich paßten wir auf, daß wir dabei nicht erwischt wurden – zum Beispiel von Herrn Scheel, dem „Vize", der über den Betrieb, ausgenommen das Büro, herrschte. Er war eine große und gewichtige Erscheinung mit Schnauzbart, bekleidet mit einem schmuddelig-gelben Kittel und einer Art Schiffermütze. Die Arbeiter konnte er ganz schön anfauchen. Wenn Herr Scheel mit meinem Vater sprach, war er recht höflich und zu uns Kindern ausgesprochen herzlich. Abwechselnd mit dem Schmied Uhlig chauffierte er die Rangierlok. Im Gegensatz zu dem gestattete er uns Kindern oft die Mitfahrt.

Herr Wild, eine etwas rundliche Person, schon recht alt, war privatim Kanarienzüchter. Zu mir und zu meiner Mutter war er besonders freundlich, er schenkte uns einen Kanarienvogel. Regelmäßig erkundigte er sich nach dem Tier, ob es auch das richtige Futter erhalte. Ging es dem Vogel nicht gut, so nahm er ihn mit zu sich in Pflege. In diesem Fall brachte er als Ersatz einen anderen Vogel.

Die Straße in unserem Viertel hieß sinnigerweise Kohlentwiete, zumal sich zwei weitere, kleinere Kohlenhandelsbetriebe dort niedergelassen hatten. Sie heißt auch heute noch so, obwohl es dort schon lange keine Kohlenlager mehr gibt. Gegenüber, auf der anderen Straßenseite, produzierte ein Lebensmittelbetrieb Sauerkraut, Senf und eingelegte Gurken. Von unserem Fenster aus konnten wir beobachten, wie die Arbeiterinnen mit bloßen Füßen das Sauerkraut in riesigen Holzbottichen stampften. Unsere kleine Lok brachte die mit Weißkohl gefüllten Güterwaggons über ein Rangiergleis bis vor das Werktor. Wenn sie am Abend noch dort standen, stibitzten mein Bruder und ich schon mal Weißkohlköpfe für unsere Kaninchen.

Über dem Kohlenhof lag eine ganze Reihe unterschiedlicher Geräusche. Fast permanent lärmte die Koksbrecheranlage, die den groben Koks in unterschiedliche Größen brach und gleich sortierte. Da zwei Bahnlinien direkt am Grundstück vorbeiführten, gehörten die Bahngeräusche, oft auch die Sirenen der Gleisarbeiter, zur ständigen akustischen Kulisse. Ein Schiffskesselwerk in der Nähe schien auf Handarbeit zu vertrauen: Die wuchtigen Hammerschläge hallten bis in unsere Wohnung. Bei Westwind hörten wir die Preßlufthämmer der „Deutschen Werft" von der anderen Seite der Elbe – immerhin einige Kilometer entfernt. Auch Gerüche prägten sich ein. Unmittelbar der von Briketts. Angenehm war der Duft der „Victri"-Seifenwerke in der Nähe, unangenehm hingegen der vom Fischmehlwerk im nördlichen Stadtteil. Bei entsprechender Windrichtung sagte man bei uns in Altona: „Es riecht nach Eidelstedt!"

Das Wochenend- und Ferienparadies

Schon als junger Mann schwärmte mein Vater für die Lüneburger Heide. Zusammen mit Freunden besaß er dort ein kleines Häuschen und wanderte viel im Umland. So wurde der Entschluß gefaßt, ein Wochenendhaus in einer gerade erst für die Besiedelung erschlossenen Gegend zu errichten. Meine Eltern erwarben bei einem Bauern über fünf Morgen – das sind zirka 11 000 Quadratmeter – bewachsen mit Heide, Blaubeeren und Fichten. Oft erwähnte mein Vater später den Preis, den er für sein Stück Land zahlte: 23 Pfennige pro Quadratmeter!

1926 wurde inmitten des großen Grundstücks unser Häuschen errichtet. Den gemütlich eingerichteten Wohnraum benutzten wir selten, denn wir waren ja vorwiegend nur im Sommer da und hielten uns meistens auf der verglasten Veranda auf – heute würde man Wintergarten sagen. Eine kleine steile Treppe führte nach oben, wo unter den Dachschrägen die Schlafräume für meinen Bruder und mich, außerdem für

„Haus Glückauf" – Unser Wochenend- und Ferienhaus in Holm-Seppensen in der Lüneburger Heide mit der Veranda. Unter dem Giebel leuchten die Symbole für den Kohlenbergbau: Schlegel und Eisen.

die sich immer häufiger einstellenden Gäste hergerichtet waren. Was für ein Paradies! Am Sonnabendmittag fuhren wir mit der Straßenbahnlinie 31 zum Bahnhof Altona. In Buchholz stiegen wir um und weiter ging es mit einer Kleinbahn zur Station Holm-Seppensen. Am Sonntagabend führte uns der gleiche Weg zurück. Mein Vater war ständig damit befaßt, einen Garten anzulegen. Die im Sommer weniger beschäftigten Kohlenarbeiter kamen oft mit heraus und halfen. Mit Hilfe des Tischlers vom Kohlenplatz baute Vater ein hölzernes Niedersachsentor. Stück für Stück sägte er in der Küche mit der Laubsäge die Holzschindeln, ebenfalls die niedersächsischen Pferdeköpfe. Als Kohlenhändler, der recht stolz auf seinen Beruf war, nannte er den Besitz „Haus Glückauf", dieser Name war auch auf dem Tor angebracht.

Mein Vater wurde Vorstand der kleinen Siedlergemeinschaft und war auch Feuerwart. Er organisierte die Kinderfeste. Im Haus hing ein Messinghorn. Wie gerne hätten wir Kinder mal hineingeblasen! Das war aber streng verboten. Es durfte nur im Ernstfall benutzt werden, wenn irgendwo Feuer entdeckt worden war oder der Blitz eingeschlagen hatte. Ein Telefon gab es erst beim Krämer Reuss, bei dem mein Bruder und ich morgens Milch und Brötchen holten. Nicht nur die Wochenenden, auch die Ferienzeiten verbrachten wir fortan im Heidehaus. Mein Vater konnte während der Sommerferien leider nur 14 Tage bleiben, mehr Urlaub bekam er nicht.

Im Laufe der Zeit schafften wir immer mehr Spielzeug aus unserer Wohnung ins Heidehaus. Besonders gerne erinnere ich mich an einen kleinen Holzspeicher, den mein Großvater für meinen Vater gebastelt hatte und den dieser nun für mich herrichtete. Später geschah noch einmal dasselbe für meinen Sohn, und jetzt wartet der kleine Holzspeicher – inzwi-

Das Foto zeigt mich vor dem Holzspeicher, mit dem schon mein Vater spielte, später meine Söhne und nun bald mein Enkel.

*Mein Vater organisierte das Kinderfest. Ich, im weißen Matrosenanzug,
suche Schutz bei ihm vor dem Topfschläger.*

schen über 100 Jahre alt – darauf, von meinem Enkel als
Spielzeug benutzt zu werden.

Diese schöne Zeit wurde durch eine schwere Krankheit
meines Bruders Klaus getrübt. Er, der im Gegensatz zu mir
kräftig gebaut und ein guter Turner war, erkrankte 1928 an
spinaler Kinderlähmung. Über ein Jahr lang schob ich seinen Rollstuhl, später lernte er mit Hilfe eines hölzernen
Stützgerätes gehen. Eine gewisse Gehbehinderung blieb bei
dem nun 81jährigen bis zum heutigen Tag zurück.

In dieser Situation erlebten wir unterschiedliche Reaktio-
nen. Zunächst die negative: Wenn ich Klaus, mit geschien-
tem Bein und am Krückstock gehend, damals als Fünf- oder
Sechsjähriger begleitete, hänselten ihn die anderen Jungen
und riefen: „Humpelbein – Humpelbein!"

Das positive Beispiel: Die Kohlenarbeiter kümmerten sich
rührend um meinen Bruder. Einer schenkte ihm ein Meerschweinchen. Daraufhin baute der Tischler einen kleinen Kä-
fig, der auf dem Rollstuhl Platz fand. Andere brachten zwei
weitere Tierchen hinzu. Nun wurde ein richtiger Stall ge-

baut, und die Meerschweinchen vermehrten sich recht hurtig. Als es zu viele wurden, fuhren wir mit dem Blockwagen und einem Schild „Meerschweinchen zu verkaufen" durch die Straßen, 50 Pfennige war der Preis für ein Tier. Später schenkte uns ein anderer Arbeiter ein Kaninchenpärchen, das ebenfalls für zahlreichen Nachwuchs sorgte.

Die Zeiten ändern sich

Nach und nach wurden auf dem Kohlenhof – zum Bedauern von uns Kindern und natürlich der Kutscher – die Pferde abgeschafft und durch Lastwagen, Marke „Mannesmann-Mulag" bzw. Trecker, Marke „Hanomag" ersetzt. Der Tischler entfernte von den hohen Stehpulten die oberen schrägen Teile und ersetzte sie durch Tischplatten. Anstelle der Drehhocker gab es nun normale Stühle. Von unserem Kinderzimmer aus hatten wir jeden Abend den Laternen-Anzünder bei seiner Tätigkeit beobachtet – nun gab es elektrisches Licht.

Aus den Fenstern in unserem Stadtteil hingen immer häufiger Fahnen, mit denen die Bewohner – besonders vor Wahlen – ihre Gesinnung kundtaten. Sie waren unterschiedlich

Nach und nach wurden die Pferde zum Ausfahren der Kohlen durch Lastwagen ersetzt.

rot: mit Hammer und Sichel die Fahnen der Kommunisten, mit drei schrägen Pfeilen die der Sozialdemokraten und immer öfter die Hakenkreuzfahne. Aus Angst vor Straßenkämpfen und Schießereien verboten mir meine Eltern, mich mit dem Roller allzuweit in andere Stadtteile zu entfernen. Die Situation eskalierte, je mehr sich das Jahr 1933 näherte. Auch in der Schule trugen nun manche Jungen Abzeichen unterschiedlicher Parteien, viele traten in das Jungvolk ein und zeigten sich stolz in ihren Uniformen. Ich erinnere mich noch genau an den Tag, als in den Hamburger Straßen nur noch rote Fahnen mit dem Hakenkreuz zu sehen waren. Wir kamen gerade mit der Bahn aus der Heide zurück, hatten dort meinen Geburtstag gefeiert und nach dem Rechten gesehen. Zu Hause angelangt, hörten wir im Radio Marschmusik und Berichte über den neuen Reichskanzler. Es war der Tag nach meinem zehnten Geburtstag, der 30. Januar 1933.

Ein Jahr später verkaufte mein Vater das schöne Heidegrundstück. Heute ist es in viele Einzelparzellen aufgeteilt. Das Nachbardorf Buchholz erhielt Stadtrecht, unser kleines Holm-Seppensen wurde eingemeindet und der Fahrweg, an dem unser Grundstück gelegen war – das Haus steht noch – asphaltiert. Das Ganze wurde ein beliebter Villenvorort von Hamburg. Die Werkswohnung auf dem Kohlenhof haben wir ebenfalls 1934 verlassen.

Mein Vater hat kurz vor seinem Tod 1966 noch erlebt, wie durch Umstellung von Kohle auf Öl und Gas das Kohlenlager überflüssig, sein Lebenswerk mit Kran-, Koksbrecher- und Sortieranlagen und noch mehr abgerissen wurde. Heute steht auf dem Platz ein SB-Markt.

Ich selbst bin zur Lüneburger Heide zurückgekehrt, an deren Rand ich noch heute wohne.

(Weitere ZEITGUT-Beiträge dieses Autors sind im Autorenverzeichnis am Ende des Buches vermerkt.)

Verfasser

Albrecht, Anneliese *S. 210, 259, 307*
geb. 1923 in Aachen,
lebt in Fellbach, Baden Württemberg.
Beruf/Tätigkeiten: Grundschullehrerin, im Ruhestand.

Backofen, Elsbeth, geb. Sperl *S. 236, 317*
geb. 1927 in Unterschwaningen,
lebt in Soest, Nordrhein-Westfalen.
Beruf/Tätigkeiten: Hausfrau, früher Lehrerin.
Bisherige Veröffentlichungen: Beiträge in „Stöckchen-Hiebe". Kindheit in
Deutschland 1914-1933, „Wir wollten leben". Jugend 1939-1945 und
„Pimpfe, Mädels & andere Kinder". Kindheit 1933-1939, Reihe ZEITGUT,
JKL Publikationen, Berlin 1998.

Blaudow, Willi F. *S. 201*
geb. 1926 in Damgarten, Mecklenburg-Vorpommern,
lebt in Petersberg, Hessen.
Beruf/Tätigkeiten: Maschinenbautechniker, Sachverständiger für Betriebs-
sicherheit und Objektschutz, Kriminalbeamter, im Ruhestand.
Bisherige Veröffentlichungen: Beitrag „Erlebnisse hessischer Grenzpoli-
zisten in Dörfern in der Rhön" in „Grenzland Rhön". Rhön-Verlag-Hilders,
1997; Beiträge in „Stöckchen-Hiebe". Kindheit in Deutschland 1914-1933,
„Pimpfe, Mädels & andere Kinder". Kindheit 1933-1939, „Und weiter geht
es doch". Deutschland 1945-1950, „Von hier nach drüben". 1945-1961
und „Wir sollten Helden sein". Jugend 1939-1945, alle Reihe ZEITGUT,
JKL Publikationen, Berlin 1998,1999, 2001.

Claus, Hanna, geb. Bode *S. 36*
geb. 1909 in Jülich, Rheinland, verstorben 1999,
lebte zuletzt in Köln, Nordrhein-Westfalen.
Beruf/Tätigkeiten: Buchhalterin.

Eberbach, Ludwig *S. 242*
geb. 1914 in Ravensburg,
lebt in Albstadt-Tailfingen, Baden-Württemberg.
Beruf/Tätigkeiten: Fachdrogist, Verwaltungsangestellter im Ruhestand.
Bisherige Veröffentlichungen: Beitrag in „Stöckchen-Hiebe". Kindheit
1914-1933, Reihe ZEITGUT, JKL Publikationen 1998.

Franze, Erich *S. 36, 139*
geb. 1913 in Dresden,
lebt in Dresden, Sachsen.
Beruf/Tätigkeiten: Kaufmannsgehilfe, Verwaltungs-Jurist, Betriebsleiter,
im Ruhestand.

Friedrich, Hans Edmund *S. 326*
geb. 1923 in Hamburg,
lebt in Westergellersen, Niedersachsen.
Beruf/Tätigkeiten: bis 1997 Unternehmensberater und Dozent an Wirt-
schaftsakademien.
Bisherige Veröffentlichungen: „Mit Bildern verkaufen". Verlag für Unter-
nehmensführung, Baden-Baden 1963; „Mühsam ernährt sich das Eichhörn-
chen". Roman eines Außendienstlers (unter dem Pseudonym Hans Edmund), Eigenverlag 1985; Beiträge in „Wir wollten leben". Jugend 1939-
1945 und „Pimpfe, Mädels & andere Kinder". Kindheit 1933-1939, „Täglich Krieg". Deutschland 1939-1945 und „Von hier nach drüben". 1945-
1961, Reihe ZEITGUT, JKL Publikationen, Berlin 1998, 2000 und 2001.

Haak, Liselotte *S. 74, 103*
geb. 1918 in Berlin, verstorben 2000,
lebte zuletzt in Kreiensen, Niedersachsen.
Beruf/Tätigkeiten: staatl. geprüfte Kindergärtnerin und Hortnerin, 1971-
1978 Vorschullehrerin.
Bisherige Veröffentlichungen: Acht Laienspiele für Schulkinder im früheren Deutschen Laienspielverlag Weinheim, jetzt Deutscher Theaterverlag,

1950-1960; Beitrag in „Stöckchen-Hiebe". Kindheit 1914-1933, Reihe ZEITGUT, JKL Publikationen 1998.

Haß, Ernst   *S. 33, 125, 197*
geb. 1913 in Hamburg,
lebt in Hamburg.
Beruf/Tätigkeiten: Schiffbau-Techniker, im Ruhestand.
Bisherige Veröffentlichungen: Beiträge in „Und weiter geht es doch".
Deutschland 1945-1950 und „Täglich Krieg". Deutschland 1939-1945,
Reihe ZEITGUT, JKL Publikationen, Berlin 1999 und 2000.

Haß, Erika, geb. Marquardt   *S. 132*
geb. 1915 in Tostedt, verstorben 1993,
lebte zuletzt in Hamburg.
Beruf/Tätigkeiten: Musikerin.

Hünichen, Liesel, geb. Freisenhausen   *S. 180*
geb. 1919 in Münster,
lebt in Norderstedt, Schleswig Holstein.
Beruf/Tätigkeiten: Sozialarbeiterin; Hausfrau; ehrenamtliche Tätigkeiten
als Abgeordnete, Schöffin, in Vereinen und Verbänden; Seniorenbeirat.
Bisherige Veröffentlichungen: Beiträge in „Erlebte Geschich-te(n) 1933-
1948". Verlagshaus MEINCKE GmbH, Norderstedt; „Hitlers willige Voll-
strecker?", Jahn & Ernst Verlag, Hamburg; „Pimpfe, Mädels & andere
Kinder". Kindheit 1933-1939 u. „Von hier nach drüben". 1945-1961, Reihe ZEITGUT, JKL Publikationen, Berlin 1998, 2001.

Jenewein, Martha, geb. Witt   *S. 291*
geb. 1922 in Weddinghusen bei Heide,
lebt in Lübeck, Schleswig-Holstein.
Bisherige Veröffentlichungen: Kleine, zeitbezogene Abhandlungen auf
Plattdeutsch in den „Lübecker Nachrichten".

Kupko, Hildegard, geb. Doll   *S. 150, 232*
geb. 1920 in Kleinobringen bei Weimar,
lebt in Bad Berka, Thüringen.
Beruf/Tätigkeiten: Lohnbuchhalterin, Sekretärin, im Ruhestand.

Lang, Irma, geb. Borchers   *S. 111*
geb. 1908 in Kellinghusen, Holstein,
lebt in Hamburg.
Beruf/Tätigkeiten: Kontoristin, Büroangestellte.

Linke, Margot, geb. Scholz   *S. 214, 255, 310*
geb. 1924 in Maltsch/Oder, heute Polen,
lebt in Kirchheim/Teck, Baden-Württemberg.
Beruf/Tätigkeiten: Kindergärtnerin, im Ruhestand.
Bisherige Veröffentlichungen: Beiträge in „Stöckchen-Hiebe". Kindheit
1914-1933, „Täglich Krieg". Deutschland 1939-1945, „Heil Hitler, Herr
Lehrer!". Kindheit 1933-1939 und „Wir sollten Helden sein". Jugend 1939-
1945, Reihe ZEITGUT, alle JKL Publikationen, Berlin 1998, 2000, 2001.

Löbner, Ursula, geb. Abel   *S. 45*
geb. 1908 in Hammelspring, Kreis Templin, Uckermark
lebt in Burghausen, Bayern.
Beruf/Tätigkeiten: Hausfrau, Rentnerin.

Meier-Limberg, Ursula, geb. Limberg   *S. 277*
geb. 1924 in Prenzlau, Uckermark,
lebt in Herford, Nordrhein-Westfalen.
Beruf/Tätigkeiten: Hausfrau.
Bisherige Veröffentlichungen: Beiträge in „Pimpfe, Mädels & andere Kinder". Kindheit 1933-1939, „Und weiter geht es doch". Deutschland 1945-
1950 und „Täglich Krieg". Deutschland 1939-1945, Reihe ZEITGUT, JKL
Publikationen, Berlin 1998, 1999 und 2000.

Mews, Sibylle, geb. Rörig   *S. 261*
geb. 1927 in Clausthal, Harz,
lebt in München, Bayern.
Beruf/Tätigkeiten: Kinderbuchautorin.
Bisherige Veröffentlichungen: 19 Bücher in verschiedenen Kinderbuch-
verlagen, 1967-1998, Beiträge in zahlreichen Anthologien.

Misch, Paul Gerhard   *S. 249*
geb. 1927 in Groß Margsdorf, Kreis Kreuzburg, Oberschlesien,
lebt in Ingolstadt, Bayern.

Beruf/Tätigkeiten: mittlerer Beamter bei der Eisenbahn, kaufmännischer Angestellter in der Automobilindustrie für Bahn-Spedition, im Ruhestand. Bisherige Veröffentlichungen: Beitrag in „Hungern und hoffen". Jugend 1945-1950, Reihe ZEITGUT, JKL Publikationen, Berlin 2000.

Moshammer, Walter H.   *S. 80, 120*
geb. 1912 in Berlin,
lebt in Kassel, Hessen.
Beruf/Tätigkeiten: Feinmechaniker, Technischer Kalkulator, Ingenieur in der Raketenentwicklung in Peenemünde, Vermögensverwalter, Gründer und Geschäftsführer der Buchgemeinschaft „Ring der Bücherfreunde", Schriftsteller.
Bisherige Veröffentlichungen: „Nicht die Gesellschaft...". FOUQUÉ Literaturverlag, Egelsbach 1998; „Begegnung mit Angela". Frieling Verlag, Berlin 1999; „Bau eine Burg dir der Seele, Gedichte, Verlag Freier Autoren, Fulda 2000.

Müller-Exo, Ingeborg, geb. Exo   *S. 176*
geb. 1919 in Rotterdam,
lebt in Recklinghausen, Nordrhein-Westfalen.
Beruf/Tätigkeiten: Hausfrau, Freizeit-Malerin.

Riedel-Zehlke, Magda, geb. Zehlke   *S. 154, 321*
geb. 1918 in Zepkow, Mecklenburg,
lebt in Maintal, Hessen.
Beruf/Tätigkeiten: Sekretärin, im Ruhestand.
Bisherige Veröffentlichungen: „Johannisfeuer". Kurzgeschichten und Prosa (Anth.), Wiesjahn-Verlag, Berlin 1997; Beiträge in „Stöckchen-Hiebe". Kindheit in Deutschland 1914-1933, „Wir wollten leben". Jugend 1939-1945 sowie „Und weiter geht es doch". Deutschland 1945-1950, Reihe ZEITGUT, JKL Publikationen, Berlin 1998, 1999.

Schädlich, Gottfried, Pseudonym: Fried Noxius   *S. 98*
geb. 1917 in Kirchberg, Sachsen,
lebt in Brühl, Nordrhein-Westfalen.
Beruf/Tätigkeiten: Offizier der Bundeswehr, seit 1973 freier Schriftsteller.
Bisherige Veröffentlichungen: über 20 Bücher bei Ullstein, Andermann, Schaffstein, Goldmann, Ravensburg, Ensslin & Laiblin, Mittler, dtv, Stern,

Gütersloher Verlagshaus Gerd Mohn, Jugendzeitschrift „Rasselbande" (35 große Erzählungen), Hörfunk, Fernsehen.

Schoon, Gisela, geb. Wendt   *S. 229, 270*
geb. 1926 in Konikow, Kreis Köslin, Pommern,
lebt in Wiesmoor, Ostfriesland, Niedersachsen.
Beruf/Tätigkeiten: Lehrerin, Konrektorin am Schulzentrum Wiesmoor, im Ruhestand.
Bisherige Veröffentlichungen: Beiträge in „Wir wollten leben". Jugend 1939-1945, „Pimpfe, Mädels & andere Kinder". Kindheit 1933-1939 und „Heil Hitler, Herr Lehrer!". Kindheit 1933-1939, Reihe ZEITGUT, JKL Publikationen, Berlin 1998 und 2000.

Schröder, Dr. Gisela, geb. Jacob   *S. 218*
geb. 1924 in Wilsdruff bei Dresden,
lebt in Leipzig, Sachsen, und Friedrichsbrunn, Sachsen-Anhalt.
Beruf/Tätigkeiten: Lehrerin, Lektorin und Wissenschaftliche Oberassistentin für Germanistik an Schulen und an den Universitäten in Jena und Leipzig; Spezialgebiet: Deutsch für Ausländer, im Ruhestand.
Bisherige Veröffentlichungen: Beiträge zu Kindersendungen im Mitteldeutschen Rundfunk Leipzig und in den Zeitschriften „Rund um die Welt" bzw. „Wochenpost", 1958-1983; „Modalität und Kausalität in der deutschen Sprache der Gegenwart", Universität Jena, 1968; Mitarbeit an: „Didaktik des Fremdsprachenunterrichts", Leipzig 1981; „Literarische Texte im Fremdsprachenunterricht", Leipzig 1984, 1988; „Reisebilder DDR - Ein landeskundliches Lesebuch mit Aufgaben", Leipzig 1987; Beiträge in der Zeitschrift „Deutsch als Fremdsprache", Leipzig 1965-1984; Beitrag in "Heil Hitler, Herr Lehrer!". Kindheit 1933-1939, Reihe ZEITGUT, JKL Publikationen, Berlin 2000.

Schuster, Leo   *S. 294*
geb. 1923 in Wachtl, Land Mähren-Schlesien, Tschechoslowakei,
lebt in Enger, Nordrhein-Westfalen.
Beruf/Tätigkeiten: Friseurmeister, im Ruhestand.
Bisherige Veröffentlichungen: Beiträge in „Pimpfe, Mädels & andere Kinder". Kindheit 1933-1939 und „Heil Hitler, Herr Lehrer!". Kindheit 1933-1939, Reihe ZEITGUT, JKL Publikationen, Berlin 1998 und 2000.

Seeliger, Gertrude Johanna, geb. Fetter   *S. 84*
geb. 1914 in Uerdingen, verstorben 1996,
lebte zuletzt in Krefeld-Uerdingen, Nordrhein-Westfalen.
Beruf/Tätigkeiten: Schneiderlehrling, Hausfrau.

Seifert, Roland   *S. 185*
geb. 1922 in Chemnitz,
lebt in Heidelberg, Baden-Württemberg.
Beruf/Tätigkeiten: Kfz-Handwerker, im Ruhestand.
Bisherige Veröffentlichungen: „Kerchemer Wind". Stadtteilverein HD-
Kirchheim, Mai 1987; „Wie ich ein Kerchemer wurde und den Heidelber-
gern einheizte". Rhein-Neckar-Zeitung HD, 17.1.1995; Beitrag in „Und
weiter geht es doch". Deutschland 1945-1950, Reihe ZEITGUT, JKL Publikationen, Berlin 1999.

Siegmund, Traute, geb. Gansinger   *S. 204*
geb. 1924 in Hamburg,
lebt in Wietzendorf, Niedersachsen.
Beruf/Tätigkeiten: Mitarbeit im zahntechnischen Labor ihres Mannes, im
Ruhestand.
Bisherige Veröffentlichungen: Kurzgeschichte, Radio Bremen, 1988; Bei-
träge in „Und weiter geht es doch". Deutschland 1945-1950, „Täglich
Krieg". Deutschland 1939-1945, „Heil Hitler, Herr Lehrer!". Kindheit 1933-
1939 und „Von hier nach drüben". 1945-1961 , Reihe ZEITGUT, JKL
Publikationen, Berlin 1999, 2000 und 2001.

Sonnemann, Ursula, geb. Stoewer   *S. 282*
geb. 1925 in Hameln,
lebt in Bremen.
Beruf/Tätigkeiten: Lehrerin an kaufmännischen Berufsschulen und Han-
delsschulen, im Ruhestand.
Bisherige Veröffentlichungen: Als Zeitzeugin beim ZDF in der Reihe „Hitlers Helfer", 1998; „Waschtag" (Arbeitslehre), Landesbildstelle Bremen,
1994; Buten & Binnen: Schüler spielen Szenen aus der Nazizeit, Unter-
richtsstunden in Mathematik und Deutsch, Schulhistorisches Museum Bremen, Januar 1993; Beitrag in „Heil Hitler, Herr Lehrer!". Kindheit 1933-
1939, Reihe ZEITGUT, JKL Publikationen, Berlin 2000.

Stade, Marie *S. 274*
geb. 1920 in Siegelbach bei Arnstadt, Thüringen
lebt in Suhl, Thüringen.
Beruf/Tätigkeiten: Buchhalterin, im Ruhestand.
Bisherige Veröffentlichungen: Beiträge in „Stöckchen-Hiebe". Kindheit
1914-1933, „Täglich Krieg". Deutschland 1939-1945 und „Heil Hitler, Herr
Lehrer!". Kindheit 1933-1939, Reihe ZEITGUT, JKL Publikationen, Berlin 1998 und 2000.

Strube, Anna, geb. Nienstedt *S. 314*
geb. 1922 in Ammensen, Niedersachsen;
lebt in Delligsen, Niedersachsen.
Beruf/Tätigkeiten: Hausfrau.

Wehrenbrecht, August *S. 158*
geb. 1919 in Spenge, Nordrhein-Westfalen,
lebt in Spenge, Nordrhein-Westfalen.
Beruf/Tätigkeiten: Sparkassenbetriebswirt im Ruhestand.
Bisherige Veröffentlichungen: Mehrere Bücher mit heimatgeschichtlichem
Inhalt in einem Regionalverlag und im Selbstverlag, 1992 Kulturförderpreis
der Stadt Spenge, „Wir gebrannten Kinder - Vierzehn wiedergefundene
Jahre" (1932-1946), Verlag Frieling & Partner, Berlin 1998.

Wellner, Ursula, geb. Lehmann *S. 298*
geb. 1926 in Versin, Kreis Rummelsburg, heute Polen,
lebt in Barth, Mecklenburg-Vorpommern.
Beruf/Tätigkeiten: Fachberaterin für Lehrer der Unterstufe, Oberstudienrätin im Ruhestand.
Bisherige Veröffentlichungen: Artikel für „Deutsche Lehrerzeitung" (DDR),
Berlin 1975; Beitrag in „Und weiter geht es doch". Deutschland 1945-1950, Reihe ZEITGUT, JKL Publikationen, Berlin 1999.

Stöckchen-Hiebe
Kindheit in Deutschland 1914–1933
52 Geschichten und Berichte von Zeitzeugen
336 Seiten mit vielen Abbildungen,
Ortsregister, Klappenbroschur.
Band 3
ISBN 3-933336-02-3, EUR 18,90

Pimpfe, Mädels & andere Kinder
Kindheit in Deutschland 1933–1939
55 Geschichten und Berichte von Zeitzeugen
322 Seiten mit vielen Abbildungen,
Ortsregister, Klappenbroschur.
Band 4
ISBN 3-933336-03-1, EUR 18,90

Heil Hitler, Herr Lehrer!
Kindheit in Deutschland 1933–39
50 Geschichten und Berichte von Zeitzeugen
360 Seiten mit vielen Abbildungen,
Ortsregister, Chronologie, Klappenbroschur.
Band 13
ISBN 3-933336-12-0, EUR 18,90

Gebrannte Kinder
Kindheit in Deutschland 1939–1945
61 Geschichten und Berichte von Zeitzeugen
368 Seiten mit vielen Abbildungen,
Ortsregister, Klappenbroschur.
Band 1
ISBN 3-933336-00-7, EUR 18,90

Weitere Informationen unter www.zeitgut.com

Gebrannte Kinder. Zweiter Teil.
Kindheit in Deutschland 1939-1945
36 Geschichten und Berichte von Zeitzeugen
334 Seiten mit vielen Abbildungen,
Ortsregister, Chronologie, Klappenbroschur.
Band 7
ISBN 3-933336-09-0, EUR 18,90

Nachkriegs-Kinder
Kindheit in Deutschland 1945–1950
67 Geschichten und Berichte von Zeitzeugen
424 Seiten mit vielen Abbildungen,
Ortsregister, Klappenbroschur.
Band 2
ISBN 3-933336-01-5, EUR 18,90

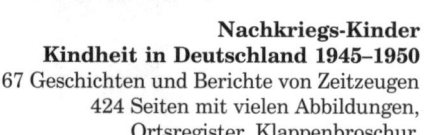

Lebertran und Chewing Gum,
Kindheit in Deutschland 1945–1950
55 Geschichten und Berichte von Zeitzeugen
361 Seiten mit vielen Abbildungen,
Ortsregister, Chronologie, gebunden.
Band 14
ISBN 3-933336-23-6, EUR 18,90

Schlüssel-Kinder
Kindheit in Deutschland 1950–1960
46 Geschichten und Berichte von Zeitzeugen
336 Seiten mit vielen Abbildungen,
Ortsregister, Klappenbroschur.
Band 6
ISBN 3-933336-05-8, EUR 18,90

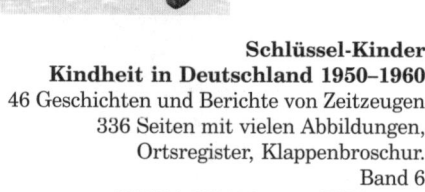

2/5

Weitere Informationen unter www.zeitgut.com

Wir wollten leben
Jugend in Deutschland 1939–1945
40 Geschichten und Berichte von Zeitzeugen
346 Seiten mit vielen Abbildungen,
Ortsregister, gebunden.
Band 5
ISBN 3-933336-24-4, EUR 18,90

Wir sollten Helden sein
Jugend in Deutschland 1939–1945
38 Geschichten und Berichte von Zeitzeugen
331 Seiten mit vielen Abbildungen,
Ortsregister, Klappenbroschur.
Band 12
ISBN 3-933336-11-2, EUR 18,90

Hungern und hoffen
Jugend in Deutschland 1945–1950
48 Geschichten und Berichte von Zeitzeugen
361 Seiten mit vielen Abbildungen,
Ortsregister, Chronologie, Klappenbroschur.
Band 10
ISBN 3-933336-06-6, EUR 18,90

Täglich Krieg
Deutschland 1939–1945
41 Geschichten und Berichte von Zeitzeugen
362 Seiten mit vielen Abbildungen,
Ortsregister, Chronologie, Klappenbroschur.
Band 9
ISBN 3-933336-08-2, EUR 18,90

Und weiter geht es doch
Deutschland 1945–1950
45 Geschichten und Berichte von Zeitzeugen
361 Seiten mit vielen Abbildungen,
Ortsregister, Chronologie, Klappenbroschur.
Band 8
ISBN 3-933336-10-4, EUR 18,90

Von hier nach drüben
Grenzgänge, Reisen und
Fluchten 1945–1961
38 Geschichten und Berichte von Zeitzeugen
332 Seiten mit vielen Abbildungen,
Ortsregister, Chronologie, Klappenbroschur.
Band 11.
ISBN 3-933336-13-9, EUR 18,90

Nichts führt zurück.
Flucht und Vertreibung 1944–1948
in Zeitzeugen-Erinnerungen.
ZEITGUT Auswahl 2
208 Seiten mit vielen Abbildungen,
13 x 21 cm, gebunden.
ISBN 3-933336-22-8, EUR 14,80

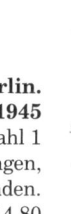

Ein Stück Berlin.
Jugend-Erinnerungen 1918–1945
ZEITGUT Auswahl 1
184 Seiten mit vielen Abbildungen,
13 x 21 cm, gebunden.
ISBN 3-933336-21-X, EUR 14,80

mit CD-ROM

Sei tausendmal gegrüßt.
Feldpost-Briefwechsel
Irene und Ernst Guicking
1937-1945
In Kooperation mit TU Berlin, Feldpost-Archiv
Berlin und Museum für Kommunikation.
184 Seiten, viele Fotos und
1.600 Briefe auf beiliegender CD-ROM.
13 x 21 cm, gebunden, Schutzumschlag.
ISBN 3-933336-20-1, EUR 18,90

Weitere Informationen unter www.zeitgut.com

Wir suchen Zeitzeugen

ZEITGUT ist eine zeitgeschichtliche Buchreihe besonderer Prägung. Jeder Band beleuchtet einen markanten Zeitraum des 20. Jahrhunderts in Deutschlad aus der persönlichen Sicht von Zeitzeugen. ZEITGUT ergänzt die klassische Geschichtsschreibung durch Momentaufnahmen aus dem Leben der betroffenen Menschen.
Die Reihe ist als lebendiges und wachsendes Projekt angelegt. Umfang und Entwicklungstempo sind vom Gehalt der Texte abhängig, die den Verlag erreichen. Herausgeber und Verlag wählen die Beiträge unabhängig und überparteilich aus. Die Manuskripte werden sensibel bearbeitet, ohne den Schreibstil der Verfasser zu verändern.
Die Reihe wird fortgesetzt und thematisch erweitert. Manuskript-Einsendungen sind jederzeit möglich und erwünscht an Lektorat ZEITGUT, JKL Publikationen GmbH, Klausenpaß 14, 12107 Berlin.

JKL Publikationen GmbH
Klausenpaß 14
D-12107 Berlin
Tel. 030 - 741 04 624
Fax 030 - 741 04 626